Thoreau Leben ohne Grundsätze

Gustav Kiepenheuer
Bücherei 72

Henry David Thoreau
Leben ohne Grundsätze

Ausgewählte Essays

1986
Gustav Kiepenheuer Verlag
Leipzig und Weimar

Titel der Originalausgabe: Life without Principle u. a.
Übersetzung aus dem Amerikanischen
von Peter Kleinhempel und Peter Meier
Auswahl und Nachwort von Utz Riese
Anmerkungen von Brigitte Leuschner

ISSN 0433-0153
ISBN 3-378-00071-6

Sklaverei in Massachusetts

(Rede, gehalten auf einer Zusammenkunft gegen die Sklaverei in Framingham am 4. Juli 1854)

Ich besuchte vor kurzem eine Versammlung der Bürger von Concord in der Erwartung, als einer unter vielen zum Thema der Sklaverei in Massachusetts zu sprechen; doch ich stellte überrascht und enttäuscht fest, daß es das Schicksal von Nebraska und nicht das von Massachusetts war, was meine Mitbürger hatte zusammenkommen lassen, und daß das, was ich zu sagen hatte, gänzlich fehl am Platze sein würde. Ich hatte gedacht, daß das Haus in Flammen stünde und nicht die Prärie; aber obgleich mehrere Bürger von Massachusetts jetzt im Gefängnis sind, weil sie versucht hatten, einen Sklaven aus den Klauen ihres Staates zu befreien, drückte nicht einer der Redner auf jener Versammlung darüber sein Bedauern aus, nicht einer erwähnte es auch nur. Es war einzig die Kontrolle über einige wilde Landstriche, tausend Meilen weit weg, die sie zu beunruhigen schien. Die Einwohner von Concord sind nicht bereit, eine ihrer eigenen Brükken zu verteidigen, sondern reden nur davon, im Bergland hinter dem Yellowstone River Stellung zu beziehen. Unsere Buttricks und Davises und Hosmers weichen dorthin zurück, und ich fürchte, daß es zwischen ihnen und dem Feind kein Lexington Common geben wird. Es gibt nicht einen Sklaven in Nebraska; es gibt vielleicht eine Million Sklaven in Massachusetts.

Diejenigen, die in der Schule der Politik erzogen wurden, unterlassen es wie gewöhnlich, den Tatsachen ins Auge zu blicken. Ihre Maßnahmen sind nur Halbheiten und Provisorien. Sie schieben den Tag der Abrechnung auf unbestimmte Zeit hinaus, und inzwischen wächst die Schuld. Obwohl das ›Gesetz über flüchtige Sklaven‹ bei jener Gelegenheit nicht Gegenstand der Diskussion war, wurde von meinen Mitbürgern auf einer späteren

Versammlung, wie ich höre, schließlich zaghaft beschlossen, daß ›das ‚Gesetz über flüchtige Sklaven' aus dem Jahre 1850 … aufgehoben werden muß‹, da eine der Parteien den Kompromiß von 1820 verworfen hat. Aber das ist nicht der Grund, weswegen ein ungeheuerliches Gesetz aufgehoben werden sollte. Die Tatsache, die der Politiker in Betracht zieht, ist nur die, daß es unter Ganoven weniger Ehrgefühl gibt als vermutet, und nicht die Tatsache, daß es Ganoven sind.

Da ich keine Gelegenheit hatte, meine Gedanken auf jener Versammlung zu äußern, wollen Sie mir erlauben, das hier zu tun.

Wieder geschieht es, daß das Bostoner Gerichtsgebäude voll ist von bewaffneten Männern, die einen MENSCHEN gefangenhalten und vor Gericht stellen, um herauszufinden, ob er nicht in Wahrheit ein SKLAVE ist. Glaubt irgend jemand, daß die Gerechtigkeit oder Gott auf Mr. Lorings Entscheidung wartet? Da er noch immer über dieser Entscheidung sitzt, während diese Frage schon von Ewigkeit zu Ewigkeit entschieden ist und der ungebildete Sklave selbst und die Menge ringsum die Entscheidung schon lange gehört und gebilligt haben, macht er sich einfach lächerlich. Wir mögen versucht sein zu fragen, von wem er sein Amt empfing und wer der ist, der es empfing; welchen neuen Gesetzen er gehorcht und auf welche Präzedenzfälle er sich beruft. Solch eines Richters bloße Existenz ist eine Unverschämtheit. Wir bitten ihn nicht, sich zu entscheiden, sondern zu gehen.

Ich lausche, um die Stimme eines Gouverneurs zu hören, des Oberkommandierenden der Streitkräfte von Massachusetts. Ich höre nur das Zirpen der Grillen und das Summen der Insekten, das jetzt die Sommerluft erfüllt. Des Gouverneurs ganze Leistung besteht im Inspizieren von Truppen an Musterungstagen. Ich habe ihn gesehen, zu Pferde, den Hut in der Hand, dem Gebet eines Geistlichen lauschend. Es verhält sich so, daß das alles ist, was ich je gesehen habe von einem Gouverneur. Ich denke, ich könnte sehr gut auskommen ohne einen.

Wenn *er* nicht von geringstem Nutzen ist zu verhindern, daß ich entführt werde, von welchem wichtigen Nutzen, bitte, kann er dann überhaupt für mich sein? Während die Freiheit in höchster Gefahr ist, haust er in tiefster Verborgenheit. Ein angesehener Geistlicher sagte mir, daß er den Beruf eines Geistlichen gewählt habe, weil er die meiste Freizeit für literarische Studien gewähre. Ich würde ihm empfehlen, Gouverneur zu werden.

Vor drei Jahren schon, als die Simms-Tragödie gegeben wurde, sagte ich mir, da gibt es so einen Beamten, wenn nicht so einen Menschen wie den Gouverneur von Massachusetts – was hat er in den letzten vierzehn Tagen getrieben? Hat er getan, was er konnte, um nicht Partei ergreifen zu müssen bei diesem moralischen Erdbeben? Es schien mir, daß keine schärfere Satire gegen diesen Mann hätte gerichtet, keine schimpflichere Beleidigung ihm hätte angetan werden können als das, was tatsächlich geschah: nach ihm wurde in jener Krise überhaupt nicht gefragt. Das Schlimmste und das Äußerste, was ich zufällig von ihm weiß, ist, daß er jene Gelegenheit nicht benutzte, sich einen Namen zu machen, und zwar einen würdigen Namen. Er hätte wenigstens *zurücktreten* können in den Ruhm. Es schien vergessen zu sein, daß es einen solchen Mann und ein solches Amt gab. Doch ohne Zweifel bemühte er sich die ganze Zeit, den Gouverneurssessel auszufüllen. Er war nicht mein Gouverneur. Er hat mich nicht regiert.

Aber endlich, im vorliegenden Fall, hörte man vom Gouverneur. Nachdem es ihm und der Regierung der Vereinigten Staaten vollkommen gelungen war, einen armen unschuldigen schwarzen Mann auf Lebenszeit seiner Freiheit und, soweit sie es vermochten, des Bildes seines Schöpfers in seiner Brust zu berauben, hielt er vor seinen Komplizen eine Ansprache – bei einem Siegesmahl!

Ich habe ein neues Gesetz dieses Staates gelesen, das jedem Beamten des ›Commonwealth‹ Strafe androht, der irgendwo innerhalb seiner Grenzen ›jemanden, weil er als flüchtiger Sklave beansprucht wird‹, ›festnimmt oder bei dessen Festnahme ... hilft‹. Auch war es notorisch, daß ein gerichtlicher Befehl, den Flüchtling aus dem Gewahrsam des U.S. Marshal zu entfernen, nicht zugestellt werden konnte mangels ausreichender Unterstützung für den Beamten.

Ich hatte geglaubt, daß der Gouverneur in gewissem Sinn der Exekutivbeamte des Staates sei; daß es seine Aufgabe als Gouverneur sei, darauf zu achten, daß die Gesetze vollzogen würden, während er als Mensch darauf zu achten hätte, daß er dabei nicht die Gesetze der Humanität verletzte; aber wenn man ihn besonders dringend braucht, ist er unnütz oder schlimmer als unnütz und läßt es zu, daß die Gesetze des Staates nicht vollzogen werden. Vielleicht weiß ich nicht, welches die Pflichten eines Gouverneurs sind; doch wenn es, um Gouverneur zu sein, erforderlich ist, das eigene Ich rettungslos so großer Schmach zu unterwerfen, wenn das meinem Menschsein Beschränkungen auferlegt, werde ich mich hüten, je Gouverneur von Massachusetts zu werden. Ich habe nicht viel in den Gesetzen dieses Commonwealth gelesen. Es ist keine gewinnbringende Lektüre. Sie sagen nicht immer, was wahr ist; und sie meinen nicht immer, was sie sagen. Mir ist wichtig zu wissen, daß der Einfluß und die Autorität dieses Mannes auf der Seite des Sklavenhalters waren und nicht auf der des Sklaven – des Schuldigen und nicht des Unschuldigen – der Ungerechtigkeit und nicht der Gerechtigkeit. Ich habe den, von dem ich rede, nie gesehen; ja, ich wußte bis zu diesem Ereignis nicht einmal, daß er Gouverneur war. Ich hörte von ihm und von Anthony Burns zur gleichen Zeit, und auf diese Weise werden zweifellos die meisten von ihm hören. So weit bin ich davon entfernt, von ihm regiert zu werden. Ich meine nicht, daß es irgendwie gegen ihn spricht, daß ich noch nicht von ihm gehört hatte, gegen ihn spricht nur, was ich gehört habe. Das Ärgste, was ich von ihm sagen kann, ist, daß er sich als nicht besser erwies als wahrscheinlich die Mehrheit seiner Wähler. Meines Erachtens war er dem Ereignis nicht gewachsen.

Die gesamte Militärmacht des Staates steht einem Mr. Suttle, einem Sklavenhalter aus Virginia, zu Diensten, damit er einen Menschen fangen kann, den er sein Eigentum nennt; aber nicht ein Soldat wird aufgeboten, um einen Bürger von Massachusetts davor zu bewahren, entführt zu werden! Ist das der Sinn all dieser Soldaten, all dieses *Drills* gewesen in den vergangenen neunundsiebzig Jahren? Sind sie gedrillt worden, nur damit sie Mexiko berauben und flüchtige Sklaven zu deren Herren zurückbringen?

In den letzten Nächten hörte ich den Klang einer Trommel in unseren Straßen. Da waren immer noch Männer beim *Drill*, und wofür? Ich hätte zur Not den jungen Hähnen von Concord verzeihen können, daß sie noch krähten, denn sie waren vielleicht an jenem Morgen nicht geprügelt worden; doch ich konnte dieses Taramtamtam der ›Ausbilder‹ nicht verzeihen. Der Sklave wurde von ebensolchen Männern zurückgebracht; d. h. vom Soldaten, von dem man in diesem Zusammenhang bestenfalls sagen kann, daß er ein Narr ist, der durch einen bunten Rock auffällt.

Vor drei Jahren, gerade eine Woche nachdem die Behörden von Boston zusammengetreten waren, um einen vollkommen unschuldigen Menschen, einen Menschen, dessen Unschuld sie kannten, in die Sklaverei zurückbringen zu lassen, ließen die Einwohner von Concord gleichfalls die Glocken läuten und die Kanonen abfeuern, um ihre Freiheit zu feiern – und den Mut und die Freiheitsliebe ihrer Vorfahren, die an der Brücke gekämpft hatten. Als ob *jene* drei Millionen für das Recht gekämpft hätten, selbst frei zu sein, aber drei Millionen anderer in Sklaverei zu halten. Heutzutage tragen Männer eine Narrenkappe und nennen sie Freiheitsmütze. Ich kann es mir nicht anders denken, als daß es einige gibt, die, wären sie an einen Schandpfahl gefesselt und könnten nur eine Hand frei machen, sie dazu benutzen würden, die Glocken zu läuten und die Kanonen abzufeuern, um *ihre* Freiheit zu feiern. So nahmen sich einige meiner Mitbürger die Freiheit zu läuten und zu feuern. Das war ihre Freiheit, und als der Klang der Glocken erstarb, erstarb auch ihre Freiheit; als alles Pulver verbraucht war, entschwand ihre Freiheit mit dem Rauch.

Der Witz wäre nicht roher, wollten die Insassen der Gefängnisse das gesamte Pulver für solchen Salut stiften und die Gefängniswärter bestechen, das Feuern und das Läuten für sie zu übernehmen, während sie sich durch die Gitter daran ergötzen.

So dachte ich über meine Nachbarn.

Jeder menschliche und intelligente Einwohner von Concord, der diese Glocken und diese Kanonen hörte, dachte nicht mit Stolz an die Ereignisse des 19. April 1775, sondern mit Scham an die Ereignisse des 12. April 1851. Aber jetzt haben wir diese alte Schande schon halb unter einer neuen begraben.

Massachusetts wartete untätig auf Mr. Lorings Entscheidung, als ob sie in irgendeiner Weise die eigene verbrecherische Handlungsweise beeinflussen könnte. Das Verbrechen, das auffallendste und verhängnisvollste aller Verbrechen, bestand darin, Mr. Loring in dieser Sache als Schiedsrichter fungieren zu lassen. In Wirklichkeit stand der Staat Massachusetts vor Gericht. Jeden Augenblick, den er zögerte, diesen Menschen freizulassen, jeden Augenblick, den er jetzt zögert, sein Verbrechen zu sühnen, wird er überführt. Der Richter in seinem Fall heißt Gott; nicht Edward G. God, sondern einfach Gott.

Ich wünschte, meine Landsleute würden bedenken, daß – ganz gleich, was das menschliche Gesetz sagen mag – weder ein einzelner noch eine Nation jemals den geringsten Akt der Ungerechtigkeit auch nur gegen den unbedeutendsten einzelnen begehen kann, ohne dafür büßen zu müssen. Eine Regierung, die absichtlich Unrecht gesetzlich verfügt und darauf beharrt, wird schließlich sogar zum Gespött der Welt werden.

Viel ist schon über die amerikanische Sklaverei gesagt worden, aber ich glaube, uns ist noch nicht einmal klar, was Sklaverei ist. Wenn ich dem Kongreß ernsthaft vorschlagen wollte, die Menschheit zu Würsten zu machen, so habe ich keinen Zweifel, daß die meisten Abgeordneten über meinen Vorschlag lächeln würden, und wenn einige von ihnen glaubten, ich meinte das ernst, so dächten sie, ich hätte etwas vorgeschlagen, das schlimmer ist als alles, was der Kongreß je beschloß. Aber wenn mir auch nur einer von ihnen sagt, einen Menschen zu Wurst zu machen sei viel schlimmer – sei überhaupt schlimmer, als ihn zum Sklaven zu machen, als das ›Gesetz über flüchtige Sklaven‹ zu erlassen –, dann beschuldige ich ihn der Narrheit, der intellektuellen Unfähigkeit, der Spitzfindigkeit. Der eine Vorschlag ist gerade so vernünftig wie der andere.

Ich höre viel davon reden, man solle dieses Gesetz mit Füßen treten. Nun, man braucht dazu nicht von seinem gewohnten Weg abzuweichen. Dieses Gesetz erhebt sich nicht bis zur Höhe des Kopfes oder des Verstandes; sein natürlicher Lebensraum ist der Schmutz. Geboren in Schmutz und Schlamm, kann es nur dort leben, in Höhe der Füße; und wer frei ausschreitet und nicht aus hinduistischer Barmherzigkeit vermeidet, auf jedes giftige Reptil zu treten, der wird unvermeidlich darauf treten und es so mit Füßen treten – und Webster, seinen Macher, gleich mit, wie den Mistkäfer und seinen Mist.

Die jüngsten Ereignisse werden ihren Wert haben als Kritik an der Rechtsprechung bei uns oder vielmehr als Hinweis auf die wahren Quellen der Gerechtigkeit in einer jeden Gemeinschaft. Es ist dahin gekommen, daß es die Freunde der Freiheit, die Freunde des Sklaven schauderte, als sie erfuhren, daß die Entscheidung über sein Schicksal den Gerichten des Landes überlassen worden war. Freie Männer haben kein Vertrauen darauf, daß in einem solchen Fall Recht gesprochen wird; der Richter mag so oder so entscheiden; es ist eine Sache des Zufalls – bestenfalls. Es ist offenkundig, daß er in einem so wichtigen Fall nicht die kompetente Autorität ist. Dies ist auch nicht der Augenblick, ein Urteil auf Präzedenzfälle zu gründen; vielmehr sollte man jetzt einen Präzedenzfall für die Zukunft schaffen. Ich möchte viel lieber dem Empfinden der Leute vertrauen. Mit ihrer Stimme bekäme man wenigstens etwas von einigem Wert, wie klein auch immer, doch im anderen Fall nur das befangene Urteil eines einzelnen, von keiner Bedeutung, wie es auch ausfiele.

Es ist für die Gerichte ziemlich fatal, wenn die Leute gezwungen sind, ihre Arbeit zu untersuchen. Ich möchte nicht glauben, daß die Gerichte nur für schönes Wetter und für einfache Zivilrechtsfälle geschaffen wurden; aber wie kann man es irgendeinem Gericht im Land überlassen zu entscheiden, ob mehr als drei Millionen Menschen, in diesem Fall ein Sechstel der Nation, ein Recht darauf haben, freie Menschen zu sein oder nicht? Aber das ist den Behörden der sogenannten *Rechtsprechung* überlassen worden – dem Obersten Gericht des Landes, das, wie ihr alle wißt, keine andere Autorität als die Verfassung anerkennt, und es hat entschieden, daß die drei Millionen Sklaven sind und Sklaven bleiben sollen. Richter wie diese prüfen nur die Werkzeuge eines Einbrechers und Mörders und sagen ihm, ob sie funktionstüchtig sind, und dort, so meinen sie, endet ihre Verantwortung. Es war schon vorher ein Fall anhängig, den zu übergehen sie als von Gott eingesetzte Richter kein Recht hatten; wäre der gerecht entschieden worden, so wäre ihnen diese Demütigung erspart geblieben. Es war der Fall des Mörders selbst.

Das Gesetz wird die Menschen nie frei machen; die Menschen sind es, die das Gesetz frei machen müssen. Sie sind die Freunde von Gesetz und Ordnung, die das Gesetz befolgen, wenn die Regierung es bricht.

Unter den Menschen ist der Richter, dessen Worte das Schicksal eines Mannes auf alle Ewigkeit besiegeln, nicht der, der bloß den Urteilsspruch verkündet, sondern der, der, wer immer er sei, aus Liebe zur Wahrheit und durch keinerlei Brauch oder Gesetzeserlaß der Menschen voreingenommen, eine richtige Meinung, ein richtiges *Urteil* über ihn abgibt. Er ist es, der ihn *verurteilt.* Wer immer die Wahrheit zu erkennen vermag, hat seinen Auftrag erhalten aus einer Quelle, die höher ist als der höchste Richter in der Welt. Er sieht sich eingesetzt als Richter des Richters. Seltsam, daß es nötig ist, solch einfache Wahrheiten auszusprechen!

Ich bin mehr und mehr davon überzeugt, daß es in bezug auf jede öffentliche Frage wichtiger ist zu wissen, was man auf dem Lande darüber denkt, als was die Stadt denkt. Die Stadt *denkt* nicht viel. Über jede moralische Frage würde ich lieber die Meinung von Boxboro hören als die von Boston und New York zusammengenommen. Wenn die erstere spricht, habe ich das Gefühl, als ob jemand wirklich *gesprochen* hätte, als ob es noch *Humanität* gäbe und ein vernunftbegabtes Wesen sein Recht behauptet hätte – als ob einige vorurteilslose Männer in den Bergen des Landes dieser Sache endlich ihre Aufmerksamkeit gewidmet und durch ein paar vernünftige Worte das Ansehen der Rasse gerettet hätten. Wenn sich in einer unbedeutenden Kleinstadt die Farmer zu einer besonderen Versammlung zusammenfinden, um ihre Meinung zu einer Angelegenheit zu sagen, die das ganze Land beunruhigt, dann ist das, glaube ich, der wahre Kongreß und der ehrenwerteste, der sich in den Vereinigten Staaten je versammelt hat.

Es ist offenkundig, daß es, zumindest in diesem Commonwealth, zwei Parteien gibt, die sich immer deutlicher voneinander unterscheiden – die Partei der Stadt und die Partei des Landes. Ich weiß, daß das Land ziemlich erbärmlich ist, aber es macht mich froh zu glauben, daß es einen geringfügigen Unterschied zu seinen Gunsten gibt. Aber bisher besitzt es nur wenige Organe – wenn überhaupt welche –, durch die es sich äußern kann. Die Leitartikel, die es liest, kommen wie die Nachrichten von der Küste. Laßt uns, die Bewohner des Landes, Selbstachtung entwickeln. Laßt uns nicht in die Stadt schicken nach etwas, das wichtiger ist als unsere Tuche und Lebensmittel; und wenn wir schon die Meinungen der Stadt lesen, so laßt uns eigene Meinungen hegen.

Zu den Maßnahmen, die zu treffen sind, sollte meiner Ansicht nach ein ebenso ernster und energischer Angriff auf die Presse gehören, wie er bereits, und mit Erfolg, auf die Kirche geführt worden ist. Die Kirche hat sich innerhalb weniger Jahre bedeutend gebessert, doch die Presse ist beinahe ohne Ausnahme korrupt. Ich glaube, daß in diesem Land die Presse einen größeren und schädlicheren Einfluß ausübt als die Kirche in ihren schlimmsten Zeiten. Wir sind kein frommes Volk, sondern wir sind eine Nation von Politikern. Wir kümmern uns nicht um die Bibel, sondern wir kümmern uns um die Zeitung. Wie unpassend wäre es, auf einer Versammlung von Politikern – wie zum Beispiel auf der an jenem Abend in Concord – aus der Bibel zu zitieren, wie passend hingegen, aus einer Zeitung oder aus der Verfassung zu zitieren! Die Zeitung ist eine Bibel, die wir jeden Morgen und jeden Abend lesen, im Stehen und im Sitzen, im Fahren und im Gehen. Sie ist eine Bibel, die jedermann in der Tasche trägt, die auf jedem Tisch und auf jedem Ladentisch liegt und die von der Post und von Tausenden von Missionaren ständig verteilt wird. Sie ist, kurz gesagt, das einzige Buch, das Amerika gedruckt hat und das Amerika liest. So groß ist ihr Einfluß. Der Herausgeber ist ein Prediger, den ihr freiwillig unterstützt. Eure Gebühr beträgt im allgemeinen einen Cent pro Tag, und es kostet euch keine Kirchstuhlmiete. Aber wie viele dieser Prediger predigen die Wahrheit? Ich wiederhole die Aussage so manches gebildeten Fremden wie auch meine eigene Überzeugung, wenn ich sage, daß vielleicht kein Land je von einer so erbärmlichen Klasse von Tyrannen regiert wurde, wie es, mit ein paar edlen Ausnahmen, die Herausgeber der regelmäßig erscheinenden Presse in *diesem* Lande sind. Und da sie nur durch ihre Unterwürfigkeit leben und regieren und dadurch, daß sie an die schlechtere, nicht an die bessere Natur des Menschen appellieren, befinden sich ihre Leser in der Lage des Hundes, der zu seinem Erbrochenen zurückkehrt.

Der ›Liberator‹ und das ›Commonwealth‹ waren, soviel ich weiß, die einzigen Zeitungen in Boston, die sich mit einer Verdammung der Feigheit und Niedertracht der Behörden dieser Stadt, wie sie sich im Jahre '51 zeigte, zu Wort meldeten. Die anderen Tagblätter haben fast ausnahmslos durch die Art, wie sie über das ›Gesetz über flüchtige Sklaven‹ und die Rückführung des Sklaven Simms berichteten, den gesunden Menschenverstand des Landes zumindest beleidigt. Und im großen und ganzen taten sie das, so könnte man sagen, weil sie sich so die Zustimmung ihrer Gönner zu sichern dachten, ohne zu merken, daß im Herzen des Commonwealth ein gesünderes Empfinden herrschte. Man sagt mir, daß sich einige von ihnen in jüngster Zeit gebessert hätten, doch sie sind noch immer überaus opportunistisch. Das ist der Ruf, den sie sich erworben haben.

Aber glücklicherweise ist dieser Prediger durch die Waffen des Reformers noch leichter zu treffen als der falsche Priester. Die freien Männer von Neuengland müssen es nur unterlassen, diese Blätter zu kaufen und zu lesen, sie brauchen nur ihre Cents zurückzuhalten, um zwei Dutzend von ihnen auf einmal zu vernichten. Jemand, den ich schätze, hat mir gesagt, daß er Mitchells ›Citizen‹ im Zug gekauft und dann aus dem Fenster geworfen habe. Aber wäre seine Verachtung nicht vernichtender ausgedrückt worden, wenn er ihn nicht gekauft hätte?

Sind es Amerikaner, sind es Neuengländer, sind es Einwohner von Lexington und Concord und Framingham, die die Bostoner Zeitungen ›Post‹, ›Mail‹, ›Journal‹, ›Advertiser‹, ›Courier‹ und ›Times‹ lesen und unterstützen? Sind das die Flaggen unserer Union? Ich bin kein Zeitungsleser und versäume es hier vielleicht, die schlimmsten zu nennen.

Läßt Sklaverei vollkommenere Unterwürfigkeit denken als das, was einige dieser Zeitungen vorführen? Gibt es irgendwelchen Staub, den ihr Betragen nicht leckt und mit seinem Schleim noch widerlicher macht? Ich weiß nicht, ob der Bostoner ›Herald‹ noch existiert, aber ich erinnere mich, ihn in den Straßen gesehen zu haben, als Simms fortgeschafft wurde. Hat er seine Rolle nicht gut gespielt, hat er seinem Herrn nicht treu gedient?

Wie hätte er noch tiefer sinken können, da er schon auf dem Bauche kroch? Wie kann sich jemand noch tiefer krümmen, wenn er schon am Boden ist? Was kann er mehr tun, als seine Extremitäten an die Stelle seines Kopfes zu setzen, als seinen Kopf zu seiner unteren Extremität zu machen? Als ich diese Zeitung mit spitzen Fingern aufhob, hörte ich in jeder Spalte das Glucksen der Kloake. Ich hatte das Gefühl, daß ich eine aus der Gosse aufgelesene Zeitung in der Hand hielt, ein Blatt aus dem Evangelium der Spielhölle, der Schnapsbude und des Bordells, das mit dem Evangelium der Handelsbörse harmoniert.

Die Männer aus dem Norden und aus dem Süden und dem Osten und dem Westen sind in ihrer Mehrzahl keine Männer von Grundsätzen. Wenn sie zur Wahl gehen, schicken sie niemanden mit Aufträgen der Humanität in den Kongreß; und während ihre Brüder und Schwestern gezüchtigt und gehängt werden, weil sie die Freiheit lieben, während – hier könnte ich all das einsetzen, was die Sklaverei ausmacht –, sorgen sie sich wegen der Mißwirtschaft bei Holz und Eisen und Steinen und Gold. Tu, was du willst, o Regierung, mit meiner Frau und meinen Kindern, meiner Mutter und meinem Bruder, meinem Vater und meiner Schwester, ich werde deine Befehle genau befolgen. Es wird mich natürlich schmerzen, wenn du ihnen weh tust, wenn du sie Aufsehern übergibst, um sie von Hunden hetzen oder zu Tode prügeln zu lassen, aber dennoch werde ich friedlich meinem gewählten Beruf auf dieser schönen Erde nachgehen, bis ich dich vielleicht eines Tages, wenn ich für diese Toten Trauer trage, überredet haben werde nachzugeben. Das ist die Haltung, das sind die Worte von Massachusetts.

Ich muß nicht sagen, zu welchem Streichholz ich greifen würde, welches System ich würde in die Luft sprengen wollen, ehe ich das tue; doch da ich das Leben liebe, würde ich für das Licht Partei ergreifen und die dunkle Erde unter mir wegrollen lassen und meine Mutter und meinen Bruder rufen, mir zu folgen.

Ich möchte meine Landsleute daran erinnern, daß sie zuerst Menschen sein sollen, Amerikaner erst zu einer späteren, günstigen Stunde. Es ist gleichgültig, wie wertvoll das Gesetz ist, um euer Eigentum zu schützen, ja, selbst, um Leib und Seele zusammenzuhalten, wenn es nicht euch und die Humanität zusammenhält.

Ich bedaure, sagen zu müssen, daß ich bezweifle, ob es in Massachusetts einen Richter gibt, der bereit ist, sein Amt niederzulegen und sich seinen Lebensunterhalt auf unschädliche Weise zu verdienen, wenn man von ihm verlangt, ein Urteil zu fällen nach einem Gesetz, das dem Gesetz Gottes völlig zuwiderläuft. Ich bin zu sehen genötigt, daß sie sich in dieser Hinsicht mit dem Marineinfanteristen auf eine Stufe stellen – oder vielmehr ihrer Natur nach mit ihm auf einer Stufe stehen –, der seine Muskete in jede Richtung abfeuert, die man ihm befiehlt. Sie sind ebensosehr Werkzeug und ebensowenig Menschen. Sicher muß man sie nicht höher achten, weil ihr Herr ihren Verstand und ihr Gewissen versklavt statt ihre Körper.

Die Richter und Rechtsanwälte – ich meine, einfach als solche – und alle Männer des Zweckdenkens verhandeln diesen Fall nach einem sehr niedrigen und unzulänglichen Maßstab. Sie erwägen nicht, ob das ›Gesetz über flüchtige Sklaven‹ rechtens ist, sondern, ob es dem entspricht, was sie *verfassungsgemäß* nennen. Ist die Tugend verfassungsgemäß oder das Laster? Ist Gerechtigkeit verfassungsgemäß oder Ungerechtigkeit? Bei bedeutsamen moralischen und lebenswichtigen Problemen wie diesem ist die Frage, ob ein Gesetz verfassungsgemäß ist oder nicht, ebenso unverschämt wie die Frage, ob es gewinnbringend ist oder nicht. Sie sind weiterhin die Diener der schlimmsten unter den Menschen und nicht die Diener der Humanität. Die Frage lautet nicht, ob du eine Vereinbarung abgeschlossen hast, um dem Teufel zu dienen, oder ob das dein Großvater vor siebzig Jahren getan hat und dieser Dienst jetzt fällig ist, sondern, ob du jetzt endlich einmal Gott dienen willst – trotz deiner früheren Feigheit oder der deiner Vorfahren –, indem du jene ewige und einzig gerechte VERFASSUNG befolgst, die ER, und nicht irgendein Jefferson oder Adams, in dein Sein eingeschrieben hat.

Es läuft darauf hinaus: Wenn die Mehrheit den Teufel zum Gott wählt, wird die Minderheit ihr Leben und ihr Verhalten danach einrichten – und dem erfolgreichen Kandidaten gehorchen, im Vertrauen darauf, daß sie, durch die ausschlaggebende Stimme eines Vorsitzenden, Gott vielleicht früher oder später wieder einsetzen kann. Das ist der oberste Grundsatz, den ich bei meinen Nachbarn erkennen kann. Diese Männer handeln, als glaubten sie, sie könnten ein kleines Stück – oder ein ziemliches Stück – einen Hügel hinuntergleiten und nach und nach sicher zu einer Stelle kommen, von wo aus sie wieder hinaufgleiten können. Das ist Zweckdenken oder die Entscheidung für einen Weg, der den Füßen die geringsten Hindernisse bietet – d. h. einen Weg nach unten. Doch eine redliche Reform kann man nicht erreichen, indem man den Grundsatz der ›Zweckdienlichkeit‹ anwendet. Ein Hügelangleiten gibt es nicht. In der Moral sind die einzigen, die gleiten, diejenigen, die abgleiten.

So beten wir ständig den Mammon an, alle, Schule und Staat und Kirche, und am siebenten Tag verfluchen wir Gott mit einem Getöse, das von einem Ende der Union zum anderen schallt.

Wird die Menschheit nie lernen, daß Politik nicht Moral ist, daß sie nie ein moralisches Recht sichert, sondern nur erwägt, was zweckdienlich ist, daß sie den nächsten besten Kandidaten wählt – es ist unweigerlich der Teufel –, und welches Recht haben seine Wähler, überrascht zu sein, weil der Teufel sich nicht wie ein Engel des Lichts benimmt? Was gebraucht wird, sind Männer der Redlichkeit, nicht der Politik, Männer, die ein höheres Gesetz als die Verfassung oder die Entscheidung der Mehrheit anerkennen. Das Schicksal des Landes hängt nicht davon ab, wie du wählst – der schlechteste Mann ist bei dem Spiel genauso stark wie der beste; es hängt nicht davon ab, welches Papier du einmal im Jahr in die

Wahlurne steckst, sondern davon, was für einen Menschen du jeden Morgen aus deinem Zimmer auf die Straße schickst.

Was Massachusetts kümmern sollte, ist nicht das Nebraska-Gesetz, auch nicht das ›Gesetz über flüchtige Sklaven‹, sondern seine eigene Sklavenhalterei und Unterwürfigkeit. Laßt den Staat seine Union mit dem Sklavenhalter lösen! Er mag sich winden, er mag zögern und darum bitten, die Verfassung noch einmal lesen zu dürfen, aber er wird kein anständiges Gesetz, keine Vorentscheidung finden, wodurch das Fortbestehen einer solchen Union auch nur für einen Augenblick gerechtfertigt würde.

Laßt jeden Einwohner des Staates seine Union mit ihm lösen, solange der Staat zögert, seine Pflicht zu tun.

Die Ereignisse des letzten Monats haben mich gelehrt, dem Ruhm zu mißtrauen. Ich sehe, daß er nicht genau zu unterscheiden vermag, sondern grob Hurra schreit. Ihn kümmert nicht das schlichte Heldentum einer Handlung, ihn interessieren nur deren wahrnehmbare Folgen. Er lobt den leichten Erfolg des Bostoner Teesturms, bis er heiser ist, bleibt aber ziemlich schweigsam, was den tapfereren und viel uneigennützigeren und heldenhafteren Angriff auf das Bostoner Gerichtsgebäude angeht, nur, weil er erfolglos war!

Mit Schande bedeckt, hat der Staat unverfroren Beratungen begonnen, um den Männern, die versucht haben, ihre Pflicht für ihn zu tun, den Prozeß zu machen. Und das heißt *Gerechtigkeit*! Diejenigen, die gezeigt haben, daß sie sich besonders gut führen können, werden vielleicht *für ihre gute Führung* in Fesseln gelegt. Diejenigen, denen gegenwärtig die Wahrheit gebietet, sich schuldig zu bekennen, sind vor allen anderen Einwohnern des Staates unschuldig. Während der Gouverneur, der Bürgermeister und zahllose Beamte des Commonwealth auf freiem Fuß sind, werden die Verfechter der Freiheit gefangengehalten.

Nur die sind frei von Schuld, die das Verbrechen der Mißachtung eines solchen Gerichts begehen. Es geziemt sich für jedermann, darauf zu achten, daß sein Einfluß auf der Seite der Gerechtigkeit ist, und die Gerichte für ihren eigenen Ruf sorgen zu lassen. Meine ganze Sympathie in diesem Prozeß gilt den Angeklagten und meine ganze Antipathie ihren Anklägern und Richtern. Gerechtigkeit ist süß und melodisch, doch Ungerechtigkeit ist mißtönend und unharmonisch. Der Richter dreht noch immer an seiner Orgel, doch sie bringt keine Musik hervor, und wir hören nur das Geräusch der Kurbel. Er glaubt, daß alle Musik in der Kurbel wohnt, und die Menge wirft ihm ihre Kupfermünzen zu wie zuvor.

Meint ihr, daß dieses Massachusetts, das sich jetzt diese Dinge leistet – das zögert, diese Männer zu ehren, während einige Anwälte, ja, selbst einige Richter vielleicht dazu getrieben werden, zu irgendeiner armseligen Wortklauberei Zuflucht zu nehmen, damit sie ihrem instinktiven Gerechtigkeitssinn nicht völlig Gewalt antun –, meint ihr, daß dieses Massachusetts etwas anderes ist als niederträchtig und unterwürfig, daß es der Verfechter der Freiheit ist?

Zeigt mir einen freien Staat und ein Gericht, das wahrhaft Recht spricht, und ich werde, wenn es nottut, für sie kämpfen! Zeigt mir dagegen Massachusetts, und ich verweigere ihm die Treue und drücke seinen Gerichten meine Verachtung aus.

Eine gute Regierung steigert den Wert des Lebens, eine schlechte mindert ihn. Wir können es ertragen, wenn die Eisenbahn und alle rein materiellen Dinge etwas an Wert verlieren, denn das zwingt uns, einfacher und sparsamer zu leben; aber stellt euch vor, der Wert des Lebens selbst verringerte sich! Wie können wir an den Menschen und an die Natur geringere Ansprüche stellen, wie können wir in bezug auf die Tugend und alle edlen Eigenschaften sparsamer leben als jetzt? Ich lebe schon seit einem Monat mit der Empfindung, einen großen und unbestimmten Verlust erlitten zu haben, und ich glaube, daß jeder in Massachusetts, der des Gefühls des Patriotismus fähig ist, eine ähnliche Erfahrung gemacht haben muß. Ich wußte zunächst nicht, was mich schmerzte. Schließlich wurde mir klar – was ich verloren hatte, war ein Land. Ich habe die Regierung, in deren Nähe ich lebte, nie geachtet, doch ich hatte törichterweise geglaubt, ich könnte imstande sein, hier zu leben, mich um meine persönlichen Angelegenheiten kümmern und damit genug. Was mich angeht, so kann ich gar nicht sagen, wieviel meine ältesten und liebsten Beschäftigungen von ihrer Anziehungskraft verloren haben, und ich spüre, daß meine Investition in ein Leben hier um viele Prozente weniger wert ist, seit Massachusetts jüngst einen unschuldigen Mann, Anthony Burns, in die Sklaverei zurückgeschickt hat. Vorher habe ich vielleicht in der Illusion gelebt, daß mein Leben nur irgendwo *zwischen* Himmel und Hölle verlief, aber jetzt kann ich mir nicht mehr einreden, daß ich nicht *gänzlich in* der Hölle lebe. Für mich ist das Gelände dieser politischen Organisation, die sich Massachusetts nennt, moralisch mit vulkanischer Schlacke und Asche bedeckt, wie Milton sie für die Regionen der Hölle beschreibt. Wenn es eine Hölle gibt, noch ärmer an Grundsätzen als unsere Herrschenden und wir, die Beherrschten, so bin ich gespannt, sie kennenzulernen. Da das Leben selbst weniger wert ist, sind mit ihm alle Dinge, die ihm dienen, weniger wert. Angenommen, ihr habt eine kleine Bibliothek – Bilder schmücken ihre Wände, ringsherum ist ein Garten angelegt – und ihr treibt wissenschaftliche und literarische Studien, und auf einmal entdeckt ihr, daß sich eure Villa mit allem, was darin ist, in der Hölle befindet und daß der Friedensrichter einen Pferdefuß und einen gespaltenen Schwanz hat – verlieren dann diese Dinge in euren Augen nicht plötzlich ihren Wert?

Ich finde, daß der Staat meine rechtmäßigen Geschäfte gefährlich behindert hat. Er hat mich nicht nur auf meinem Weg durch die Gerichtsstraße bei geschäftlichen Besorgungen aufgehalten, sondern er hat mich wie jedermann aufgehalten auf dem Weg nach vorn, nach oben, auf dem man die Gerichtsstraße bald weit hinter sich zu lassen gehofft hatte. Welches Recht hatte er, mich an die Gerichtsstraße zu erinnern? Ich habe *das* hohl gefunden, dem selbst ich als solide vertraut hatte.

Ich bin erstaunt, Männer ihren Geschäften nachgehen zu sehen, als ob nichts geschehen sei. Ich sage mir: ›Unglückliche! Sie haben die Nachricht nicht gehört.‹ Ich bin erstaunt, daß der Mann, den ich eben zu Pferde sah, so eifrig versucht, seine neu gekauften Kühe, die ihm gerade davonlaufen, einzuholen – da doch alles Eigentum unsicher ist, und wenn sie nicht wieder davonlaufen, werden sie ihm vielleicht weggenommen, wenn er sie wiederhat. Der Narr! Weiß er nicht, daß sein Saatgetreide dieses Jahr weniger wert ist, daß alle Ernten mißraten, wenn man sich dem Reich der Hölle nähert? Kein vernünftiger Mensch wird unter diesen Umständen ein Steinhaus bauen oder sich irgendeiner friedlichen Unternehmung widmen, deren Vollendung eine lange Zeit braucht. Die Kunst ist so lang wie je, aber das Leben ist zerrissener, und weniger davon steht bereit für die eigentlichen Arbeiten eines Menschen. Es ist keine Epoche der Muße. Wir haben all unsere ererbte Freiheit aufgebraucht. Wenn wir unser Leben retten wollen, müssen wir dafür kämpfen.

Ich gehe zu einem unserer Teiche; doch was bedeutet Schönheit der Natur, wenn die Menschen gemein sind? Wir wandern zu Seen, um die Ruhe unseres Gemüts darin gespiegelt zu sehen; wenn wir nicht ruhig sind, gehen wir nicht hin. Wer kann ruhig sein in einem Land, wo weder die Herrschenden noch die Beherrschten Grundsätze haben? Die Erinnerung an mein Land verdirbt meinen Spaziergang. Meine Gedanken sind Mord am Staat, und unwillkürlich verschwören sie sich gegen ihn.

Aber neulich traf es sich, daß ich eine weiße Seerose roch, und eine Jahreszeit, auf die ich gewartet hatte, war gekommen. Sie ist das Sinnbild der Reinheit. Sie bricht auf, so rein und schön für das Auge und so süß für die Nase, als ob sie uns zeigen wolle, welche Reinheit und Süße im Schmutz und Schlamm der Erde wohnen und daraus hervorgehen können. Ich glaube, ich habe die erste gepflückt, die sich im Umkreis einer Meile geöffnet hat. Welche Bekräftigung unserer Hoffnungen liegt in dem Duft dieser Blüte! Ihretwegen werde ich nicht so bald an der Welt verzweifeln, trotz Sklaverei, trotz der Feigheit und des Mangels an Grundsätzen bei den Männern des Nordens. Sie läßt ahnen, welche Gesetze am längsten und am umfassendsten gewirkt haben und noch wirken und daß vielleicht die Zeit kommt, da die Taten der Menschen genauso süß duften werden. Einen solchen Wohlgeruch strömt die Pflanze aus. Wenn die Natur diesen Duft noch immer Jahr für Jahr zu mischen vermag, dann glaube ich, daß sie noch jung und voller Lebenskraft ist, daß ihre Reinheit und ihre Schöpferkraft ungeschmälert sind, und daß es Tugend auch im Menschen gibt, der gemacht ist, sie wahrzunehmen und zu lieben. Sie erinnert mich daran, daß die Natur noch für keinen Missouri-Kompromiß ein Partner gewesen ist. Ich spüre keinen Kompromiß im Duft der Seerose. Sie ist keine *Nymphaea* DOUGLASSII. In ihr sind das Süße, das Reine und das Unschuldige vollkommen vom Schmutzigen und Bösen getrennt. Ich spüre darin nichts von der opportunistischen Unentschlossenheit eines Gouverneurs von Massachusetts oder eines Bürgermeisters von Boston. Verhaltet euch so, daß der Geruch eurer Handlungen die allgemeine Süße der Atmosphäre steigere, daß wir, wenn wir eine Blüte betrachten oder riechen, nicht daran erinnert werden, wie unvereinbar eure Taten damit sind; denn aller Geruch ist nur eine Form der Offenbarung einer moralischen Eigenschaft, und wären keine gerechten Taten getan worden, würde die Seerose nicht süß duften. Der faule Schlamm steht für die Trägheit und das Laster der Menschen, für den Verfall der Humanität, die duftende Blüte, die daraus entspringt, für die Reinheit und den Mut, die unsterblich sind.

Sklaverei und Unterwürfigkeit haben alljährlich keine süß duftende Blüte hervorgebracht, um die Sinne der Menschen zu erfreuen, denn sie haben kein wirkliches Leben: sie sind nur Verwesung und Tod, allen gesunden Nasen zuwider. Wir beklagen uns nicht, daß sie *leben*, sondern daß sie nicht *begraben werden*. Laßt die Lebenden sie begraben; selbst sie sind gut als Dünger.

Ein Plädoyer für Captain John Brown

(Eine Rede, gehalten vor den Bürgern von Concord, Massachusetts,
am Sonntagabend, dem 30. Oktober 1859)

Ich hoffe, ihr verzeiht mir, daß ich zu euch spreche. Ich will euch meine Gedanken nicht aufdrängen, aber ich selbst fühle mich gedrängt. Sowenig ich von Captain Brown weiß, möchte ich doch gern das Meine tun, um den Ton und die Erklärungen der Zeitungen und meiner Mitbürger im allgemeinen zu korrigieren, was seinen Charakter und seine Handlungen anbelangt. Es kostet uns nichts, gerecht zu sein. Wir können zumindest unser Mitgefühl und unsere Bewunderung für ihn und seine Gefährten ausdrücken, und das will ich jetzt tun.

Zunächst zu seiner Geschichte. Ich will mich bemühen, soweit wie möglich alles wegzulassen, was ihr schon gelesen habt. Ich brauche euch nicht seine Person zu beschreiben, denn wahrscheinlich haben ihn die meisten von euch gesehen und werden ihn so schnell nicht vergessen. Ich höre, daß sein Großvater, John Brown, Offizier in der Revolution war; daß er selbst zu Beginn dieses Jahrhunderts in Connecticut geboren wurde, aber bald mit seinem Vater nach Ohio ging. Ich habe von ihm gehört, daß sein Vater Unternehmer war, der dort im Krieg von 1812 die Armee mit Rindfleisch belieferte; daß er ihn ins Lager begleitete und ihm bei diesem Geschäft half und viel vom Militärleben kennenlernte – vielleicht mehr, als wenn er Soldat gewesen wäre; denn er war oft bei den Beratungen der Offiziere zugegen. Besonders lernte er aus eigener Anschauung, wie Armeen im Feld beliefert und verpflegt werden – eine Arbeit, die, wie er bemerkte, mindestens ebensoviel Erfahrung und Geschicklichkeit erforderte, wie sie im Kampf zu führen. Er sagte, nur wenige hätten eine Vorstellung von dem Aufwand, selbst vom finanziellen Aufwand, der nötig ist, um im Krieg auch nur eine einzige Kugel abzufeuern. Was er sah, genügte jedenfalls, ihm das Militärleben zu verleiden, ja, in ihm einen großen Abscheu davor zu erwecken; und zwar so, daß er, obwohl ihn, als er ungefähr achtzehn war, das Angebot für einen kleinen Posten in der Armee lockte, dieses nicht nur ausschlug, sondern auch eine Ausbildung verweigerte, wofür er mit einer Geldbuße bestraft wurde. Er beschloß daraufhin, daß er nie wieder irgend etwas mit Krieg zu tun haben wolle, es sei denn, es handelte sich um einen Freiheitskrieg.

Als die Unruhen in Kansas begannen, schickte er mehrere seiner Söhne hin, um die Partei der Freistaatler zu stärken, und stattete sie mit den Waffen aus, die er hatte, und sagte ihnen, falls sich die Unruhen ausweiten sollten und man seiner bedürfe, werde er ihnen folgen, um ihnen mit Rat und Tat zur Seite zu stehen. Das tat er bald darauf, wie ihr alle wißt; und es ist vor allem seiner Mitwirkung zu danken, daß Kansas befreit wurde.

Eine Zeitlang war er Landvermesser, und eine Weile beschäftigte er sich mit der Wollproduktion, und er reiste als Vertreter in dieser Branche nach Europa. Wie überall hielt er auch dort die Augen offen und machte viele originelle Beobachtungen. Er sagte zum Beispiel, er habe gesehen, warum der Boden in England so fruchtbar und der in Deutschland (dort, so glaube ich, war es) so unergiebig sei, und daß er daran denke, deswegen an einige der gekrönten Häupter zu schreiben. Es läge daran, daß die Bauern in England auf dem Land, das sie bestellen, auch leben, während sie in Deutschland nachts in Dörfern sind. Es ist schade, daß er aus seinen Beobachtungen kein Buch gemacht hat.

Ich würde sagen, er war ein altmodischer Mann mit seiner Achtung vor der Verfassung und mit seinem Glauben an die Beständigkeit dieser Union. Die Sklaverei erachtete er als beiden ganz und gar entgegengesetzt, und er war ihr entschiedener Gegner.

Er war nach Herkunft und Geburt ein Farmer aus Neuengland; ein Mann mit viel gesundem Menschenverstand, besonnen und praktisch wie diese Klasse, und das verzehnfacht. Er glich den besten derer, die einst an der Brücke von Concord, bei Lexington Common und auf dem Bunker Hill standen, nur war er standhafter und hatte edlere Grundsätze als alle dort, von denen ich zufällig weiß. Ihn hat kein Prediger der Abolitionisten bekehrt. Ethan Allen und Stark, mit denen er vielleicht in mancher Hinsicht verglichen werden kann, waren Kämpfer auf einem geringeren und weniger bedeutenden Gebiet. Sie waren imstande, den Feinden ihres Landes tapfer die Stirn zu bieten, doch er hatte den Mut, seinem eigenen Land die Stirn zu bieten, als es im Unrecht war. Ein Schriftsteller des Westens versucht den Umstand, daß er so viele Gefahren überstanden hat, damit zu erklären, daß er sich hinter einem ›ländlichen Äußeren‹ verbarg – als ob in diesem Prärieland ein Held von Rechts wegen nur ein Bürgerkleid tragen dürfe.

Er hat nicht das College namens Harvard besucht, die gute alte Alma mater. Er wurde nicht mit dem Brei gefüttert, der dort verabreicht wird. Wie er es selber formulierte: ›Ich habe von der Grammatik nicht mehr Ahnung als eins eurer Kälber.‹ Aber er besuchte die große Universität des Westens, wo er unermüdlich das Studium der Freiheit betrieb, zu der er schon frühzeitig eine Zuneigung verraten hatte, und nachdem er viele Grade erworben hatte, eröffnete er schließlich, wie ihr alle wißt, eine Praxis der Humanität in Kansas. Das waren seine *Humaniora* – und nicht irgendein Studium der Grammatik. Er hätte ein falsch gesetztes griechisches Akzentzeichen stehenlassen und einen fallenden Mann aufgerichtet.

Er war einer von jenen, von denen wir viel hören, meistens aber überhaupt nichts sehen – den Puritanern. Ihn zu töten wäre vergeblich. Er ist vor kurzem, zur Zeit Cromwells, gestorben, aber hier ist er wieder aufgetaucht. Warum auch nicht? Einige aus dem Stamm der Puritaner sollen hier herübergekommen sein und sich in Neuengland angesiedelt haben. Das waren Leute, die etwas anderes machten, als das Fest ihrer Vorfahren zu feiern und in Erinnerung an jene Zeit gerösteten Mais zu essen. Sie waren weder Demokraten noch Republikaner, sondern Männer mit einfachen Haltungen, redlich, fromm; sie hielten nicht viel von Herrschern, die Gott nicht fürchten, und sie machten nicht viel Kompromisse und suchten nicht nach erfolgversprechenden Kandidaten.

›In seinem Lager gestattete er keine Gottlosigkeit‹, wie kürzlich jemand schrieb – und ich selbst habe ihn das sagen hören –, ›kein Mann von lockerer Moral durfte dort bleiben, es sei denn, es handelte sich um einen Kriegsgefangenen. ‚Lieber habe ich Pocken, Gelbfieber und Cholera auf einmal in meinem Lager‘, sagte er, ‚als einen Mann ohne Grundsätze ... Unsere Leute sind im Irrtum, mein Herr, wenn sie glauben, daß Kraftprotze die besten Kämpfer sind oder daß sie die geeigneten Männer sind, diesen Südstaatlern die Stirn zu bieten. Gebt mir Männer von guten Grundsätzen, gottesfürchtige Männer, Männer mit Selbstachtung, und ich werde mit einem Dutzend von ihnen hundert Männern wie diesen Buford-Schlägern die Stirn bieten.‘‹ Er sagte, wenn jemand käme, um als Soldat unter ihm zu dienen, und vorlaut verkünde, was er tun könne oder werde, sobald er nur den Feind sähe, zu dem hätte er nur wenig Zutrauen.

Er fand nie mehr als etwa zwei Dutzend Rekruten, die er akzeptieren konnte, und nur ungefähr einem Dutzend von ihnen, darunter seinen Söhnen, schenkte er vollkommenes Vertrauen. Als er vor ein paar Jahren hier war, zeigte er einigen wenigen ein kleines handgeschriebenes Buch – ich glaube, er nannte es sein ›Orderbuch‹ –, das die Namen seiner Schar in Kansas und die Regeln enthielt, zu deren Einhaltung sie sich verpflichteten; und er sagte, daß einige von ihnen den Vertrag bereits mit ihrem Blut besiegelt hätten. Als jemand die Bemerkung machte, daß es eine vorbildliche Cromwellsche Truppe wäre, wenn noch ein Geistlicher dabei wäre, äußerte er, daß er der Liste gern einen Geistlichen hinzugefügt hätte, wenn er einen hätte finden können, der dieses Amt würdig ausfüllen könne. Für die Armee der Vereinigten Staaten findet sich leicht einer. Ich glaube, daß trotzdem in seinem Lager morgens und abends Andacht gehalten wurde.

Er war ein Mann von spartanischen Gewohnheiten, und mit Sechzig achtete er streng auf sein Essen, wenn er bei jemandem zu Tische saß, und sagte entschuldigend, er müsse maßhalten und karg leben, wie es sich gehöre für einen Soldaten oder für jemanden, der sich für schwierige Unternehmen und ein Leben in Wind und Wetter rüste.

Ein Mann von seltenem Verstand und von einer Direktheit der Rede wie des Handelns; vor allem ein Transzendentalist, ein Mann mit Ideen und Grundsätzen – all das zeichnete ihn aus. Ein Mann, der nie einer Laune oder einem flüchtigen Impuls nachgab, sondern der ein Ziel im Leben verfolgte. Ich bemerkte, daß er nie übertrieb, sondern sich stets maßvoll äußerte. Ich erinnere mich besonders daran, wie er hier in einer Rede erwähnte, was seine Familie in Kansas gelitten hatte, ohne dabei je die schwelende Glut seines Zorns anzufachen. Das war ein Vulkan mit einem gewöhnlichen Schornstein. Auch als er sich zu den Taten gewisser Border Ruffians äußerte, sagte er, seine Rede rasch abkürzend, indem er wie ein erfahrener Soldat noch eine Reserve an Kraft und Argumenten zurückbehielt: ›Sie hatten ein Recht darauf, gehängt zu werden.‹ Er war nicht im mindesten ein Phrasenmacher, er redete nicht wie ein Politiker, der seinen Wählern etwas vorgaukelt, er hatte es nicht nötig, irgend etwas zu erfinden, sondern wollte nur die schlichte Wahrheit sagen und seine eigene Entschlossenheit mitteilen; so erschien er unvergleichlich stark, und Beredsamkeit wie im Kongreß und anderswo schien mir nicht gefragt zu sein. Es war wie mit den Reden von Cromwell, verglichen mit denen eines gewöhnlichen Königs.

Was sein Gespür und seine Umsicht angeht, so will ich nur sagen, daß zu einer Zeit, als kaum jemand aus den Freien Staaten auf direktem Wege nach Kansas gelangte, ohne daß man ihm zumindest seine Waffen abnahm, er mit mangelhaften Gewehren und anderen Waffen, deren er habhaft werden konnte, mit einem Ochsenkarren offen und langsam durch Missouri fuhr, augenscheinlich in seiner Eigenschaft als Landvermesser, den Feldkompaß gut sichtbar auf dem Karren, so daß er als unverdächtig passieren konnte und reichlich Gelegenheit hatte, die Absichten des Feindes zu erkunden. Auch nach seiner Ankunft ging er noch eine Zeitlang demselben Gewerbe nach. Wenn er zum Beispiel eine Rotte von Ruffians in der Prärie sah, die natürlich das einzige Thema besprachen, das sie damals beschäftigte, dann konnte es geschehen, daß er seinen Kompaß nahm und zusammen mit einem seiner Söhne eine gedachte Linie genau durch die Stelle zog, an der das Konklave stattfand, und bei ihnen angekommen, hielt er natürlich inne, kam mit ihnen ins Gespräch und erfuhr Neuigkeiten und schließlich auch alle ihre Pläne, und wenn er so mit seiner eigentlichen Untersuchung fertig war, nahm er seine imaginäre wieder auf und führte seine Linie fort, bis er außer Sichtweite war.

Als ich mein Erstaunen darüber ausdrückte, daß er überhaupt in Kansas leben könne, da man eine Belohnung auf seinen Kopf ausgesetzt hatte und eine so große Zahl von Leuten, die Behörden eingeschlossen, gegen ihn aufgebracht waren, erklärte er: ›Es ist völlig klar, sie werden mich nicht kriegen.‹ Einige Jahre lang hat er sich meistens in Sümpfen verstecken müssen, unter Armut leidend und, da er den Unbilden der Witterung ausgesetzt war, unter Krankheit, und nur die Indianer und ein paar Weiße halfen ihm. Aber wenn man vielleicht auch wußte, in welchem Sumpfgebiet er sich gerade verborgen hielt, wagten seine Feinde nicht, ihn zu verfolgen. Er konnte es sich sogar erlauben, in einer Stadt aufzutauchen, wo es mehr Border Ruffians als Freistaatler gab, und, ohne sich lange aufzuhalten, dort einige Besorgungen zu machen, ohne daß er belästigt wurde, denn, wie er sagte: ›Eine kleine Handvoll von Männern hätte das nicht gewagt, und eine große Anzahl bekam man nicht rechtzeitig zusammen.‹

Was seinen kürzlichen Fehlschlag angeht, so kennen wir die Fakten nicht. Es war offenkundig keineswegs ein wilder und verzweifelter Versuch. Sein Feind, Mr. Vallandigham, ist gezwungen zuzugeben, daß es ›eine der am besten geplanten und ausgeführten Verschwörungen war, die je fehlschlugen‹.

Von seinen anderen Erfolgen ganz zu schweigen: War es ein Fehlschlag oder zeigte es einen Mangel an guter Organisation, ein Dutzend Menschen aus der Sklaverei zu befreien und mit ihnen am hellichten Tag davonzugehen, wochenlang, wenn nicht gar monatelang, gemächlich durch einen Staat nach dem anderen zu ziehen, vor aller Augen den halben Norden zu durchqueren, während auf seinen Kopf eine Belohnung stand, und unterwegs einen Gerichtssaal zu betreten und zu erklären, was er getan hat, und so Missouri zu überzeugen, daß der Versuch, in seiner Nachbarschaft Sklaven zu halten, sich nicht lohnte? – und das alles nicht etwa, weil die Lakaien der Regierung Nachsicht übten, sondern weil sie ihn fürchteten.

Doch er schrieb seinen Erfolg nicht töricht ›seinem Stern‹ oder irgendeinem Zauber zu. Er sagte wahrhaftig, der Grund dafür, daß zahlenmäßig so weit überlegene Leute vor ihm zitterten, liege – wie einer seiner Gefangenen bekannte – darin, daß es ihnen an *einem Ideal fehle* – einer Art von Rüstung, an der es ihm und seinen Anhängern nie gefehlt hat. Wenn es soweit war, fanden sich wenige Männer, die bereit waren, ihr Leben zu geben, um etwas zu verteidigen, das sie als falsch erkannt hatten; sie wollten nicht, daß dies ihre letzte Tat in dieser Welt wäre.

Doch beeilen wir uns, zu *seiner* letzten Tat und ihren Auswirkungen zu kommen.

Die Zeitungen scheinen von der Tatsache keine Notiz zu nehmen oder wissen vielleicht wirklich nicht, daß es in jeder Stadt des Nordens mindestens zwei oder drei Leute gibt, die über ihn und sein Unternehmen so denken wie ich. Ich zögere nicht zu sagen, daß sie eine bedeutende und wachsende Gruppe von Leuten sind. Wir streben danach, etwas mehr zu sein als blöde und ängstliche Leibeigene, die vorgeben, die Geschichte und unsere Bibel zu lesen, aber jedes Haus und jeden Tag entweihen, an dem wir atmen. Besorgte Politiker mögen vielleicht nachweisen, daß an dem jüngsten Unternehmen nur siebzehn Weiße und fünf Neger beteiligt waren, aber ebendiese Sorge, das zu beweisen, könnte sie ahnen lassen, daß damit nicht alles gesagt ist. Warum drücken sie sich noch immer vor der Wahrheit? Sie sind so besorgt, weil sie sich dunkel der Tatsache bewußt sind – der sie nicht fest ins Auge blicken –, daß mindestens eine Million der freien Bewohner der Vereinigten Staaten gejubelt hätte, wenn das Unternehmen gelungen wäre. Sie kritisieren höchstens das taktische Vorgehen. Wenn wir auch keine Trauer tragen, verdirbt doch der Gedanke an die Lage dieses Mannes und an sein mutmaßliches Schicksal so manchem Mann hier im Norden den Tag und den Gedanken an anderes. Wenn irgend jemand, der ihn hier gesehen hat, irgendeinem anderen Gedanken nachgehen kann, dann weiß ich nicht, woraus der gemacht ist. Wenn so einer schlafen kann wie gewöhnlich, dann kann ich euch versichern, daß er in jeder Situation mühelos fett wird, in der es ihm nicht an Leib oder Geldbeutel geht. Ich habe mir ein Stück Papier und einen Stift unter das Kopfkissen gelegt, und wenn ich nicht schlafen konnte, habe ich im Dunkeln geschrieben.

Im großen und ganzen steigt meine Achtung vor meinen Mitmenschen nicht gerade in diesen Tagen, sieht man von der Möglichkeit ab, daß ein einzelner mehr Gewicht haben kann als eine Million. Ich habe bemerkt, auf welch kaltblütige Art Zeitungsschreiber und die Leute im allgemeinen von diesem Ereignis sprechen, als ob ein gewöhnlicher Missetäter, wenn auch einer von ungewöhnlichem ›Schneid‹ – wie der Gouverneur von Virginia, sich der Sprache des Militärs bedienend, gesagt haben soll, ›der schneidigste Mann, den er je sah‹ –, gefaßt worden sei und gehängt werden sollte. Er hat nicht von seinen Feinden geträumt, als der Gouverneur dachte, er sähe so tapfer aus. Was ich an Sanftheit habe, verwandelt sich in Galle, wenn ich die Bemerkungen einiger Nachbarn höre. Als wir zunächst hörten, er sei tot, bemerkte ein Mitbürger, er sei ›gestorben, wie ein Narr stirbt‹, was mich, verzeiht mir, einen Augenblick denken ließ, er sei so gestorben, wie mein Nachbar lebt. Andere, Feigherzige, sagten abschätzig, daß ›er sein Leben weggeworfen‹ habe, weil er sich der Regierung widersetzte. Und wohin haben sie *ihr* Leben geworfen, bitteschön? Solche Leute würden den Mann loben, der als einzelner eine gewöhnliche Bande von Dieben oder Mördern angreift. Einen anderen höre ich auf Yankee-Art fragen: ›Was gewinnt er dadurch?‹ – als hätte er gehofft, sich durch dieses Unternehmen die Taschen zu füllen. So einer denkt bei Gewinn nur an diese weltliche Bedeutung. Wenn es nicht zu einer ›Überraschungs‹-Party führt, wenn er nicht ein Paar neuer Stiefel oder ein Wort des Dankes bekommt, dann muß es ein Fehlschlag sein. ›Aber er wird dadurch nichts gewinnen.‹ Nein, ich glaube nicht, daß er fürs Gehängtwerden pro Tag vier Shilling und Sixpence bekommen könnte, ein ganzes Jahr lang, aber andererseits hat er eine Chance, einen beträchtlichen Teil seiner Seele zu retten – und *was für eine* Seele! –, *ihr* aber nicht. Zweifellos könnt ihr auf eurem Markt für einen Liter Milch mehr bekommen als für einen Liter Blut, aber das ist nicht der Markt, zu dem Helden ihr Blut tragen.

Solche Leute wissen nicht, daß dem Samen die Früchte gleichen und daß in der Welt der Moral dort, wo guter Samen gelegt wird, gute Früchte unvermeidlich sind und nicht davon abhängen, wie wir sie bewässern und pflegen, und daß auf dem Feld, auf dem ihr einen Helden pflanzt oder begrabt, eine Ernte von Helden aufschießt. Das ist ein Samen von solcher Kraft und Vitalität, daß er uns nicht um Erlaubnis bittet, keimen zu dürfen.

Der kurze Angriff von Balaklawa in Befolgung eines stümperhaften Befehls, der bewies, welch eine vollkommene Maschine der Soldat ist, ist von einem Hofdichter gefeiert worden, wie es sich gehört, doch der beharrliche und zumeist erfolgreiche Angriff dieses Mannes, über mehrere Jahre, auf die Legionen der Sklaverei in Befolgung eines unendlich höheren Befehls ist ebensoviel denkwürdiger als jener, wie ein intelligenter und gewissenhafter Mann einer Maschine überlegen ist. Glaubt ihr, daß das unbesungen bleiben wird?

›Geschieht ihm recht.‹ – ›Ein gefährlicher Mann.‹ – ›Er ist zweifellos wahnsinnig.‹ So führen sie ihr normales und kluges und alles in allem bewunderungswürdiges Leben weiter, lesen ein wenig in ihrem Plutarch, halten aber hauptsächlich inne bei der Heldentat von Putnam, der in eine Wolfshöhle hinabgelassen wurde; und auf diese Art und Weise nähren sie sich für tapfere und patriotische Taten irgendwann einmal. Die Traktat-Gesellschaft konnte es sich erlauben, diese Geschichte von Putnam zu drucken. Ihr könntet sie zur Eröffnung der Bezirksschulen vorlesen, denn es steht nichts drin über die Sklaverei oder die Kirche; es sei denn, der Leser kommt auf den Gedanken, daß einige Pastoren *Wölfe* im Schafspelz sind. Der ›Amerikanische Ausschuß der Beauftragten für Äußere Mission‹ könnte selbst gegen *diesen* Wolf protestieren. Ich habe schon von manchem Ausschuß gehört und von manchem amerikanischen Ausschuß, aber zufällig hatte ich von diesem speziellen Plunder bis vor kurzem noch nie gehört. Und doch höre ich von Männern und Frauen und Kindern in den Nordstaaten, von ganzen Familien, die sich in solchen Gesellschaften eine Mitgliedschaft auf Lebenszeit kaufen. Mitgliedschaft im Grab! Ihr könnt euch billiger begraben lassen.

Unsere Feinde sind in unserer Mitte und überall um uns. Es gibt kaum ein Haus, das nicht mit sich selbst uneins ist, denn unser Feind ist die fast universelle Starrheit von Kopf und Herz, der Mangel an Vitalität im Menschen, der eine Folge unseres Lasters ist; und daraus werden gezeugt alle Arten von Furcht, Aberglauben, Bigotterie, Verfolgung und Sklaverei. Wir sind bloße Galionsfiguren auf einem Wrack, mit einem Herzen voller

Feigheit. Der Fluch liegt in der Anbetung von Götzenbildern, die den Anbeter schließlich selbst in ein steinernes Bild verwandelt, und der Neuengländer ist genauso ein Götzendiener wie der Hindu. Dieser Mann war eine Ausnahme, denn er hat nicht einmal ein politisches Götzenbild aufgerichtet zwischen sich und seinem Gott.

Eine Kirche, die, solange sie besteht, nie aufhören kann, Christus zu exkommunizieren! Weg mit euren breiten und flachen Kirchen und euren engen und hohen Kirchen! Tut einen Schritt vorwärts und erfindet eine neue Art von Gebäuden! Erfindet ein Salz, das euch rettet und unsere Nasen schont!

Der moderne Christ ist ein Mann, der eingewilligt hat, alle Gebete der Liturgie zu sprechen, vorausgesetzt, ihr laßt ihn danach sofort ins Bett gehen und ruhig schlafen. Alle seine Gebete beginnen mit ›Nun lege ich mich schlafen‹, und er freut sich beständig auf die Zeit, da er zu seiner ›ewigen Ruhe‹ gehen wird. Er ist bereit, auch bestimmte althergebrachte Formen der mildtätigen Nächstenliebe recht und schlecht zu üben, aber er will von irgendwelchen neumodischen nichts hören; er will nicht, daß dem Vertrag irgendwelche Klauseln hinzugefügt werden, um ihn der heutigen Zeit anzupassen. Er zeigt das Weiße seiner Seele am Sonntag und das Schwarze an den übrigen Tagen der Woche. Das Übel ist nicht eine Trägheit des Blutes, sondern eine Trägheit des Geistes. Viele sind ohne Zweifel wohlmeinend, aber ihrer Konstitution und ihrer Gewohnheit nach träge, und sie können sich keine Vorstellung machen von einem Menschen, der von höheren Motiven getrieben wird als sie. Folglich erklären sie diesen Mann für wahnsinnig, denn sie wissen, daß *sie* nie so handeln könnten wie er, solange sie sie selbst sind.

Wir träumen von fremden Ländern, von anderen Zeiten und Menschenrassen und stellen in Geschichte oder Raum einen Abstand zu ihnen her; doch laßt mitten unter uns ein bedeutendes Ereignis wie das gegenwärtige eintreten, und wir entdecken oftmals diesen Abstand und diese Fremdheit zwischen uns und unseren nächsten Nachbarn. *Sie* sind unsere Österreichs und Chinas und Südseeinseln. Unsere beengte Gesellschaft wird auf einmal ganz geräumig, sauber und hübsch anzusehen – eine Stadt von großartigen Abständen. Wir entdecken, warum wir bei ihnen vorher nie über Komplimente und Äußerlichkeiten hinausgekommen sind; uns wird bewußt, daß zwischen uns und ihnen ebenso viele Werst liegen wie zwischen einem nomadisierenden Tataren und einer chinesischen Stadt. Der nachdenkliche Mann wird in den belebten Straßen des Marktes zum Eremiten. Unpassierbare Meere erstrecken sich plötzlich zwischen uns, oder stumme Steppen breiten sich aus. Es sind die Unterschiede in Konstitution, Intelligenz und Glauben und nicht Flüsse und Berge, die die wahren und unüberwindlichen Grenzen bilden zwischen Individuen und zwischen Staaten. Nur der Gleichgesinnte kann bevollmächtigt an unseren Hof kommen.

Ich habe alle Zeitungen gelesen, die ich in der Woche nach diesem Ereignis bekommen konnte, und ich erinnere mich nicht einer einzigen Äußerung des Mitgefühls mit diesen Männern. Ich habe inzwischen eine edle Erklärung gesehen in einer Bostoner Zeitung, nicht redaktionell. Einige umfangreiche Blätter konnten sich nicht dazu entschließen, den vollständigen Text der Rede Browns zu drucken unter Fortlassung anderer Themen. Es war, als würde ein Verleger das Manuskript des Neuen Testaments zurückweisen und Wilsons letzte Rede drucken. In derselben Zeitung, in der diese wichtige Nachricht stand, waren die Nachbarspalten hauptsächlich gefüllt mit den Berichten über die politischen Tagungen, die gerade stattfanden. Doch der Abstieg zu ihnen war zu steil. Man hätte ihnen diesen Kontrast ersparen sollen – ein Extrablatt wäre das mindeste gewesen. Sich von den Stimmen und Taten ernster Männer dem *Gegacker* politischer Tagungen zuzuwenden! Postenjäger und Schwätzer, die auch nicht ein einziges ehrliches Ei legen, sondern ihr Gefieder an einem Kalkei abwetzen! Ihr großes Spiel ist das Spiel der Strohhalme oder vielmehr das ursprünglich weitverbreitete Brett-

Spiel der Eingeborenen, bei dem die Indianer *huh, huh*! schrien. Nehmt die Berichte über religiöse und politische Tagungen heraus und veröffentlicht die Worte eines lebendigen Menschen!

Aber meine Einwände betreffen nicht so sehr das, was sie weggelassen haben, als das, was sie eingefügt haben. Selbst der ›Liberator‹ sprach von ›einem irregeleiteten, wilden und anscheinend wahnsinnigen Unternehmen‹. Was das Gros der Zeitungen und Zeitschriften angeht, so wüßte ich keinen Redakteur im ganzen Land, der absichtlich etwas druckt, von dem er weiß, daß sich dadurch die Anzahl seiner Abonnenten schließlich auf Dauer verringert. Sie glauben nicht, daß das zweckmäßig wäre. Wie können sie dann die Wahrheit drucken? Wenn wir keine angenehmen Dinge sagen, so argumentieren sie, wird niemand auf uns hören. Und so benehmen sie sich wie gewisse ambulante Auktionatoren, die obszöne Lieder singen, um möglichst viele Leute anzulocken. Republikanische Redakteure, die ihre Texte für die Morgenausgabe fertigstellen müssen und es gewohnt sind, alles im Zwielicht der Politik zu betrachten, bringen keinerlei Bewunderung zum Ausdruck, nicht einmal echte Betroffenheit, sondern nennen diese Männer ›irregeleitete Fanatiker‹ – ›Männer, die sich irren‹ – ›wahnsinnig‹ oder ›verrückt‹. Das deutet darauf hin, mit welch einer *normalen* Garnitur von Redakteuren wir gesegnet sind, mit Männern, die sich *nicht* ›irren‹, die zumindest sehr gut wissen, auf welcher Seite ihr Brot gebuttert ist.

Jemand begeht eine tapfere und menschenfreundliche Tat, und sofort hören wir auf allen Seiten Leute und Parteien, die sagen: ›Ich habe das nicht getan und auch *ihn* in keiner Weise ermutigt, das zu tun. Das kann auch nicht aus meinem bisherigen Werdegang geschlossen werden.‹ Ich zum Beispiel bin nicht daran interessiert, euch euren Standpunkt definieren zu hören. Ich weiß nicht, ob ich es je war oder je sein werde. Ich denke, er ist blanker Egoismus oder unverschämt zu dieser Stunde. Ihr braucht euch nicht solche Mühe zu geben, euch von ihm zu distanzieren. Keinen vernünftigen

Menschen wird man je davon überzeugen, daß er ein Geschöpf von euch war. Er ging und kam, wie er uns selbst mitteilt, ›unter der Schirmherrschaft von John Brown und niemand sonst‹. Die Republikanische Partei erkennt nicht, wieviel Leute sein *Fehlschlag* dazu veranlassen wird, richtiger zu wählen, als sie das vermocht hätte. Sie haben die Stimmen von Pennsylvania & Co. ausgezählt, aber sie haben Captain Browns Stimme nicht mit eingerechnet. Er hat ihnen den Wind aus den Segeln genommen – den schwachen Wind, den sie hatten –, und sie können ebensogut vor Anker gehen und sich ans Ausbessern machen.

Was macht es, daß er nicht zu eurer Clique gehörte! Auch wenn ihr seine Verfahrensweise oder seine Grundsätze nicht billigt, erkennt seine Großmut! Würdet ihr nicht wenigstens darin gern mit ihm verwandt sein, wenn er euch auch in keiner anderen Sache gleicht? Glaubt ihr, ihr würdet dadurch euer Ansehen verlieren? Euer Gewinn wöge dabei euren Verlust auf.

Wenn sie all das nicht meinen, dann sprechen sie nicht die Wahrheit, dann sagen sie nicht, was sie meinen. Sie sind einfach noch bei ihren alten Tricks.

›Es ist ihm stets zugestanden worden‹, *sagt einer, der ihn verrückt nennt*, ›daß er ein Mann mit Gewissen war, in seinem Auftreten sehr bescheiden, anscheinend harmlos, bis das Thema der Sklaverei aufkam, bei dem er ein beispielloses Gefühl der Empörung zeigte.‹

Das Sklavenschiff ist unterwegs, vollgestopft mit sterbenden Opfern; auf offener See kommt neue Fracht hinzu; eine kleine Besatzung von Sklavenhaltern, ermuntert von einer großen Gruppe von Passagieren, läßt vier Millionen hinter den Luken ersticken, doch der Politiker versichert, daß der einzig richtige Weg, auf dem Erlösung zu erlangen ist, der der ›friedlichen Verbreitung der Gesinnung der Humanität‹ ist, und zwar ›ohne jeden Aufruhr‹. Als ob man die Gesinnung der Humanität je ohne die dazugehörigen Taten anträfe und sie nach Bestellung verteilen könnte, den reinen Artikel – wie Wasser mit einer Gießkanne, um so den Staub zu binden. Was höre ich da über Bord gehen? Die Leiber der Toten, die Erlösung gefunden haben. Das ist unsere Methode, Humanität zu ›verbreiten‹, und die Gesinnung dazu.

Prominente und einflußreiche Redakteure, geübt im Umgang mit Politikern, Männer von unendlich niedrigerem Niveau, sagen in ihrer Ignoranz, daß er ›nach dem Prinzip der Rache‹ gehandelt habe. Sie kennen den Mann nicht. Sie müssen ihren Gesichtskreis erweitern, um ihn zu begreifen. Ich zweifle nicht daran, daß die Zeit kommen wird, da sie anfangen werden, ihn so zu sehen, wie er war. Sie müssen einen Begriff bekommen von einem Mann des Glaubens, einem Mann mit religiösen Grundsätzen, und nicht von einem Politiker oder einem Indianer; von einem Mann, der nicht gewartet hat, bis ihm persönlich ein harmloses Geschäft erschwert oder vereitelt wurde, ehe er sein Leben für die Sache der Unterdrückten gab.

Wenn Walker als der Repräsentant des Südens betrachtet werden kann, dann wünschte ich, ich könnte sagen, daß Brown der Repräsentant des Nordens war. Er war ein überragender Mann. Er wog sein physisches Leben nicht gegen ideelle Dinge ab. Er erkannte ungerechte menschliche Gesetze nicht an, sondern widersetzte sich ihnen, wie ihm geheißen. Für dieses eine Mal sind wir aus der Trivialität und dem Schmutz der Politik in die Region der Wahrheit und des Menschseins emporgehoben. Niemand in Amerika ist je so ausdauernd und wirkungsvoll für die Würde der menschlichen Natur eingetreten, in dem Bewußtsein, daß er ein Mensch ist und jedem und jeder Regierung ebenbürtig. In diesem Sinn war er der amerikanischste von uns allen. Er brauchte keinen plappernden Anwalt, der falsche Fragen aufwirft, um ihn zu verteidigen. Er war allen Richtern überlegen, wie sie amerikanische Wähler oder Amtsinhaber beliebigen Ranges bestimmen können. Er hätte von einem Geschworenengericht von seinesgleichen nicht unter Anklage gestellt werden können, da es seinesgleichen nicht gab. Wenn ein Mann gelassen aufsteht gegen die Verdammung und Rache der Menschheit, sich buchstäblich um die Länge *eines ganzen Körpers* über sie erhebend – und wenn er zuletzt einer der abscheulichsten Mörder gewesen wäre, der diese Sache mit sich selbst beglichen hat – das Schauspiel ist gewaltig –, wußtet ihr das nicht, ihr ›Liberators‹, ihr ›Tribunes‹, ihr ›Republicans‹? – und im Vergleich dazu erschienen wir als kriminell. Erweist euch selbst die Ehre, ihn anzuerkennen. Er braucht eure Achtung nicht.

Was die Zeitungen der Demokraten betrifft, so sind sie nicht menschlich genug, um mich überhaupt etwas anzugehen. Ich spüre keine Entrüstung über das, was sie sagen.

Ich weiß, daß ich ein wenig vorgreife – daß er, den letzten Berichten nach, in den Händen seiner Feinde noch am Leben war; doch obwohl das der Fall ist, habe ich die ganze Zeit an ihn gedacht und von ihm gesprochen, als ob er physisch tot wäre.

Ich halte nichts davon, denjenigen Statuen zu errichten, die in unseren Herzen noch lebendig sind, deren Knochen noch nicht in der Erde um uns zerfallen sind, doch ich möchte im Hof des Parlamentsgebäudes von Massachusetts lieber die Statue von Captain Brown sehen als die irgendeines anderen Mannes, den ich kenne. Ich bin sehr froh, daß ich in dieser Zeit lebe, daß ich sein Zeitgenosse bin.

Welch ein Gegensatz, wenn wir uns jener politischen Partei zuwenden, die ihn und seine Verschwörung so eifrig aus dem Wege räumen will und sich nach einem geeigneten Sklavenhalter als Kandidaten umsieht, zumindest nach einem, der das ›Gesetz über flüchtige Sklaven‹ durchsetzen wird und all die anderen ungerechten Gesetze, die aufzuheben er zu den Waffen gegriffen hat.

Wahnsinnig! Ein Vater und sechs Söhne und ein Schwiegersohn und dazu noch mehrere andere Männer – mindestens soviel wie zwölf Jünger –, alle auf einmal von Wahnsinn getroffen; während derselbe Tyrann seine vier Millionen Sklaven mit festerem Griff als je hält und tausend normale Redakteure, seine Helfershelfer, ihr Land und ihre Haut retten. Ebenso wahnsinnig waren seine Unternehmen in Kansas. Fragt den Tyrannen, wer sein gefährlichster Feind ist, der normale Mann oder der wahnsinnige? Halten ihn die Tausende, die ihn am besten kennen, die seine Taten in Kansas bejubelt und ihn dort materiell unterstützt haben, für wahnsinnig? Die meisten, die dieses Wort noch gebrauchen, benutzen es nur als bildhaften Ausdruck, und ich zweifle nicht, daß viele der übrigen ihre Worte bereits stillschweigend zurückgenommen haben.

Lest seine bewundernswerten Antworten an Mason und andere. Wie der Kontrast diese Leute schrumpfen läßt und vernichtet! Auf der einen Seite halb brutales, halb zaghaftes Verhör; auf der anderen Wahrheit, hell wie der Blitz, der in ihre obszönen Tempel schlägt. Man stellt sie neben Pilatus und Geßler und die Inquisition. Wie schwach ihr Reden und Handeln! Ihr Schweigen, welche Leere! Sie sind nur hilflose Werkzeuge bei diesem großen Werk. Es war keine menschliche Macht, die sie um diesen Prediger versammelte.

Wozu haben Massachusetts und der Norden in den letzten Jahren ein paar *normale* Repräsentanten in den Kongreß geschickt? – um welche Meinungen wirkungsvoll zu verkünden? Alle ihre Reden, zusammengenommen und auf einen Nenner gebracht – und sicher werden sie das selbst zugeben, können es an männlicher Offenheit und Kraft und an einfacher Wahrheit nicht aufnehmen mit den wenigen beiläufigen Bemerkungen des verrückten John Brown am Fußboden des Maschinenhauses von Harper's Ferry – jenes Mannes, den ihr im Begriff seid zu hängen, in eine andere Welt zu schikken, wenn auch nicht, damit er *euch* dort repräsentiere. Nein, er war nicht unser Repräsentant, in keiner Hinsicht. Er war ein zu aufrichtiger Mann, um unseresgleichen repräsentieren zu können. Wer aber *waren* dann seine Wähler? Wenn ihr seine Worte mit Verständnis lest, werdet ihr es herausfinden. In seinem Fall gibt es keine leere Rhetorik, nichts Gekünsteltes, keine Jungfernrede, keine Schmeicheleien für den Unterdrücker.

Wahrheit ist sein Inspirator, und Ernst verleiht seinen Sätzen Glanz. Er konnte es sich leisten, seine Sharpe-Gewehre zu verlieren, solange er seine Fähigkeit zu sprechen behielt – ein Sharpe-Gewehr von unendlich größerer Treffsicherheit und Reichweite.

Und der New Yorker ›Herald‹ gibt das Gespräch *im Wortlaut* wieder! Er weiß nicht, welchen unsterblichen Worten er als Vehikel dient.

Ich habe keine Achtung vor dem Scharfsinn von jemandem, der den Bericht über dieses Gespräch lesen und dessen Hauptperson trotzdem wahnsinnig nennen kann. Es zeugt von größerer geistiger Gesundheit, als gewöhnliche Disziplin und gewöhnliche Lebensgewohnheiten und eine gewöhnliche Organisation garantieren. Nehmt einen beliebigen seiner Sätze: ›Jede Frage, die ich ehrenhaft beantworten kann, werde ich beantworten, anders nicht. Soweit es mich selbst angeht, habe ich alles wahrheitsgemäß erzählt. Mein Wort ist mir teuer, mein Herr.‹ Die wenigen, die von seiner Rachsucht sprechen, während sie in Wirklichkeit seinen Heldenmut bewundern, haben kein Mittel, mit dem sie einen edlen Mann entdecken, kein Amalgam, das sie mit seinem puren Gold vereinigen könnten. Sie vermengen ihren eigenen Unrat damit.

Es ist eine Wohltat, sich nach diesen Verleumdungen dem Zeugnis seiner wahrhaftigeren, aber verängstigten Gefangenenwärter und Henker zuzuwenden. Gouverneur Wise spricht weit gerechter und anerkennender von ihm als irgendein Redakteur oder Politiker oder Mann des öffentlichen Lebens aus dem Norden, von dem ich gehört habe. Ich denke, ihr könnt ihn zu diesem Thema noch einmal hören. Er sagt: ›Sie selbst irren sich, die ihn für einen Wahnsinnigen halten … Er ist besonnen, gelassen und unbeugsam, und es ist ihm gegenüber nur gerecht, zu sagen, daß er human war zu seinen Gefangenen … Und er erfüllte mich mit großem Vertrauen in seine Integrität als Mann der Wahrheit. Er ist ein Fanatiker, eitel und geschwätzig‹ (das überlasse ich Mr. Wise), ›aber standhaft, ehrlich und intelligent. Auch seine Männer, die noch am Leben sind, sind wie er ... Oberst Washington sagt, daß er der besonnenste und standhafteste Mann ist, den er je Gefahr und Tod trotzen sah. Einen Sohn tot an seiner Seite, einen zweiten durchschossen daneben, fühlte er mit der einen Hand den Puls seines sterbenden Sohnes und hielt mit der anderen das Gewehr und befehligte seine Männer mit der größten Beherrschung, ermutigte sie, standhaft zu bleiben und ihr Leben so teuer wie möglich zu verkaufen. Es war schwer zu sagen, welcher der drei weißen Gefangenen, Brown, Stephens und Coppic, der standhafteste war.‹

Beinahe die ersten Männer des Nordens, die der Sklavenhalter zu achten gelernt hat!

Das Zeugnis von Mr. Vallandigham, obgleich weniger wertvoll, hat denselben Tenor, wenn er sagt, daß ›es töricht ist, den Mann oder seine Verschwörung zu unterschätzen ... Er ist so weit wie nur irgend möglich entfernt von einem gewöhnlichen Raufbold, Fanatiker oder Verrückten.‹

›Um Harper's Ferry herrscht Ruhe‹, schreiben die Zeitungen. Von welcher Art ist die Ruhe, die eintritt, wenn sich das Gesetz und der Sklavenhalter durchsetzen? Ich betrachte dieses Ereignis als einen Prüfstein, dazu bestimmt, den Charakter dieser Regierung mit greller Deutlichkeit hervorzuheben. Uns mußte so geholfen werden, um sie im Licht der Geschichte zu sehen. Sie mußte sich selbst sehen. Wenn eine Regierung ihre Macht auf der Seite des Unrechts einsetzt, wie die unsere, um die Sklaverei aufrechtzuerhalten und die Befreier der Sklaven zu töten, dann offenbart sie sich als rohe Gewalt oder, schlimmer, als dämonische Gewalt. Sie steht an der Spitze der Plug-Uglies. Es ist sichtbarer als je, daß die Tyrannei regiert. Ich sehe diese Regierung bei der Unterdrückung der Menschheit erfolgreich mit Frankreich und Österreich verbündet. Dort sitzt ein Tyrann, der vier Millionen Sklaven in Fesseln hält; hier kommt ihr heldenhafter Befreier. Diese äußerst heuchlerische und teuflische Regierung blickt von ihrem Sitz auf die keuchenden vier Millionen und erkundigt sich mit Unschuldsmiene: ›Weshalb greifst du mich an? Bin ich nicht ein ehrlicher Mann? Hör auf zu hetzen, oder ich mache auch dich zum Sklaven oder hänge dich auf.‹

Wir sprechen von einer repräsentativen Regierung; doch was für ein Ungeheuer von Regierung ist das, in der die edelsten Fähigkeiten des Geistes und das *ganze* Herz nicht *repräsentiert* sind! Ein halbmenschlicher Tiger oder Ochse, der auf der Erde umgeht, mit herausgerissenem Herzen und weggeschossenem Gehirn. Helden haben auf ihren Stümpfen den Kampf fortgesetzt, wenn man ihnen die Beine weggeschossen hatte, aber ich habe noch nie davon gehört, daß eine Regierung wie diese irgend etwas Gutes getan hätte.

Die einzige Regierung, die ich anerkenne – und es ist nicht von Bedeutung, wie wenige an ihrer Spitze stehen oder wie klein ihre Armee ist –, ist die Macht, die Gerechtigkeit im Lande schafft, nie aber eine, die Ungerechtigkeit schafft. Was sollen wir von einer Regierung denken, für die alle wahrhaft tapferen und gerechten Menschen im Lande Feinde sind, die zwischen ihr und jenen stehen, die sie unterdrückt? Eine Regierung, die vorgibt, christlich zu sein, aber jeden Tag eine Million Christusse kreuzigt!

Verrat! Wo nimmt solcher Verrat seinen Anfang? Ich kann nicht umhin, von euch so zu denken, wie ihr es verdient, ihr Regierungen. Könnt ihr die Quellen der Gedanken austrocknen? Hochverrat, wenn er Widerstand gegen Tyrannei auf Erden bedeutet, hat seinen Ursprung in der Macht, die den Menschen schafft und ewig neu erschafft, und wird zuerst von ihr begangen. Wenn ihr alle diese menschlichen Rebellen gefaßt und gehängt habt, habt ihr nichts als eure eigene Schuld besiegelt, denn ihr habt nicht die Quelle getroffen. Ihr erdreistet euch, mit einem Gegner zu kämpfen, den West-Point-Kadetten und Geschütze nicht treffen. Kann die ganze Kunst des Kanonengießers die Materie dazu verleiten, sich gegen ihren Schöpfer zu wenden? Ist die

Form, in die der Gießer sie zu gießen meint, entscheidender als ihre Verfassung und seine?

Die Vereinigten Staaten halten vier Millionen Sklaven in Ketten. Sie sind entschlossen, sie weiter in diesem Zustand zu belassen, und Massachusetts ist einer der konföderierten Aufseher, die ihre Flucht verhindern. So sind nicht alle Einwohner von Massachusetts, aber so sind die, die hier regieren und denen man gehorcht. Sowohl Massachusetts als auch Virginia haben diesen Aufstand bei Harper's Ferry niedergeschlagen. Massachusetts schickte die Marineinfanteristen hin und wird *für diese Sünde büßen müssen.*

Angenommen, es gibt in diesem Staat eine Gesellschaft, die aus ihrer eigenen Tasche und aus Großherzigkeit alle flüchtigen Sklaven rettet, die zu uns kommen, und unsere farbigen Mitbürger schützt und die übrige Arbeit der sogenannten Regierung überläßt. Verliert nicht diese Regierung schnell ihre Beschäftigung und wird der Menschheit verächtlich? Wenn Privatmänner gezwungen sind, die Regierungsaufgaben zu übernehmen, die Schwachen zu schützen und Recht zu sprechen, dann wird die Regierung zum Lohnarbeiter oder zum Angestellten, der untergeordnete oder unwichtige Dienste leistet. Natürlich ist das nur der Schatten einer Regierung, deren Existenz einen Sicherheitsausschuß notwendig macht. Was sollten wir von einem orientalischen Kadi halten, hinter dem insgeheim ein Sicherheitsausschuß wirkte? Aber das ist allgemein der Charakter unserer Staaten des Nordens; jeder hat seinen Sicherheitsausschuß. Und in gewissem Maße anerkennen und akzeptieren diese verrückten Regierungen dieses Verhältnis. Sie sagen praktisch: ›Wir arbeiten gern für euch zu diesen Bedingungen, nur macht keinen Lärm darum.‹ Und so zieht sich die Regierung bei gesichertem Gehalt unter Mitnahme der Verfassung ins Hinterzimmer zurück und widmet den größten Teil ihrer Arbeit deren Reparatur. Wenn ich sie manchmal arbeiten höre, während ich vorübergehe, erinnert sie mich bestenfalls an jene Farmer, die es verstehen, sich im Winter durch Faßbinderei ein paar Penny hinzuzuverdienen. Und was für einen Geist soll ihr Faß aufnehmen? Sie spekulieren in Aktien und bohren Löcher in die Berge, aber sie sind nicht einmal imstande, eine anständige Landstraße anzulegen. Die einzige *freie* Straße, die Underground Railroad, gehört dem Sicherheitsausschuß, der sie auch verwaltet. *Er* hat das Land in seiner ganzen Breite untertunnelt. Eine solche Regierung verliert ihre Macht und ihr Ansehen so gewiß, wie Wasser aus einem undichten Gefäß ausläuft und aus einem dichten nicht.

Ich höre viele diese Männer verurteilen, weil sie so wenige waren. Wann waren die Guten und die Tapferen je in der Mehrheit? Sollte er denn warten, bis diese Zeit käme? – bis ihr und ich zu ihm übergetreten wären? Allein die Tatsache, daß er nicht von einer Horde von Söldnern umgeben war, würde genügen, ihn von gewöhnlichen Helden zu unterscheiden. Seine Schar war tatsächlich klein, weil nur wenige seinen Anforderungen genügen konnten. Jeder einzelne, der dort sein Leben gab für die Armen und Unterdrückten, war ein ausgesuchter Mann, ausgewählt unter vielen Tausenden, wenn nicht Millionen, offensichtlich ein Mann von Grundsätzen, von seltenem Mut und aufopfernder Menschlichkeit; jederzeit bereit, um seiner Mitmenschen willen sein Leben zu opfern. Es mag bezweifelt werden, ob es im ganzen Land noch sehr viele gab, die ihnen in dieser Hinsicht ebenbürtig waren – ich spreche nur von seinen Anhängern; denn ihr Anführer suchte ohne Zweifel landauf, landab nach ihresgleichen, wollte er doch seine Schar vergrößern. Sie allein waren bereit, sich zwischen den Unterdrücker und die Unterdrückten zu stellen. Sie waren sicher die besten Männer, die ihr zum Erhängen aussuchen konntet. Das war das größte Kompliment, das dieses Land ihnen machen konnte. Sie waren reif für seine Galgen. Dieser Staat hat sich lange Zeit bemüht, er hat ziemlich viele gehängt, aber noch nie zuvor den Richtigen gefunden.

Wenn ich an ihn denke, an seine sechs Söhne, an seinen Schwiegersohn, ganz zu schweigen von den anderen, angeworben für diesen Kampf, dann besonnen, ehrfurchtsvoll, menschenfreundlich an der Arbeit, für Monate, wenn nicht Jahre, darüber schlafend und wachend, der Idee treu ergeben, ohne eine andere Belohnung zu erwarten als ein gutes Gewissen, während fast ganz Amerika auf der Gegenseite angetreten war – ich wiederhole, daß mich das ergreift wie ein erhabenes Schauspiel. Hätte er irgendeine Zeitung gehabt, die ›seine Sache‹ verfochten, irgendein Organ, wie man das nennt, das monoton und ermüdend dieselbe alte Melodie gespielt und dann den Hut herumgereicht hätte – es wäre verhängnisvoll gewesen für seine Wirksamkeit. Wenn er in irgendeiner Weise so gehandelt hätte, daß ihn die Regierung in Ruhe gelassen hätte, wäre er vielleicht beargwöhnt worden. Es war die Tatsache, daß entweder der Tyrann ihm gegenüber nachgeben mußte oder er dem Tyrannen gegenüber, die ihn unterschied von allen Reformern von heute, die ich kenne.

Bezeichnend für ihn war die Überzeugung, daß ein Mensch das Recht hat, mit Gewalt gegen den Sklavenhalter vorzugehen, um den Sklaven zu retten. Ich stimme mit ihm überein. Diejenigen, die fortwährend bestürzt sind über die Sklaverei, dürfen mit einigem Recht bestürzt sein über den gewaltsamen Tod eines Sklavenhalters, aber niemand sonst. Sie werden weit mehr bestürzt sein über sein Leben als über seinen Tod. Ich werde nicht voreilig die Verfahrensweise desjenigen für falsch halten, dem es am raschesten gelingt, den Sklaven zu befreien. Ich spreche im Namen des Sklaven, wenn ich sage, daß ich die Philanthropie von Captain Brown jener Philanthropie vorziehe, die mich weder erschießt noch befreit. Jedenfalls glaube ich nicht, daß es ganz vernünftig ist, wenn jemand sein ganzes Leben damit zubringt, über diesen Gegenstand zu reden oder zu schreiben, es sei denn, er verspürt einen fortwährenden Drang dazu, und ich habe das nicht getan. Es gibt vielleicht noch andere Angelegenheiten, denen man sich widmen muß. Ich will weder töten noch getötet werden, doch kann ich mir Umstände vorstellen, unter denen beides für mich unvermeidlich wäre. Wir erhalten den sogenannten Frieden in unserer Gemeinschaft jeden Tag durch kleine Gewalttaten. Seht euch den Knüppel und die Handschellen des Polizisten an! Seht euch das Gefängnis an! Seht euch den Galgen an! Seht euch den Regimentsgeistlichen an! Wir glauben, nur sicher leben zu können in der Umgebung *dieser* provisorischen Armee. Und so verteidigen wir uns und unsere Hühnerställe und erhalten die Sklaverei. Ich weiß, daß das Gros meiner Landsleute glaubt, daß der Gebrauch von Sharpe-Gewehren und -Revolvern nur dann gerechtfertigt ist, wenn man sich damit duelliert oder wenn wir von anderen Nationen angegriffen werden oder wenn es darum geht, Indianer zu jagen oder flüchtige Sklaven damit zu erschießen oder sonst dergleichen. Ich glaube, daß dieses eine Mal die Sharpe-Gewehre und die Revolver für eine gerechte Sache gebraucht wurden. Die Werkzeuge waren in den Händen eines Mannes, der sie zu gebrauchen wußte.

Die gleiche Empörung, die, wie es heißt, den Tempel schon einmal gereinigt hat, wird ihn wieder reinigen. Entscheidend ist nicht die Waffe, sondern der Geist, in dem ihr sie gebraucht. Niemand ist in Amerika bisher aufgetreten, der seinen Nächsten so sehr geliebt und ihn so rücksichtsvoll behandelt hat. Er hat für ihn gelebt. Er nahm das Leben an für ihn, und er gab es hin für ihn. Was für eine Art von Gewalt ist das, die gefördert wird nicht von Soldaten, sondern von friedlichen Bürgern, weniger von Laien als von Dienern des Evangeliums, weniger von kämpferischen Sekten als von den Quäkern, und weniger von Quäkermännern als von Quäkerfrauen?

Dieses Ereignis zeigt mir, daß es so eine Tatsache gibt wie den Tod – die Möglichkeit, daß ein Mensch stirbt. Es scheint, als sei in Amerika nie zuvor ein Mensch gestorben, denn um zu sterben, muß man zuerst gelebt haben. Ich glaube nicht an die Leichenwagen und Sargtücher und Totenfeiern, die es bisher gab. Da gab es keinen Tod, denn es hatte kein Leben gegeben; sie verfaulten nur oder häuteten sich, etwa so, wie sie früher vor sich hin gefault waren oder sich gehäutet hatten. Kein Tempelvorhang zerriß, nur ein Loch wurde irgendwo gegraben. Laßt die Toten ihre Toten begraben. Die besten unter ihnen blieben stehen wie eine Uhr. Franklin, Washington – sie gingen davon, ohne zu sterben; sie fehlten einfach eines Tages. Ich höre viele behaupten, daß sie sterben werden oder daß sie gestorben sind, was weiß ich. Unsinn! Mögen sie es doch tun. In ihnen ist nicht genug Leben. Sie werden vergehen wie Pilze und hundert Lobredner damit beschäftigen, die Stelle zu wischen, wo sie aufgehört haben. Nur etwa ein halbes Dutzend sind gestorben, seit die Welt besteht. Glauben Sie, daß Sie sterben werden, mein Herr? Nein! Es gibt keine Hoffnung für Sie. Sie haben Ihre Lektion noch nicht gelernt. Sie müssen nachsitzen. Wir machen unnötigen Lärm um die Todesstrafe – um das Leben-Nehmen, wo es kein Leben zu nehmen gibt. *Memento mori!* Wir verstehen diesen erhabenen Satz nicht, den ein würdiger Mann einst auf seinen Grabstein meißeln ließ. Wir haben ihn in einem kriecherischen und weinerlichen Sinn interpretiert. Wir haben vollkommen vergessen, wie man stirbt.

Aber seht zu, daß ihr trotzdem sterbt. Tut eure Arbeit und beendet sie. Wenn ihr wißt, wie zu beginnen, werdet ihr wissen, wann zu enden.

Indem diese Männer uns lehrten, wie man sterben muß, haben sie uns zugleich gelehrt, wie man leben muß. Wenn die Worte und Taten dieses Mannes keine Erweckung bewirken, wäre das die beißendste Satire auf die Taten und die Worte, die das sonst tun. Es ist die beste Nachricht, die Amerika je gehört hat. Sie hat den schwachen Puls des Nordens bereits beschleunigt und seine Adern und sein Herz mit mehr und mit edlerem Blut gefüllt, als es Jahre sogenannter kommerzieller und politischer Blüte je konnten. Wie viele Menschen, die vor kurzem noch an Selbstmord dachten, haben jetzt wieder etwas, wofür sie leben können!

Ein Schriftsteller sagt, daß Brown wegen seiner Monomanie ›unter den Leuten in Missouri als ein übernatürliches Wesen gefürchtet‹ wird. Und wirklich, ein Held mitten unter uns Feiglingen wird stets so gefürchtet. So ein Wesen ist er ja auch. Er zeigt sich als der Natur überlegen. Er trägt einen Funken des Göttlichen in sich.

›Wenn nicht über sich selbst er kann
erheben sich, wie kläglich ist der Mann!‹

Zeitungsredakteure argumentieren auch, es sei ein Beweis seines *Wahnsinns*, daß er glaubte, zu der Arbeit, die er tat, berufen zu sein, und daß er dabei nicht einen Augenblick an sich selbst zweifelte. Sie reden, als ob es unmöglich sei, daß heutzutage ein Mensch für irgendeine Arbeit eine ›göttliche Berufung‹ haben könne, als ob Gelübde und Religion veraltet seien in Verbindung mit jemandes täglicher Arbeit, als ob jemand, der die Abschaffung der Sklaverei bewirken soll, nur vom Präsidenten oder von einer politischen Partei berufen werden könne. Sie reden, als ob der Tod eines Menschen ein Fehlschlag wäre und sein fortgesetztes Leben, von welcher Art immer, ein Erfolg.

Wenn ich überlege, welcher Sache sich dieser Mann widmete und wie gottesfürchtig, und wenn ich dann überlege, welcher Sache sich seine Richter widmen und alle, die ihn so wütend und so gewandt verdammen, dann sehe ich, daß sie voneinander so weit entfernt sind wie Himmel und Erde.

Die Sache ist so: unsere ›führenden Männer‹ sind harmlose Leute, und sie wissen *nur zu gut*, daß *sie* nicht göttlich berufen, sondern gewählt wurden von ihrer Partei.

Wer ist es, dessen Sicherheit es erfordert, daß Captain Brown gehängt wird? Ist das für irgendeinen Mann des Nordens unerläßlich? Gibt es keinen Ausweg, als auch diesen Mann dem Minotaurus vorzuwerfen? Wenn ihr das nicht wollt, sagt es deutlich. Während diese Dinge getan werden, steht die Schönheit verhüllt, ist die Musik eine kreischende Lüge. Denkt an ihn – an seine seltenen Eigenschaften! –, einen Mann, den zu schaffen es eine Ewigkeit braucht, und eine Ewigkeit, ihn zu verstehen;

kein Scheinheld, kein Repräsentant irgendeiner Partei. Über einem Mann wie diesem geht die Sonne vielleicht nie wieder auf in diesem finsteren Land. Auf dessen Erschaffung das kostbarste Material, der feinste Diamant verwandt wurden; der gesandt war als Befreier der Gefangenen; und die einzige Verwendung, die ihr für ihn habt, ist, ihn am Ende eines Strickes aufzuhängen! Ihr, die ihr vorgebt, den gekreuzigten Christus zu lieben, bedenkt, was ihr dem antun wollt, der bereit war, der Erlöser zu werden von vier Millionen Menschen.

Jeder Mensch weiß, wann ihm Gerechtigkeit widerfährt, und alle klugen Köpfe der Welt können ihn über diesen Punkt nicht aufklären. Der Mörder weiß immer, daß er zu Recht bestraft wird; aber wenn eine Regierung einem Menschen das Leben nimmt, ohne daß sein Gewissen einwilligt, dann ist das eine unverfrorene Regierung, die einen Schritt zu ihrer eigenen Auflösung tut. Ist es nicht möglich, daß ein einzelner recht haben könnte und eine Regierung unrecht? Müssen Gesetze durchgesetzt werden, nur weil sie gemacht wurden? Oder weil sie von einer Anzahl Menschen für gut erklärt wurden, obwohl sie *nicht* gut sind? Gibt es irgendeine Notwendigkeit dafür, daß ein Mensch sich zum Werkzeug einer Tat hergibt, die seine bessere Natur mißbilligt? Ist es die Absicht der Gesetzgeber, daß *gute* Menschen je gehängt werden? Sollen Richter das Gesetz nach dem Buchstaben auslegen und nicht nach dem Geist? Welches Recht hast *du*, mit dir selbst eine Übereinkunft zu schließen, daß du dies oder das tun *wirst*, entgegen dem Licht in deinem Innern? Ist es an *dir, dich zu entscheiden* – irgendeinen Beschluß zu fassen – und die Überzeugungen nicht anzunehmen, die dir aufgedrängt werden und die stets über deinen Verstand gehen? Ich glaube nicht an Juristen, an dieses Verfahren, einen Mann anzugreifen oder zu verteidigen, weil man hinuntersteigt, um dem Richter auf seinem eigenen Grund zu begegnen, und es in Fällen von höchster Wichtigkeit von keinerlei Bedeutung ist, ob ein Mensch ein menschliches Gesetz bricht oder nicht. Laßt Juristen belanglose Fälle entscheiden. Geschäftsmänner mögen das unter sich ausmachen. Wenn sie die Ausleger der ewigen Gesetze wären, die den Menschen rechtmäßig binden, wäre das eine andere Sache. Eine betrügerische Gesetzes-Fabrik, die zur Hälfte in einem Sklavenland steht und zur Hälfte in einem freien! Welche Art von Gesetzen für freie Menschen könnt ihr davon erwarten?

Ich bin hier, um seine Sache vor euch zu vertreten. Ich verteidige nicht sein Leben, sondern seinen Charakter – sein unsterbliches Leben; und so wird es ganz und gar zu eurer Sache und ist nicht im mindesten mehr die seine. Vor ungefähr achtzehnhundert Jahren wurde Christus gekreuzigt; diesen Morgen vielleicht wurde Captain Brown gehängt. Dies sind die beiden Enden einer Kette, die nicht ohne Glieder ist. Er ist nicht mehr Old Brown; er ist ein Engel des Lichts.

Ich sehe jetzt, daß es nötig war, den tapfersten und menschlichsten Mann im ganzen Land zu hängen. Vielleicht sah er das selbst. Ich *fürchte beinahe*, daß ich doch noch von seiner Errettung hören könnte, denn ich bezweifle, ob ein verlängertes Leben, ob *irgendein* Leben soviel Gutes bewirken kann wie sein Tod.

›Irregeleitet‹! ›Geschwätzig‹! ›Wahnsinnig‹! ›Rachsüchtig‹! So schreibt ihr in euren Lehnsesseln, und so antwortet er, der Verwundete, vom Fußboden des Arsenals, klar wie ein wolkenloser Himmel, wahr wie die Stimme der Natur: ›Kein Mensch hat mich hierhergeschickt! Es war mein eigener Antrieb und der meines Schöpfers. Ich habe keinen Herrn in menschlicher Gestalt.‹

Und in welch gütigem und edlem Ton er fortfährt, an seine Häscher gewandt, die über ihm stehen: ›Ich denke, meine Freunde, ihr macht euch eines großen Unrechts schuldig gegen Gott und die Menschheit, und jeder wäre völlig im Recht, der euch entgegentritt, um jene zu befreien, die ihr vorsätzlich und sündhaft in Knechtschaft haltet.‹

Und, in bezug auf seine Bewegung: ›Das ist, meiner Ansicht nach, der größte Dienst, den ein Mensch Gott erweisen kann. Ich habe Mitleid mit den armen Geknechteten, die niemanden haben, der ihnen hilft; deshalb bin ich hier; nicht, um irgendein Gefühl persönlicher Feindseligkeit, Rache oder Rachsucht zu befriedigen. Es ist mein Mitgefühl mit den Unterdrückten und den Betrogenen, die so gut sind wie ihr und ebenso wertvoll vor dem Angesicht Gottes.‹

Ihr erkennt euer Testament nicht, wenn ihr es seht.

›Ich will, daß ihr begreift, daß ich die Rechte der ärmsten und schwächsten der farbigen Menschen, der von der Sklaverei unterdrückten, ebenso hoch achte wie die der Reichsten und Mächtigsten.‹

›Ich möchte weiter sagen, daß ihr euch lieber vorbereiten solltet, ihr alle im Süden, auf eine Lösung dieser Frage, die eine Lösung verlangen wird, eher, als ihr darauf vorbereitet seid. Je eher ihr vorbereitet seid, desto besser. Ihr könnt mich sehr leicht vernichten. Ich bin schon jetzt fast vernichtet; aber diese Frage muß noch gelöst werden – diese Negerfrage, meine ich; ihr Ende ist noch nicht gekommen.‹

Ich sehe die Zeit vorher, da der Maler diese Szene malt und nicht mehr nach Rom geht wegen eines Motivs, der Dichter wird sie besingen, der Historiker sie aufzeichnen, und zusammen mit der Landung der Pilgerväter und der Unabhängigkeitserklärung wird sie die Zierde einer künftigen Nationalgalerie sein, wenn zumindest die gegenwärtige Form der Sklaverei hier nicht mehr sein wird. Dann werden wir die Freiheit haben, um Captain Brown zu weinen. Dann, und nicht eher, wollen wir unsere Rache nehmen.

Das wiederzugewinnende Paradies

(›Democratic Review‹, New York, November 1843)

Wir hören, daß Mr. Etzler aus Deutschland gebürtig ist und ursprünglich sein Buch in Pennsylvania veröffentlichte, vor zehn oder zwölf Jahren; und jetzt wird eine zweite englische Auflage, nach dem amerikanischen Original, von seinen Lesern jenseits des Wassers verlangt – wie wir annehmen, wegen der Verbreitung, die Fouriers Lehren jüngst fanden. Es ist eines der Zeichen der Zeit. Wir gestehen, daß wir uns von der Lektüre dieses Buches erhoben haben mit großzügigeren Ideen und erhabeneren Vorstellungen von unseren Pflichten in dieser Welt. Es hat unseren Horizont wirklich ein wenig erweitert. Es lohnt sich, ihm Aufmerksamkeit zu schenken, und sei es nur, weil es sich großen Fragen stellt. Erwägt, was Mr. Etzler vorschlägt:

›Mitmenschen! Ich verspreche, die Mittel zu zeigen, um innerhalb von zehn Jahren ein Paradies zu schaffen, in dem alles für das menschliche Leben Wünschenswerte für jedermann im Überfluß zu haben ist ohne Arbeit und ohne Bezahlung; wo das ganze Gesicht der Natur umgewandelt wird in die schönsten Formen und wo der Mensch in den prachtvollsten Palästen leben kann, in allen erdenklichen Raffinements des Luxus und in den entzückendsten Gärten; wo er ohne Arbeit in einem Jahr mehr erreichen kann, als bisher getan werden konnte in Tausenden von Jahren; wo er Berge einebnen, Täler ausheben, Seen erschaffen, Seen und Sümpfe trokkenlegen und das Land überall mit schönen Kanälen durchziehen kann und mit Straßen, auf denen man schwere Lasten von vielen tausend Tonnen transportieren und in vierundzwanzig Stunden eintausend Meilen reisen kann; wo er den Ozean überziehen kann mit schwimmenden Inseln, bewegbar in jede gewünschte

Richtung mit gewaltiger Kraft und Schnelligkeit, in vollkommener Sicherheit und mit allem Komfort und allem Luxus, Gärten und Paläste tragend, mit Tausenden von Familien, und versehen mit Bächen süßen Wassers; wo er das Innere der Erdkugel erforschen und binnen vierzehn Tagen von Pol zu Pol reisen kann; wo er sich mit bisher unbekannten Mitteln versehen kann, um seine Kenntnis von der Welt zu vergrößern und seine Intelligenz; wo er ein Leben dauernden Glücks und bisher unbekannter Genüsse führen kann; wo er sich von all den Übeln befreien kann, die die Menschheit heimsuchen, mit Ausnahme des Todes, und selbst den Tod weit über die gewöhnliche Frist menschlichen Lebens hinausschieben und ihn schließlich weniger qualvoll machen kann. Die Menschheit kann so in einer neuen Welt leben, eine neue Welt genießen, der heutigen weit überlegen, und sich in der Waagschale des Seins weit höher erheben.‹

Daraus und aus verschiedenen anderen Anzeichen scheint sich zu ergeben, daß es wie in der Ethik einen Transzendentalismus auch in der Mechanik gibt. Während das gesamte Gebiet des einen Reformers jenseits der Grenzen des Raumes liegt, treibt der andere seine Projekte für die Erhöhung der Rasse bis zu ihren äußersten Grenzen. Während der eine den Himmel reinigt, fegt der andere die Erde. Der eine sagt, er wird sich selbst reformieren, und dann werden die Natur und die Umstände in Ordnung sein. Stehen wir uns nicht selbst im Wege, denn das ist das größte Hindernis. Wenn eine Wolke die Sicht des Astronomen stört, bedeutet das wenig im Vergleich zu dessen eigener Blindheit. Der andere will die Natur und die Umstände reformieren, und dann wird es dem Menschen gut gehen. Redet nicht mehr verschwommen davon, sagt er, die Welt zu reformieren – ich werde den Erdball selbst reformieren. Was tut es, ob ich diesen Saft aus meinem Fleisch entferne oder jenen verderblichen Saft aus dem fleischigen Teil des Erdballs? Nein, ist nicht das letztere Verfahren das großzügigere? Zur Zeit läuft der Erdball mit einer zerrütteten Konstitution auf seiner Bahn. Hat er nicht

Asthma und Schüttelfrost und Fieber und Wassersucht und Blähsucht und Brustfellentzündung, und ist er nicht von Ungeziefer befallen? Wird nicht seinen gesunden Gesetzen entgegengearbeitet und seiner lebendigen Energie, die ihn dennoch retten werden? Ohne Zweifel würden die einfachen Kräfte der Natur, vom Menschen richtig gelenkt, ihn gesund und zu einem Paradies machen; wie die Gesetze der eigenen Konstitution des Menschen nur darauf warten, befolgt zu werden, um ihm Gesundheit und Glück wiederzugeben. Unsere Universalheilmittel kurieren nur wenige Leiden, unsere allgemeinen Krankenhäuser sind privat und exklusiv. Wir müssen eine andere Hygieia erschaffen als die, die jetzt verehrt wird. Verordnen nicht sogar die Quacksalber kleine Dosen für Kinder, größere für Erwachsene und noch größere für Ochsen und Pferde? Denken wir daran, daß wir den Erdball selbst behandeln sollen.

Diese schöne Heimstatt ist uns zugefallen, und wie wenig haben wir getan, sie zu verbessern, wie wenig haben wir geräumt und eingehegt und gegraben! Wir neigen zu sehr dazu, fortzugehen in ein ›besseres Land‹, ohne einen Finger zu rühren, wie unsere Farmer, die es zum Boden Ohios zieht; aber wäre es nicht heroischer und redlicher, diesen Boden Neuenglands zu bestellen und zu pflegen? Die noch jugendlichen Energien des Erdballs müssen nur in die richtige Bahn gelenkt werden. Jede Zeitung bringt Berichte über die ungebändigten Launen des Windes – Schiffbrüche und Hurrikane, die der Seemann und der Pflanzer als besondere oder allgemeine Fügungen akzeptieren; doch sie berühren unser Gewissen, sie erinnern uns an unsere Sünden. Eine neue Sintflut wäre eine Schande für die Menschheit. Wir gestehen, wir hatten noch nie viel Achtung vor jener antediluvialen Rasse. Ein richtiger Geschäftsmann kann sich nicht voll auf das Geschäft des Lebens einlassen, ohne zunächst seine Konten zu prüfen. Wie viele Dinge sind jetzt im ungewissen. Wer weiß, wie der Wind morgen weht? Weichen wir nicht vor der Natur zurück. Wir werden den Weg der Wolken bestimmen und Stürme bändigen; wir werden schädliche Dämpfe auf Flaschen füllen; wir werden nach Erdbeben forschen, sie ausgraben und das gefährliche Gas herauslassen; wir werden den Vulkan ausweiden und sein Gift extrahieren, seinen Samen herausnehmen. Wir werden Wasser waschen und Feuer wärmen und Eis kühlen und die Erde abstützen. Wir werden Vögel lehren zu fliegen und Fische zu schwimmen und Wiederkäuer wiederzukauen. Es ist Zeit, daß wir diese Dinge untersuchen.

Und es geziemt dem Moralisten auch zu untersuchen, was der Mensch tun kann, um das System zu verbessern und zu verschönern; die Sterne heller scheinen zu lassen, die Sonne heiterer und fröhlicher, den Mond milder und zufriedener. Könnte er nicht die Farben der Blumen kräftiger machen und die Melodie der Vögel? Erfüllt er seine Pflicht gegenüber den niederen Rassen? Sollte er ihnen nicht ein Gott sein? Wieviel Großmut lassen wir gegenüber dem Wal und dem Biber walten? Sollten wir nicht fürchten, mit ihnen auch nur für einen Tag die Plätze zu tauschen, weil ihr Betragen uns beschämen könnte? Könnten wir nicht den Hai und den Tiger mit Großmut behandeln, statt zu ihnen hinunterzusteigen und ihnen auf ihrer eigenen Ebene zu begegnen mit Lanzen von Haifischzähnen und Schilden von Tigerhaut? Wir verleumden die Hyäne; der Mensch ist das wildeste und grausamste Tier. Ach! wie kleingläubig ist er; selbst die irrenden Kometen und Meteore danken ihm und erwidern seine Freundlichkeit auf ihre Art.

Wie gemein und roh handeln wir an der Natur! Könnten wir nicht etwas weniger roh vorgehen? Woran sonst lassen diese großartigen Erfindungen denken – Magnetismus, Daguerreotypie, Elektrizität? Können wir nicht mehr tun, als den Wald abzuholzen und zurechtzustutzen – können wir nicht seinen inneren Haushalt unterstützen, den Kreislauf der Säfte? Jetzt arbeiten wir oberflächlich und gewalttätig. Wir ahnen nicht einmal, wieviel getan werden könnte, um unsere Beziehung zu der belebten Natur zu verbessern; welche Freundlichkeit und kultivierte Höflichkeit es geben könnte!

Es gibt bestimmte Betätigungen, die, sind sie auch nicht gänzlich poetisch und lauter, eine edlere und feinere Beziehung zur Natur, als wir sie kennen, zumindest ahnen lassen. Die Bienenzucht, zum Beispiel, ist ein sehr geringer Eingriff. Sie lenkt gleichsam die Sonnenstrahlen. Alle Nationen seit dem fernsten Altertum haben so mit der Natur gespielt. Es gibt Hymettus und Hybla – und wie viele Orte noch, berühmt für ihre Bienen? Da ist nichts Grobes in der Vorstellung von diesen Völkchen – ihr Summen ist wie das zaghafteste Muhen der Kühe auf der Wiese. Ein freundlicher Rezensent hat uns kürzlich daran erinnert, daß sie an manchen Orten auf Weideland gebracht werden, wo es Blüten im Überfluß gibt. ›Columella berichtet uns‹, sagt er, ›daß die Bewohner Arabiens ihre Bienenstöcke nach Attika schickten, um Nutzen zu ziehen aus den spät blühenden Blumen.‹ Alljährlich werden die Bienenstöcke in riesigen Pyramiden auf Booten den Nil hinauf gebracht, und dann läßt man sie langsam stromabwärts treiben bei Nacht und stilliegen bei Tag, wenn entlang der Ufer die Blüten aufbrechen; und man ermittelt den Reichtum eines jeden Ortes und damit die Einträglichkeit des Verweilens danach, wie tief das Boot im Wasser liegt. Derselbe Rezensent berichtet uns von einem Mann in Deutschland, dessen Bienen mehr Honig produzierten als die seiner Nachbarn, ohne sichtbaren Grund; schließlich aber teilte er ihnen mit, daß er seine Bienenstöcke um einen Grad weiter nach Osten gedreht hatte, und so bekamen seine Bienen, die am Morgen zwei Stunden Vorsprung hatten, den ersten Schluck Honig. Es ist wahr, hinter alldem steckt Hinterlist und Selbstsucht; aber diese Dinge lassen den poetischen Kopf ahnen, was getan werden könnte.

Viele Beispiele gibt es für ein gröberes Eingreifen, doch nicht ohne Rechtfertigung. Wir sahen vorigen Sommer auf dem Hang eines Berges einen Hund damit beschäftigt, für eine Farmerfamilie zu buttern, indem er auf einem horizontalen Rad lief, und obwohl er entzündete Augen, einen erschreckenden Husten und obendrein ein eingeschüchtertes Aussehen hatte, wurde doch ihr Brot trotz allem gebuttert. Zweifellos wird bei den glänzendsten Erfolgen die erste Reihe stets geopfert. Das viele nutzlose Umherlaufen von Pferden *in extenso* ist in den letzten Jahren zum Vorteil des Menschen ausgenutzt worden, indem man sich nur zweier Kräfte bedient – der Schwerkraft des Pferdes, die zentripetal ist, und seiner zentrifugalen Neigung vorwärtszugehen. Nur diese zwei Elemente in der Berechnung. Und wird nicht mit dem ganzen Haushalt des Tieres so besser hausgehalten? Finden nicht alle endlichen Wesen mehr Gefallen an relativen Bewegungen als an absoluten? Und was ist der große Erdball anderes als ein solches Rad – eine größere Tretmühle –, so daß unseres Pferdes freieste Gangart in der Prärie oftmals vereitelt und unwirksam gemacht wird durch die Bewegung der Erde um ihre Achse? Doch hier ist das Pferd das zentrale Agens, die zentrale Antriebskraft; und, da es um der Abwechslung der Szenerie willen vorn mit einem Fenster ausgestattet ist, rufen nicht die ständig sich verändernde Tätigkeit und die fluktuierende Energie des Tieres selbst die Wirkung einer höchst mannigfaltigen Szenerie auf einer Landstraße hervor? Es muß eingeräumt werden, daß Pferde zur Zeit ausschließlich für Menschen arbeiten, selten aber Menschen für Pferde; und das Tier entartet in des Menschen Gemeinschaft.

Wie man sieht, denken wir an eine Zeit, da des Menschen Wille für die physische Welt Gesetz sein wird und er sich nicht länger abschrecken läßt von solchen Abstraktionen wie Zeit und Raum, Höhe und Tiefe, Gewicht und Festigkeit, sondern wirklich der Herr der Schöpfung sein wird. ›Nun ja‹, sagt der ungläubige Leser, ›das Leben ist kurz, doch die Kunst ist lang; wo ist die Kraft, die alle diese Veränderungen zuwege bringt?‹ Genau dies zu zeigen ist das Ziel von Mr. Etzlers Buch. Im Augenblick möchte er uns lediglich daran erinnern, daß es in der Natur bereits unzählige und unermeßliche Kräfte gibt, in großem Umfang ungenutzt für großzügige und universelle Ziele und für diese Zwecke mehr als ausreichend. Er möchte nur auf ihre Existenz hinweisen, so wie der Landvermesser die Existenz von Wasserkraft in irgendeinem Bach anzeigt; aber was die Anwendung betrifft, verweist er uns auf eine Fortsetzung zu seinem Buch, betitelt ›Mechanisches System‹. Einige der augenfälligsten und bekanntesten dieser Kräfte sind der Wind, die Gezeiten, die Wellen, der Sonnenschein. Betrachten wir ihren Wert.

Zunächst ist da die Kraft des Windes, die beständig auf den Erdball wirkt. Aus der Beobachtung eines Segelschiffes und aus wissenschaftlichen Tabellen scheint sich zu ergeben, daß die durchschnittliche Kraft des Windes je einhundert Quadratfuß der eines Pferdes entspricht. Wir messen diesem Vergleich der Kraft des Windes mit der des Pferdes nicht allzu großen Wert bei, da keine gemeinsame Grundlage dafür genannt wird. Zweifellos ist jede auf ihre Weise ganz ausgezeichnet, und jeder zu so praktischen Zwecken angestellte allgemeine Vergleich wie der hier erwogene, der der einen den Vorzug gibt, muß gegen die andere etwas ungerecht sein. Die wissenschaftlichen Tabellen stimmen zumeist nur in einem tabellarischen Sinn. Wir vermuten, ein beladener Wagen mit einem leichten Segel von zehn Fuß im Quadrat würde am Ende des Jahres nicht so weit geweht worden sein, wie ihn unter gleichen Umständen ein gewöhnliches Rennpferd oder ein Zugpferd gezogen hätte. Und wie viele wackelige Bauten von gleichen Abmessungen auf der Oberfläche unseres Erdballs würden dem Verfall entgegensehen, wenn die Stränge eines Pferdes an ihnen befestigt würden, und sei es auf ihrer Windseite? Offen gesagt, das ist nicht die Grundlage für einen Vergleich. Aber selbst die gleichbleibende und unveränderliche Kraft des Pferdes kann zumindest als seinem Gewicht entsprechend angesehen werden. Doch uns wäre es lieber, den Zephir und den Sturmwind mit aller Wucht auf unseren Zäunen lasten zu sehen, als daß sich Dobbin mit gefesselten Füßen eine Zeitlang bedrohlich dagegenlehnt.

Dennoch, hier steht eine fast unschätzbare Kraft zu

unserer Verfügung, doch wie unbedeutend ist der Gebrauch, den wir davon machen. Sie dient nur dazu, ein paar Mühlen zu drehen, ein paar Schiffe über den Ozean zu wehen, und zu ein paar anderen nichtigen Zwecken. Was für ein kümmerliches Kompliment machen wir unserem rastlosen und tatkräftigen Diener!

Nachdem die Menschen die Kraft des fallenden Wassers entdeckt haben, die im Grunde genommen vergleichsweise schwach ist, wie eifrig erforschen und nutzen sie diese *Vorzüge*? Es braucht nur ein Höhenunterschied von wenigen Fuß an einem Wasserlauf in der Nähe einer dicht besiedelten Stadt entdeckt zu werden, ein kleiner Anlaß, daß die Schwerkraft wirkt, und der ganze Haushalt der Umgebung wird auf der Stelle verändert. Die Menschen spekulieren tatsächlich über diese Kraft und mit ihr, als ob nur sie einen Vorzug böte. Aber inzwischen fällt dieser Luftstrom aus weit größeren Höhen in stetigerem Fluß, nie durch Dürre vermindert, und bietet Standorte für Mühlen, wo immer der Wind bläst; ein Niagara in der Luft, ohne eine kanadische Seite – nur die Anwendung ist schwer.

Es gibt auch die Kräfte der Gezeiten und der Wellen, der steten Ebbe und Flut, des Fallens und Steigens, doch sie dienen dem Menschen nur in wenigen Fällen. Sie treiben ein paar Flutmühlen und leisten noch ein paar andere unbedeutende und zufällige Dienste. Wir alle begreifen die Wirkung der Flut; wie sie sich unmerklich hineinschleicht in unsere Häfen und Flüsse und die schwersten Kriegsflotten so leicht emporhebt wie den leichtesten Span. Alles, was schwimmt, muß ihr nachgeben. Aber der Mensch, der lange braucht, das ständige Hilfsangebot der Natur anzunehmen, macht von dieser Kraft nur geringen und unregelmäßigen Gebrauch – wenn er Schiffe kielholt und auf Grund gelaufene flottmacht.

Diese Kraft kann auf verschiedene Weise angewandt werden. Ein großer Körper aus dem schwersten schwimmenden Material kann zuerst von ihr emporgehoben werden und, indem er am Ende eines Gegengewichts befestigt wird, das vom Land oder von einer festen Stütze herüberreicht und am unteren Ende festgemacht ist, läßt man bei Ebbe das ganze Gewicht auf das Ende des Gegengewichts wirken. Ebenso kann man es bei Flut mit fast derselben Kraft in entgegengesetzter Richtung wirken lassen. Es kann genutzt werden, wo immer ein *point d'appui* zu finden ist.

Wahrlich, das Land würde einen bewegten Anblick bieten bei Spring- und Nippflut, und diese Inselschiffe, diese *terrae infirmae*, die die Fabeln des Altertums lebendig machen, beschäftigen unsere Phantasie. Wir haben oft gedacht, daß der geeignetste Ort für eine menschliche Wohnung das Ufer sei, daß dort die stete Lehre, der stete Eindruck der See tief in das Leben und den Charakter des Landbewohners eingehen und seiner Phantasie vielleicht einen seemännischen Anstrich verleihen könnte. Es ist ein edles Wort, dieses *Seemann* – jemand, der mit der See vertraut ist. Von dem, was es bedeutet, sollte mehr sein in einem jeden von uns. Es ist ein Land, dem anzugehören sich lohnt – wir sehen darauf, daß er ihm keine Schande macht. Vielleicht sollten wir gleichermaßen Seeleute und Landleute sein, und selbst unsere Grünen Berge brauchen etwas von dem Meergrün.

Die Berechnung der Kraft der Wellen ist weniger befriedigend. Während zuvor nur die durchschnittliche Kraft des Windes und die durchschnittliche Höhe der Flut zugrunde gelegt wurden, wird jetzt die Extremhöhe der Wellen benutzt, denn man läßt sie sich zehn Fuß über den Meeresspiegel erheben, und nach Addition von weiteren zehn Fuß für ihr Fallen kommen wir auf zwanzig Fuß als Extremhöhe einer Welle. In der Tat läßt man die Kraft der Wellen, die dadurch erzeugt wird, daß der Wind schräg und unvorteilhaft aufs Wasser bläst, nicht nur dreitausendmal größer sein als die der Flut, sondern einhundertmal größer als die des Windes selbst, wenn er im rechten Winkel auf seine Objekte trifft. Überdies wird diese Kraft nach der Fläche des Schiffs bemessen und nicht hauptsächlich nach seiner Länge, und man scheint dabei zu vergessen, daß die Bewegung vor allem wellenartig ist und nur als Vibration eine Kraft ausübt, würden doch sonst die Kontinente selbst mit ihren ausgedehnten Küsten bald dem Spiel der Wellen preisgegeben.

Schließlich gibt es die Kraft, die aus dem Sonnenschein gewonnen werden soll aufgrund des Prinzips, nach dem Archimedes seine Brennspiegel ersann; eine Vielzahl von Spiegeln, die die Strahlen der Sonne alle auf dieselbe Stelle zurückwerfen, bis der erforderliche Hitzegrad erreicht ist. Das Hauptanwendungsgebiet dieser Kraft wird das Erhitzen von Wasser und die Erzeugung von Dampf sein.

Soviel zu diesen wenigen deutlicher ins Auge springenden Kräften, die bereits jetzt in geringfügigem Umfang genutzt werden. Aber es gibt unzählige weitere in der Natur, die weder beschrieben, noch entdeckt sind. Diese sollen jedoch für den Augenblick genügen. Das würde bedeuten, die Sonne und den Mond gleichermaßen zu unseren Satelliten zu machen. Denn da der Mond die Ursache der Gezeiten ist und die Sonne die Ursache des Windes, der wiederum die Ursache der Wellen ist, würde alle Arbeit auf diesem Planeten von diesen fernen Einflüssen verrichtet.

›Wir können Wasser in einem besonderen Teich speichern und aus diesem Vorrat durch den Auslaß jederzeit soviel Wasser entnehmen, wie wir gerade verwenden wollen, durch welches Mittel die ursprüngliche Kraft viele Tage, nachdem sie aufgehört hat, nachwirken kann … Solche Reservoirs von mäßiger Höhe oder Größe brauchen nicht künstlich angelegt zu werden, sondern finden sich sehr häufig in der Natur selbst und benötigen nur wenig Nachhilfe zu ihrer Vollendung. Eine regelmäßige Form ist nicht erforderlich. Jedes Tal, in dessen Nähe es tiefergelegenes Gelände gibt, erfüllt den Zweck. Kleine Spalten können zugeschüttet werden. Solche Orte kämen dafür in Frage, Unternehmen dieser Art in Angriff zu nehmen.‹

Je größer die Höhe, desto weniger Wasser wird natürlich benötigt. Aber stellen wir uns ein ebenes oder trokkenes Gebiet vor; dann sollen Hügel und Tal und der ›besondere Teich‹ mit äußerster Kraftanstrengung errichtet werden; oder, wenn die Quellen ungewöhnlich tief sind, können Erde und Steine verwendet werden, und der Nachteil, der sich aus der Reibung ergibt, wird wettgemacht durch ihre größere Schwerkraft. Auch soll nicht ein einziges Stück trockenen Landes in den künstlichen Teichen, die man benötigen mag, verschwinden, sondern ihre Oberfläche ›kann mit Flößen bedeckt werden, die mit fruchtbarer Erde versehen sind, und alle möglichen Gemüsesorten könnten dort ebensogut wachsen wie anderswo‹.

Und schließlich kann durch die Verwendung dicker wärmespeichernder Hüllen und anderer Vorrichtungen ›die Kraft des vom Sonnenschein erzeugten Dampfes nach Wunsch wirken und so dauerhaft gemacht werden, gleichgültig, wie oft oder wie lange der Sonnenschein unterbrochen wird‹.

Hier ist Kraft genug, sollte man meinen, um etwas zu vollbringen. Dies sind die Mächte der Erde. Oh ihr Mühlenbauer, ihr Ingenieure, ihr Mechaniker und Theoretiker jeder Art, klagt nie wieder über einen Mangel an Kraft: es ist die krasseste Form des Unglaubens. Die Frage ist nicht, wie wir etwas ausführen, sondern was. Laßt uns nicht auf knickrige Weise benutzen, was so großzügig angeboten wird.

Bedenkt, welche Umwälzungen in der Landwirtschaft vollbracht werden sollen. Zunächst soll sich in dem neuen Land eine Maschine bewegen, die Bäume und Steine bis zu jeder erforderlichen Tiefe entfernt und sie zu handlichen Haufen stapelt, dann soll dieselbe Maschine ›mit einer kleinen Veränderung‹ den Boden vollkommen planieren, bis es keine Berge oder Täler mehr gibt, und die erforderlichen Kanäle, Gräben und Straßen anlegen, während sie vorrückt. Dieselbe Maschine ›mit einigen weiteren kleinen Veränderungen‹ soll dann den Boden gründlich sieben, wenn nötig fruchtbaren Boden von anderen Orten herbeischaffen und bepflanzen; und schließlich soll dieselbe Maschine ›mit einem kleinen

Zusatz‹ die Ernte einbringen, dreschen und mahlen oder zu Öl pressen oder sie sonst für den Endverbrauch verarbeiten. Für die Beschreibung dieser Maschinen verweist man uns auf ›Etzlers Mechanisches System‹, Seiten 11 bis 27. Wir würden dieses ›Mechanische System‹ sehr gern sehen. Wir haben großes Vertrauen in dieses System. Aber wir können jetzt nicht bei den Anwendungen verweilen.

Wer kann sagen, ob wir nicht dadurch, daß wir die Kraft bis zum Ende dieses Jahrhunderts aufspeichern und inzwischen nur den minimalsten Betrag verwenden, während wir alles, was bläst, alles, was scheint, alles, was ebbt und flutet, alles, was stürmt, aufsparen, eine Reserve an gespeicherter Kraft hätten, die ausreichen würde, die Erde eines Sommers aus ihrem Geleise auf eine neue Umlaufbahn zu bringen und so den langweiligen Wandel der Jahreszeiten zu ändern? Oder künftige Generationen werden vielleicht die Zerstörung des Erdballs nicht ertragen, und die ganze Rasse wird, indem sie Gebrauch macht von künftigen Erfindungen der Fortbewegung in der Luft und der Navigation im Raum, von der Erde emigrieren, um weiter im Westen einen freien Planeten zu besiedeln, der vielleicht noch gesund ist, vielleicht unirdisch, nicht zusammengesetzt aus Dreck und Steinen, dessen primäre Schichten verstreut sind und wo kein Unkraut gesät wird. Es brauchte nur geringer Geschicklichkeit, der einfachen Anwendung von Naturgesetzen, eines Kanus, eines Paddels und eines Segels aus Mattengeflecht, um die Inseln des Pazifiks zu bevölkern, und wenig mehr wird genügen, die glänzenden Inseln des Weltraums zu bevölkern. Sehen wir nicht des Nachts am Firmament die Lichter das Ufer entlang treiben, wie Columbus sie sah? Laßt uns weder verzweifeln, noch meutern.

›Die Wohnungen müßten sich von dem, was wir kennen, ebenfalls gründlich unterscheiden, wenn man sich des vollen Nutzens unserer Mittel erfreuen will. Es soll eine Art von Gebäuden sein, für die wir noch keinen Namen haben. Es sollen weder Paläste noch Tempel noch Städte sein, sondern eine Kombination von allen, allem überlegen, was wir kennen.

Erde kann durch Hitze zu Ziegeln oder sogar zu glasiertem Stein gebrannt werden – wir können große Mengen von beliebiger Größe und Form zu Stein brennen und zu glasiertem Material von größter Beständigkeit, haltbar selbst über Tausende von Jahren –, alles aus tonhaltiger Erde oder aus zu Staub zermahlenen Steinen unter Verwendung von Brennspiegeln. Das soll im Freien geschehen, ohne daß andere Vorbereitungen erforderlich wären, als das Material zu sammeln, zu mahlen und es mit Wasser und Zement zu vermischen, es zu formen oder zu gießen und den Brennpunkt der Brennspiegel von geeigneter Größe darauf zu richten.‹

Der Charakter der Architektur soll sich von der bisherigen gänzlich unterscheiden; große feste Massen sollen in einem Stück gebrannt oder gegossen werden, in jeder gewünschten Form. Das Gebäude kann deshalb aus Säulen bestehen, zweihundert und mehr Fuß hoch, von proportionaler Dicke und aus einem ganzen Stück glasierten Materials; große Stücke sollen durch geeignete Fugen und Falze so geformt werden, daß sie sich miteinander fest verbinden und verhaken und nicht in irgendeiner Weise nachgeben oder brechen.

›Gießereien jeder Art sollen durch große Brennspiegel beheizt werden, und sie werden keine Arbeitskräfte benötigen außer zur Herstellung der ersten Formen und zur Überwachung der Metallgewinnung und des Wegbringens der fertigen Artikel.‹

Leider müssen wir beim jetzigen Stand der Wissenschaft die fertigen Artikel wegbringen; aber glaubt nicht, daß der Mensch stets das Opfer der Umstände sein wird.

Der Landbewohner, der die Stadt besuchte und in den Straßen überall Ziegel und Bauholz herumliegen sah, berichtete, sie sei noch nicht fertig; und wer an die endlosen Reparaturen und Umbauten an unseren Häusern denkt, könnte sich sehr wohl fragen, wann man damit fertig sein wird. Aber warum können nicht die menschlichen Behausungen auf dieser Erde ein für allemal aus irgendeinem haltbaren Material, aus einer Art von römischem oder etruskischem Mauerwerk gebaut werden, das stehenbleibt, so daß die Zeit sie nur noch schmückt und verschönt? Warum können wir nicht die äußere Welt für unsere Nachfahren vollenden und ihnen Muße lassen, sich der inneren zu widmen? Sicher könnte für all die grundlegenden Bedürfnisse in wenigen Jahren gesorgt sein. Alles könnte gebaut und gebrannt und gespeichert werden während dieser – im Vergleich zur freien Ewigkeit – Schulzeit der Welt, und der Erdball könnte wie unsere Schiffe verproviantiert und eingerichtet auf seine Reise gehen durch den Weltraum wie durch einen Pazifischen Ozean, während wir ›das Ruder festmachen und vor dem Wind schlafen‹ würden wie die, die von Lima nach Manila segeln.

Aber – um in der Vorstellung ein paar Jahre zurückzugehen – denkt nicht, daß das Leben in diesen Kristallpalästen irgendeinen Vergleich mit dem Leben in unseren heutigen bescheidenen Hütten zuläßt. Weit gefehlt. Ein für allemal gekleidet in irgendein ›flexibles Material‹, das dauerhafter ist als George Fox' Ledergewand und aus ›Pflanzenfasern‹ besteht, die mit einigen ›Bindemitteln‹ ›zusammengeklebt‹ und zu Bögen verarbeitet sind wie Papier beliebiger Größe und Form, wird der Mensch Pflegearbeiten und eine ganze Menge anderer Übel weit hinter sich lassen.

›Die fünfundzwanzig Säle innerhalb des Blocks sollen je zweihundert Fuß im Quadrat und in der Höhe haben; die vierzig Korridore je einhundert Fuß lang sein und zwanzig breit; die achtzig Galerien je 1.000 bis 1.250 Fuß lang sein; etwa 7.000 Privaträume, das Ganze umgeben und durchzogen von den denkbar großartigsten und herrlichsten Kolonnaden; Böden, Decken, Säulen mit ihren abwechslungsreichen schönen und phantastischen Zwischenräumen, alle schimmernd und bis ins Unendliche alle Gegenstände und Personen spiegelnd, mit herrlichem Glanz in allen schönen Farben und mit phantastischen Formen und Bildern.

Alle Galerien, draußen und drinnen, sollen mit vielen

tausend geräumigen und höchst eleganten Fahrzeugen versehen sein, in denen sich die Leute wie Vögel auf- und abbewegen können, in vollkommener Sicherheit und ohne Anstrengung ... Jedes Mitglied kann sich alle üblichen Artikel seines täglichen Bedarfs beschaffen durch eine kurze Drehung einer Kurbel, ohne die Wohnung zu verlassen.

Eine oder zwei Personen genügen, um die Küchenarbeit zu leiten. Sie brauchen nichts anderes zu tun als das Kochen zu beaufsichtigen und die Garzeiten der Gerichte zu überwachen und sie dann mit dem Tisch und den Gefäßen in den Speisesaal oder die jeweiligen Privatwohnungen zu befördern, indem sie mit der Hand ein klein wenig an einer Kurbel drehen.

... Jeder ausgefallene Wunsch kann dadurch befriedigt werden, daß der Betreffende dorthin geht, wo die Sache erhältlich ist; und alles, was eine besondere Zubereitung beim Kochen oder Backen erfordert, kann von demjenigen gemacht werden, der es haben möchte.‹

Dies ist einer der Fälle, in denen sich zeigt, daß der Geist des einzelnen, wie zum Schluß immer, mit dem universellen übereinstimmt. Dieser letzte Satz enthält eine gewisse traurige und nüchterne Wahrheit, die uns an die Weisheit aller Völker erinnert. Jede Äußerung von Wahrheit nimmt schließlich diese tiefe moralische Gestalt an. Hier wird auf einen Ort angespielt, der von allen Orten im Weltraum der geeignetste ist, und auf einen Diener, im Vergleich zu dem alle anderen Hilfen zur Belanglosigkeit schrumpfen. Wir hoffen, alsbald mehr von ihm zu hören, denn sogar ein Kristallpalast wäre ohne seine unschätzbaren Dienste unzulänglich.

Und was die Umgebung der Einrichtung angeht:

›Die entzückendsten Ausblicke, die man sich vorstellen kann, werden sich bieten aus den Privatwohnungen, von den Galerien, vom Dach, von seinen Türmen und Kuppeln – Gärten, so weit das Auge blickt, voller Früchte und Blumen, arrangiert in der wundervollsten Anordnung, mit Wegen, Kolonnaden, Aquädukten, Kanälen, Teichen, Ebenen, Amphitheatern, Terrassen,

Fontänen, Skulpturen, Pavillons, Gondeln, Vergnügungsstätten etc., die das Auge und den Geschmack, den Gaumen und die Nase erfreuen ... Die Wege und Straßen sollen mit großen harten glasierten Platten belegt sein, damit sie bei jedem Wetter oder bei jeder Jahreszeit immer frei sind von allem Schmutz ...

Die Wege können mit Portikus versehen sein, geschmückt mit großartigen Säulen, Statuen und Skulpturen; alle aus glasierten Materialien und ewig haltbar. Nachts sind das Dach und der ganze Block innen und außen durch Gaslicht erleuchtet, das in dem Irrgarten von vielfarbigen kristallartigen Kolonnaden und Gewölben mit einem Feuer zurückgeworfen wird, das dem Ganzen einen Glanz von Edelsteinen verleiht, so weit das Auge blickt. Das sind die zukünftigen Behausungen der Menschen ... Das ist das Leben, das wahrer Intelligenz vorbehalten ist, aber der Ignoranz, dem Vorurteil und dem dummen Festhalten an Gewohnheiten versagt bleibt.‹

So soll das Paradies wiedergewonnen und das alte strenge Gebot schließlich aufgehoben werden. Der Mensch soll sein Brot nicht mehr im Schweiße seines Angesichts verdienen. Alle Arbeit soll reduziert werden auf ›eine kurze Drehung einer Kurbel‹ und die ›Entnahme des fertigen Artikels‹. Aber es gibt eine Kurbel – oh, wie schwer ist sie zu drehen! Könnte es nicht eine Kurbel geben an der Kurbel – eine unendlich kleine Kurbel? –, so würden wir gern fragen. Nein, leider nicht! Aber es gibt in jedem Menschen eine bestimmte göttliche Energie, bisher nur sparsam genutzt, die man die innere Kurbel nennen kann – die Kurbel an sich – die bewegende Kraft in allen Maschinen – ganz unentbehrlich für alle Arbeit. Könnten wir doch unsere Hände an ihren Griff legen! Tatsächlich kann man vor keiner Arbeit ausweichen. Sie kann vielleicht auf unbestimmte Zeit aufgeschoben werden, aber nicht für immer. Keine wirklich wichtige Arbeit kann durch Kooperation oder durch Maschinen leichter gemacht werden. Nicht die geringste Spur der Arbeit, die jetzt jedermann droht, kann vertrieben werden, ohne daß sie verrichtet wird. Sie kann nicht aus der Umgebung verjagt werden wie Schakale oder Hyänen. Sie wird nicht weglaufen. Man kann damit beginnen, die kleinen Stöcke zu sägen, oder man kann die großen Stöcke zuerst sägen, aber früher oder später muß man beide sägen.

Wir lassen uns von diesem riesigen Einsatz der Kräfte nicht beeindrucken. Wir glauben, daß die meisten Dinge noch immer erlangt werden müssen durch die ›Industrie‹ genannte Anwendung. Es macht uns schließlich doch Freude, die kleine private, aber sowohl konstante wie akkumulierte Kraft zu betrachten, die hinter jedem Spaten auf dem Feld steht. Das ist es, was die Täler glänzen und die Wüsten wirklich blühen macht. Manchmal, so gestehen wir, sind wir so entartet, daß wir mit Vergnügen nachdenken über die Tage, als Menschen ins Joch gespannt waren wie Vieh und einen Hakenstock als Pflug zogen. Im Grunde waren die großen Interessen und Methoden dieselben.

Es ist ein ziemlich ernster Einwand gegen Mr. Etzlers Projekte, daß sie Zeit, Menschen und Geld erfordern, drei Dinge, mit denen zu tun zu haben für einen ehrlichen und wohlmeinenden Mann äußerst überflüssig und lästig ist. ›Die ganze Welt‹, sagt er uns, ›könnte daher wirklich in ein Paradies verwandelt werden in weniger als zehn Jahren, beginnend mit dem ersten Jahr einer Vereinigung für den Bau und den Einsatz der Maschinen.‹ Wir fühlen ein überraschendes Mißverhältnis, wenn in diesem Zusammenhang Zeit und Geld erwähnt werden. Die zehn Jahre, die veranschlagt sind, wären eine ermüdende Wartezeit, wenn jedermann auf seinem Posten wäre und seine Pflicht erfüllte, aber einfach eine zu kurze Frist, wenn wir uns dafür die Zeit nehmen sollen. Aber dieser Fehler ist durchaus keine Besonderheit von Mr. Etzlers Projekten. Es gibt viel zuviel Hast und Getöse und zuwenig Geduld und Abgeschiedenheit in allen unseren Methoden, als ob etwas in Jahrhunderten erreicht werden sollte. Der echte Reformer will weder Zeit noch Geld noch Unterstützung noch Rat. Was ist

Zeit anderes als der Stoff, aus dem Verzögerung gemacht ist? Und verlaßt euch darauf, unsere Tugend wird nicht von den Zinsen unseres Geldes leben. Er erwartet kein Einkommen, sondern Ausgaben; sobald wir anfangen, nach den Kosten zu fragen, fangen die Kosten an. Und was Ratschläge angeht – die in der Atmosphäre der Gesellschaft schwebenden Informationen sind für ihn so flüchtig und untauglich wie Marienfäden für Herkuleskeulen. Es liegt darin absolut kein gesunder Menschenverstand; es ist Unverstand. Wenn wir einen Cent oder einen Tropfen unseres Blutes riskieren sollen, wer wird uns dann beraten? Denn wir selbst, wir sind zu jung für Erfahrung. Wer ist alt genug? Wir sind älter dem Glauben als der Erfahrung nach. Im Ausstrecken des Arms, um die Tat zu tun, liegt Erfahrung, alle Maximen der Welt wert.

›Es ist nun deutlich zu sehen, daß die Ausführung der Vorschläge nicht die Sache von einzelnen ist. Ob es Sache der Regierungen sein könnte zum jetzigen Zeitpunkt, ehe das Thema populär geworden ist, das ist eine Frage, die zu entscheiden wäre; alles, was getan werden muß, ist, nach reiflicher Überlegung hervorzutreten und laut seine Überzeugung zu bekennen und Gesellschaften zu gründen. Der Mensch ist mächtig nur im Verein mit vielen. Nichts Großes für die Verbesserung seiner eigenen Verfassung oder der seiner Mitmenschen kann je durch Einzelunternehmen bewirkt werden.‹

Leider ist das die schreiende Sünde unseres Zeitalters, dieser Mangel an Vertrauen in die Wirksamkeit des einzelnen. Nichts kann bewirkt werden außer durch einen einzelnen Menschen. Wer Hilfe haben will, will alles haben. Es stimmt, das ist die Bedingung unserer Schwäche, aber es kann niemals das Mittel unserer Heilung sein. Wir müssen zuerst allein erfolgreich sein, damit wir unseren Erfolg gemeinsam genießen können. Wir glauben, daß die sozialen Bewegungen, deren Zeugen wir sind, ein Verlangen anzeigen, das nicht so billig zu befriedigen ist. Beim Reformieren der Welt haben wir wenig

Vertrauen in Gesellschaften, nicht auf diese Weise ist die Welt zu Anfang gemacht worden.

Aber unser Autor ist klug genug zu sagen, daß die Rohmaterialien zur Erreichung seiner Ziele ›vor allem Eisen, Kupfer, Holz und Erde sind sowie eine Vereinigung von Männern, deren Augen und deren Verstand nicht durch Vorurteile verschlossen sind‹. Ja, dies letzte mag das sein, was wir hauptsächlich wollen – wirklich eine Schar von ›Odd Fellows‹.

›Kleinaktien von zwanzig Dollar werden genügen‹ – von ›200.000 bis 300.000‹ insgesamt –, ›um die erste Einrichtung für ein ganzes Gemeinwesen von 3.000 bis 4.000 Menschen zu schaffen‹ – nach Ablauf von fünf Jahren werden wir ein Kapital von 200 Millionen Dollar haben, und so wird das Paradies voll und ganz wiedergewonnen sein am Ende des zehnten Jahres. Doch leider, die zehn Jahre sind bereits verstrichen, und noch gibt es keine Anzeichen von Eden, da es an den erforderlichen Mitteln mangelt, um das Unternehmen auf hoffnungsvolle Art zu beginnen. Doch es scheint eine sichere Investition zu sein. Vielleicht könnte man sich die Mittel zu einem niedrigen Satz leihen, während der Besitz verpfändet wird als Sicherheit, und wenn nötig, könnte er in jeder Phase des Unternehmens ohne Verlust aufgegeben werden mit dem Inventar.

Aber wir sehen zwei Hauptschwierigkeiten. Erstens die erfolgreiche Anwendung der Kräfte durch die Maschinen (wir haben das ›Mechanische System‹ noch nicht gesehen), und zweitens, was unendlich schwerer ist, die Anwendung des Menschen auf die Arbeit durch Vertrauen. Das ist es, wie wir fürchten, was die zehn Jahre auf mindestens zehntausend Jahre ausdehnen wird. Es wird einer Kraft bedürfen, über ›80.000mal größer als das, was alle Menschen auf Erden mit ihren Nerven bewirken könnten‹, um die Menschen zu überreden, das zu benutzen, was ihnen bereits jetzt angeboten wird. Sogar eine noch größere als diese physische Kraft muß auf diese moralische Kraft einwirken. Vertrauen ist in der Tat die ganze Reform, die erforderlich ist; es ist selbst eine Reform. Zweifellos brauchen wir ebensolange, um uns das Paradies wie den Himmel, eine vollkommene natürliche wie eine vollkommene geistige Welt vorzustellen. Wir sehen, wie vergangene Zeitalter getrödelt und geirrt haben. ›Ist vielleicht unsere Generation frei von Irrationalität und Irrtum? Haben wir vielleicht jetzt den Gipfel menschlicher Weisheit erreicht und brauchen nicht mehr nach geistiger oder körperlicher Vervollkommnung zu streben?‹ Zweifellos sind wir niemals so hellseherisch, daß wir darauf vorbereitet wären, was die nächste Stunde bringen kann.

Μέλλει τὸ θεῖον δ'ἔστι τοιοῦτον Φυσει.

Das Göttliche ist im Werden begriffen, und so ist seine Natur. In unseren weisesten Augenblicken sondern wir einen Stoff ab, der, wie der Kalk der Muschel, uns ganz einschließt, und wohl uns, wenn wir, wie sie, von Zeit zu Zeit unsere Schalen abwerfen, mögen sie auch Perlmutt sein und von der zartesten Tönung.

Bedenken wir, mit welchen Schwierigkeiten die Wissenschaft bisher zu kämpfen hatte, bevor wir uns so zuversichtlich zu ihrer Zukunft äußern.

Mr. Etzler ist nicht einer der aufgeklärten Männer der Praxis, einer der Pioniere des Wirklichen, die sich mit dem langsamen, bedächtigen Gang der Wissenschaft bewegen, die Welt bewahrend, die die Träume des vergangenen Jahrhunderts verwirklichen, obwohl sie keine eigenen Träume haben; doch er befaßt sich mit dem sehr rohen und doch soliden Stoff aller Erfindungen. Er hat mehr vom Praktiker, als es normalerweise einem so kühnen Projektemacher, einem so beherzten Träumer geziemt. Doch sein Erfolg liegt in der Theorie und nicht in der Praxis, und er nährt mehr unseren Glauben, als daß er unseren Verstand zufriedenstellt. Sein Buch will Ordnung, Ruhe, Würde, dies alles – doch es versäumt nicht mitzuteilen, was an Bedeutendem nur der Mensch dem Menschen mitteilen kann: seinen eigenen Glauben. Es ist wahr, seine Träume sind weder spannend noch strahlend genug, und er hört dort zu träumen auf, wo der, der kurz vor der Morgendämmerung träumt, beginnt. Seine

Luftschlösser fallen zu Boden, weil sie nicht luftig genug gebaut sind; sie sollten am Dach des Himmels befestigt sein. Schließlich interessieren uns die Theorien und Spekulationen der Menschen mehr als ihre schwächliche Ausführung. Es geschieht mit einer gewissen Kälte und Mattigkeit, daß wir um das Wirkliche und sogenannte Praktische herumstreichen. Wie wenig nehmen uns die wundervollsten Erfindungen der heutigen Zeit gefangen. Sie beleidigen die Natur. Jede Maschine oder besondere Anwendung erscheint wie ein kleiner Verstoß gegen universelle Gesetze. Wie viele schöne Erfindungen gibt es, die nicht die Grundlagen in Unordnung bringen? Wir denken, daß nur diejenigen Erfolg haben, die für unsere sinnlichen und tierischen Bedürfnisse sorgen, die backen oder brauen, waschen oder wärmen oder dergleichen. Aber gelten jene nichts, die durch Phantasie und Einbildungskraft patentiert und in unseren Träumen so erstaunlich erfolgreich sind, daß sie in unseren wachen Gedanken noch nachklingen? Schon jetzt dient die Natur all den Zwecken, die die Wissenschaft langsam in einem viel höheren und bedeutenderen Maß dem bringt, der von ihr bedient werden will. Wenn der Sonnenschein auf den Pfad des Dichters fällt, genießt er all die reinen Wohltaten und Freuden, die die Wissenschaften langsam und partiell von Generation zu Generation verwirklichen. Die Winde, die seine Wange umfächeln, wehen ihm die Summe zu jenes Gewinns, den, und jenes Glücks, das ihre säumigen Erfindungen liefern.

Der Hauptfehler dieses Buches ist, daß es lediglich das höchste Maß an Bequemlichkeit und Vergnügen zu sichern trachtet. Es malt einen mohammedanischen Himmel und hört mit außergewöhnlicher Plötzlichkeit auf, wenn wir denken, daß es sich den Regionen des christlichen nähert – und wir hoffen, daß wir damit keine spitzfindige Unterscheidung getroffen haben. Ohne Zweifel, wenn wir dieses äußere Leben wahrhaft und gründlich reformieren wollten, sollten wir keine Pflicht des inneren vernachlässigt finden. Es wäre Beschäftigung für unsere ganze Natur; und was wir danach tun sollten, wäre eine ebenso eitle Frage wie die an den Vogel, was er tun wird, wenn sein Nest gebaut und seine Brut aufgezogen ist. Doch zuerst muß eine moralische Reform stattfinden, und dann wird die andere überflüssig, und wir werden allein mit ihrer Kraft segeln und pflügen. Es gibt eine schnellere Methode als die, die das ›Mechanische System‹ zeigen kann, um Sümpfe zuzuschütten, das Gebrüll der Wellen zu ersticken, Hyänen zu zähmen, eine angenehme Umgebung zu schaffen, Abwechslung in die Landschaft zu bringen und sie mit ›Bächen süßen Wassers‹ zu erquicken, und das ist durch die Kraft der Aufrichtigkeit und des ehrlichen Verhaltens. Es ist nur für eine kleine Weile, nur gelegentlich, so dünkt mich, daß wir einen Garten haben wollen. Sicher braucht ein guter Mensch sich nicht damit abzuplagen, einen Berg einzuebnen um der Aussicht willen oder Früchte und Blumen zu züchten und schwimmende Inseln zu bauen um eines Paradieses willen. Er genießt bessere Aussichten als die, die hinter irgendeinem Berg liegen. Wo ein Engel umgeht, wird überall Paradies sein, aber wo der Satan umgeht, wird brennende Erde und Asche sein. Was sagt Vishnu Sarma? ›Wer Frieden hat in seiner Seele, der besitzt alle Reichtümer. Ist es für jemanden, dessen Fuß in einem Schuh steckt, nicht so, als ob die ganze Oberfläche der Erde mit Leder bedeckt wäre?‹

Wer vertraut ist mit den himmlischen Kräften, wird nicht diese untergeordneten Gottheiten des Windes, der Wellen, der Gezeiten und des Sonnenscheins verehren. Doch wir möchten die Bedeutung von solchen Berechnungen, wie wir sie beschrieben haben, nicht herabsetzen. Sie sind Wahrheiten in der Physik, weil sie wahr sind in der Ethik. Die moralischen Kräfte würde niemand zu berechnen wagen. Nehmen wir an, wir könnten die moralische mit der physischen Kraft vergleichen und sagen, wie vielen Pferdestärken zum Beispiel die Kraft der Liebe, die auf jedem Quadratfuß der Seele eines Menschen weht, entsprechen würde. Ohne Zweifel sind wir uns dieser Kraft wohl bewußt; Zahlen würden unsere Achtung für sie nicht erhöhen; der Sonnenschein entspricht einem einzelnen Strahl ihrer Glut. Das Licht der Sonne ist nur der Schatten der Liebe. ›Die Seelen von Menschen, die Gott lieben und fürchten‹, sagt Raleigh, ›werden beeinflußt von jenem göttlichen Licht selbst, während der Glanz der Sonne und der der Sterne von Plato nichts als ein Schatten genannt wird. *Lumen est umbra Dei, Deus est Lumen Luminis.* Das Licht ist der Schatten vom Glanz Gottes, der das Licht des Lichtes ist‹ und, so können wir hinzufügen, die Glut der Glut. Die Liebe ist der Wind, die Gezeiten, die Wellen, der Sonnenschein. Ihre Kraft ist unmeßbar; sie beträgt viele Pferdestärken. Sie endet nie, sie läßt nie nach; sie kann den Erdball umrunden ohne Rast; sie kann wärmen ohne Feuer; sie kann nähren ohne Fleisch; sie kann kleiden ohne Kleider; sie kann beherbergen ohne Dach; sie kann ein Paradies im Innern schaffen, das ein äußeres Paradies entbehrlich macht. Doch obwohl sich die klügsten Männer zu allen Zeiten bemüht haben, diese Kraft zu verkündigen, und jedes menschliche Herz sie früher oder später mehr oder weniger zu spüren bekommt, wie wenig wird doch tatsächlich verwandt für soziale Ziele! Es stimmt, sie ist die Triebkraft aller erfolgreichen sozialen Maschinerie; doch wie in der Physik haben wir die Elemente veranlaßt, nur ein wenig Plackerei für uns zu tun: den Dampf, den Platz von ein paar Pferden einzunehmen, den Wind den von ein paar Rudern, das Wasser den von ein paar Kurbeln und Handmühlen; und wie die mechanischen Kräfte noch nicht freigebig und großzügig angewandt worden sind, um die physische Welt dem Ideal ähnlich zu machen, so ist die Kraft der Liebe bisher nur knauserig und sparsam angewandt worden. Sie hat nur solche Maschinen patentiert wie das Armenhaus, das Krankenhaus und die Bibelgesellschaft, während ihr endloser Wind noch immer weht und von Zeit zu Zeit auch ebendiese Bauten umbläst. Noch weniger speichern wir ihre Kraft, bereiten wir uns darauf vor, zu einem künftigen Zeitpunkt mit größerer Energie zu handeln. Sollen wir also unsere Aktien nicht zu diesem Unternehmen beisteuern?

Leben ohne Grundsätze

(›Atlantic Monthly‹, Boston, Oktober 1863)

In einem Lyceum merkte ich unlängst, daß der Vortragende ein Thema gewählt hatte, das ihm selbst zu fern lag, und so weckte er mein Interesse nicht in dem Maße, wie er es hätte tun können. Er beschrieb Dinge, die nicht in seinem Herzen waren oder ihm nahe, sondern in seinen Extremitäten, an seiner Oberfläche: Es gab in diesem Sinn keinen wirklich zentralen oder einigenden Gedanken in dem Vortrag. Mir wäre es lieber gewesen, er hätte sich mit seinen geheimsten Erfahrungen befaßt, wie es der Dichter tut. Das größte Kompliment, das mir je gemacht wurde, bekam ich, als mich jemand fragte, *was ich dächte*, und sich für meine Antwort interessierte. Ich bin überrascht und erfreut, wenn das geschieht – es ist ein so seltener Gebrauch, den man von mir macht, so, als ob man mit einem Werkzeug vertraut wäre. Gewöhnlich, wenn die Leute etwas von mir wollen, geht es nur darum, wie viele Morgen ich aus ihrem Land mache – weil ich Landvermesser bin –, oder höchstens darum, welche belanglosen Nachrichten ich mir aufgebürdet habe. Sie gehen nie vor Gericht wegen meines Fleisches; sie ziehen die Schale vor. Einmal kam ein Mann von ziemlich weit her, um mich zu bitten, einen Vortrag über die Sklaverei zu halten; doch als ich mich mit ihm unterhielt, stellte ich fest, daß er und seine Clique erwarteten, daß sieben Achtel des Vortrags ihnen gehörten und nur ein Achtel mir; also lehnte ich ab. Wenn ich irgendwohin zu einem Vortrag eingeladen werde – ich habe einige Erfahrung in diesem Geschäft –, betrachte ich es als selbstverständlich, daß man zu hören wünscht, was *ich* über einen Gegenstand *denke*, und wäre ich auch der größte Narr im Lande, – und nicht, daß ich nur angenehme Dinge sage oder solche, denen das Publikum zustimmen wird; also nehme ich mir vor, ihnen eine starke Dosis meiner selbst zu verabreichen. Sie haben nach mir geschickt und sich verpflichtet, mich zu bezahlen, und ich bin entschlossen, daß sie mich bekommen sollen, auch wenn ich sie langweile wie niemand zuvor.

So möchte ich euch, meinen Lesern, jetzt etwas Ähnliches sagen. Da *ihr* meine Leser seid und ich nicht besonders weit gereist bin, werde ich nicht über Leute reden, die tausend Meilen weit weg sind, sondern der Heimat so nahe kommen, wie ich kann. Da die Zeit knapp ist, werde ich alle Schmeichelei fort – und alle Kritik stehenlassen.

Denken wir darüber nach, wie wir unser Leben zubringen.

Diese Welt ist ein Ort des Geschäfts. Was für ein ungeheures Getöse! Ich werde fast jede Nacht wach vom Keuchen der Lokomotive. Es stört meine Träume. Es gibt keinen Sonntag. Es wäre herrlich, die Menschheit einmal in Muße zu sehen. Da ist nichts als Arbeit, Arbeit, Arbeit. Ich kann kaum ein Notizbuch kaufen, um Gedanken einzutragen; sie sind für gewöhnlich mit Linien versehen für Dollars und Cents. Ein Ire, der sah, wie ich mir auf dem Feld eine Notiz machte, betrachtete es als selbstverständlich, daß ich gerade meinen Lohn ausrechnete. Wenn ein Mensch als Kind aus einem Fenster geworfen und so fürs Leben zum Krüppel gemacht worden ist oder von den Indianern große Angst eingejagt bekommen hat, wird das hauptsächlich deshalb bedauert, weil er dadurch untauglich gemacht wurde fürs – Geschäft! Ich glaube, es gibt nichts, nicht einmal das Verbrechen, was der Dichtung, der Philosophie, ja, dem Leben selbst so entgegengesetzt ist wie dieses unablässige Geschäft.

Es gibt am Rande unserer Stadt einen ungehobelten und lärmenden Geldscheffler, der sich unter dem Berg, seinen Wiesenrain entlang, einen Damm bauen will. Einflußreiche Leute haben ihm das in den Kopf gesetzt, um ihn für eine Weile zu beschäftigen, und nun möchte er, daß ich drei Wochen lang dort mit ihm zusammen grabe. Das Ergebnis wird sein, daß er vielleicht noch etwas mehr Geld bekommt, das er horten und seinen Erben hinterlassen kann, damit sie es unüberlegt ausgeben. Wenn ich das tue, werden mich die meisten als einen fleißigen und hart arbeitenden Menschen loben; wenn ich es aber vorziehe, mich gewissen Arbeiten zu widmen, die mehr wahren Gewinn bringen, wenn auch nur wenig Geld, werden sie wahrscheinlich geneigt sein, mich als Müßiggänger zu betrachten. Dennoch, da ich nicht die Ordnung einer sinnlosen Arbeit brauche, um mich zu lenken, und da ich absolut nichts Lobenswertes in dem Unternehmen dieses Menschen sehe – ebensowenig wie in vielen Unternehmen unserer eigenen oder auswärtiger Regierungen –, wie ergötzlich es für ihn oder sie auch sein mag, beende ich meine Ausbildung lieber in einer anderen Schule.

Wenn ein Mensch die Hälfte eines jeden Tages damit zubringt, in den Wäldern spazierenzugehen, weil er sie liebt, läuft er Gefahr, als Faulenzer angesehen zu werden; aber wenn er seinen ganzen Tag als Spekulant vertut, der diese Wälder abhauen und die Erde vorzeitig kahl werden läßt, wird er hoch geachtet als fleißiger und unternehmender Bürger. Als ob die Stadt kein anderes Interesse an ihren Wäldern hätte, als sie abzuholzen!

Die meisten Menschen würden sich beleidigt fühlen, wenn man ihnen als Beschäftigung vorschlüge, Steine über eine Mauer zu werfen und sie dann wieder zurückzuwerfen, nur damit sie vielleicht ihren Lohn verdienten. Aber heute haben viele keine würdigere Beschäftigung. Ein Beispiel: Eines Sommermorgens, kurz nach Sonnenaufgang, sah ich einen meiner Nachbarn neben seinem Gespann hergehen, das langsam einen unter der Achse befestigten schweren behauenen Stein zog, umgeben von einer Atmosphäre der Betriebsamkeit – seine Tagesarbeit hatte begonnen. Der Schweiß trat ihm auf die Stirn – ein Vorwurf gegen alle Faulpelze und Müßiggänger –, er hielt inne neben den Schultern seiner Ochsen, wandte sich halb um, seine gnädige Peitsche schwingend, während sie an ihm vorbeizogen. Und ich dachte, das ist nun die Arbeit, zu deren Schutz der Amerikanische Kongreß besteht: ehrliche, mannhafte Plackerei – so ehrlich, wie der Tag lang ist –, die ihm das Brot schmecken läßt und die Gesellschaft für ihn einnimmt – die alle Menschen achten und geheiligt haben: einer aus der heiligen Schar derer, die die notwendige, aber lästige Schinderei auf sich nehmen. Tatsächlich empfand ich einen leisen Vorwurf, weil ich das Ganze von einem Fenster aus beobachtete und mich nicht draußen bei einem ähnlichen Geschäft rührte. Der Tag verging, und am Abend kam ich am Hof eines anderen Nachbarn vorüber, der viele Dienstboten hält und viel Geld auf törichte Art ausgibt, während er dem Gemeingut nichts hinzufügt, und dort sah ich den Stein vom Morgen neben einem seltsamen Bau liegen, dazu bestimmt, das Grundstück dieses Lord Timothy Dexter zu schmücken, und in meinen Augen schwand sogleich alle Würde aus des Fuhrmanns Arbeit. Nach meiner Ansicht wurde die Sonne gemacht, um auf ehrenwertere Plackerei als auf diese zu scheinen. Ich darf hinzufügen, daß sich dieser Arbeitgeber – verschuldet an einen großen Teil der Stadt – inzwischen davongemacht und nach einem Konkursverfahren anderswo niedergelassen hat, um dort wiederum ein Förderer der Künste zu werden.

Die Wege, auf denen ihr zu Geld kommen könnt, führen fast ausnahmslos nach unten. Etwas getan zu haben, wodurch ihr *nur* Geld verdient habt, heißt wahrhaftig müßig gewesen zu sein – oder Schlimmeres. Wenn der Arbeiter nicht mehr bekommt als den Lohn, den ihm sein Arbeitgeber zahlt, wird er betrogen, betrügt er sich selbst. Wenn man als Schriftsteller oder Redner zu Geld kommen will, muß man populär sein, und das ist: senkrechter Abstieg. Jene Dienste, für die die Gesellschaft am bereitwilligsten zahlt, sind am unangenehmsten zu leisten. Du wirst dafür bezahlt, etwas weniger zu sein als ein Mensch. Der Staat belohnt ein Genie für gewöhnlich nicht weiser. Selbst der Poeta laureatus sähe es lieber, müßte er nicht die Ereignisse in Fürstenhäusern feiern. Er muß mit einem Schlauch Wein bestochen werden;

und vielleicht wird gar ein anderer Dichter von seiner Muse weggerufen, um ebendiesen Schlauch zu eichen. Was mein eigenes Geschäft angeht, so wollen meine Auftraggeber die Art von Landvermessung, die mich am meisten befriedigen würde, nicht haben. Sie würden es vorziehen, wenn ich meine Arbeit ungenau und nicht zu gut, ja, nicht gut genug machte. Wenn ich sage, daß es unterschiedliche Arten der Landvermessung gibt, fragt mich mein Auftraggeber gewöhnlich, welche ihm das meiste Land einbringt, nicht, welche am genauesten ist. Ich habe einmal einen Meßstab zum Abmessen von Klafterholz erfunden und versucht, ihn in Boston einzuführen; aber der Vermesser dort sagte mir, die Verkäufer wünschten nicht, daß ihr Holz richtig abgemessen werde – daß schon er für sie zu genau sei und sie sich deshalb ihr Holz gewöhnlich in Charlestown abmessen ließen, ehe sie die Brücke überschritten.

Das Ziel des Arbeiters sollte nicht sein, daß er sich seinen Lebensunterhalt verdient und ›einen guten Job‹ bekommt, sondern daß er eine bestimmte Arbeit gut ausführt; und sogar in finanzieller Hinsicht wäre es eine Ersparnis für eine Stadt, wenn sie ihre Arbeiter so gut bezahlte, daß sie nicht das Gefühl hätten, für niedere Zwecke, zum Beispiel nur für ihren Lebensunterhalt, zu arbeiten, sondern für wissenschaftliche oder gar moralische Zwecke. Stellt nicht den Mann ein, der eure Arbeit um des Geldes willen tut, sondern den, der sie aus Liebe zur Sache tut.

Es ist bemerkenswert, daß es nur wenige Leute gibt, die so gut und ihren Vorstellungen entsprechend beschäftigt sind, daß nicht ein bißchen Geld oder Ruhm sie gewöhnlich von ihrer gegenwärtigen Betätigung loskaufen könnte. Ich sehe Anzeigen, in denen nach *aktiven* jungen Männern gesucht wird, als ob Aktivität das ganze Kapital eines jungen Mannes wäre! Doch bin ich immer überrascht gewesen, wenn mir, einem erwachsenen Mann, jemand zuversichtlich vorschlug, in eines seiner Unternehmen einzusteigen, als ob ich absolut nichts zu tun hätte und mein Leben bisher ein vollständiger

Fehlschlag gewesen sei. Was für ein zweifelhaftes Kompliment für mich! Als ob er mir mitten auf dem Ozean begegnet wäre, wie ich gegen den Wind segelte, aber ohne Ziel, und mir vorgeschlagen hätte, mich ihm anzuschließen! Wenn ich es täte, was glaubt ihr, würden die Versicherer sagen? Nein, nein! Ich bin nicht ohne Beschäftigung in diesem Stadium der Reise. Um die Wahrheit zu sagen: Ich sah einmal, als ich als Junge durch meinen Heimathafen bummelte, eine Anzeige, mit der man Vollmatrosen suchte, und sobald ich volljährig war, schiffte ich mich ein.

Die Gesellschaft hat keinerlei Bestechungsmittel, einen weisen Menschen in Versuchung zu führen. Ihr könnt vielleicht genug Geld aufbringen, um einen Tunnel durch einen Berg zu bauen, aber ihr könnt nicht genug Geld aufbringen, einen Menschen einzustellen, der sich um *seine eigenen* Angelegenheiten kümmert. Ein fähiger und wertvoller Mensch tut, was er kann, ob ihn die Gesellschaft dafür bezahlt oder nicht. Die Unfähigen bieten ihre Unfähigkeit dem Meistbietenden an und erwarten immer, in ein Amt eingesetzt zu werden. Man darf annehmen, daß sie selten enttäuscht worden sind.

Vielleicht bin ich mehr als gewöhnlich auf meine ›Freiheit‹ bedacht. Ich glaube, daß meine Beziehung zur Gesellschaft und meine Verpflichtung gegen sie noch sehr leicht und flüchtig sind. Die geringfügigen Arbeiten, die mir einen Lebensunterhalt gewähren und durch die ich meinen Mitmenschen einigermaßen nützlich sein kann, machen mir bisher im allgemeinen Vergnügen, und ich werde nicht oft daran erinnert, daß sie eine Notwendigkeit sind. Bisher bin ich erfolgreich. Aber ich sehe voraus, daß, sollten meine Bedürfnisse sehr zunehmen, die Arbeit, die nötig wäre, sie zu befriedigen, zur Schinderei werden würde. Wenn ich der Gesellschaft sowohl meine Vormittage als auch meine Nachmittage verkaufte, wie es die meisten zu tun scheinen, dann bliebe für mich sicher nichts mehr übrig, für das zu leben sich lohnte. Ich hoffe, daß ich so nie meine Erstgeburt für ein Linsengericht verkaufen werde. Ich möchte behaupten, daß ein Mensch sehr fleißig sein kann, ohne daß er seine Zeit gut nützt. Es gibt keinen schlimmeren Tölpel als den, der den größeren Teil seines Lebens damit vergeudet, sich seinen Lebensunterhalt zu verdienen. Alle großen Unternehmungen tragen sich selbst. Der Dichter zum Beispiel muß seinen Körper durch seine Dichtkunst erhalten, so wie eine Dampfhobelwerkstatt ihre Kessel mit den Spänen heizt, die sie erzeugt. Ihr müßt euch euren Lebensunterhalt durch Lieben verdienen. Aber wie man von den Kaufleuten sagt, daß siebenundneunzig von hundert scheitern, so ist nach diesem Maßstab das Leben der Menschen im allgemeinen ein Scheitern, und der Bankrott kann mit Sicherheit prophezeit werden.

Nur auf die Welt zu kommen als Erbe eines Vermögens heißt: nicht geboren zu sein, oder vielmehr: tot geboren zu sein. Von Almosen von Freunden oder von einer Staatsrente zu leben – vorausgesetzt, ihr atmet weiter – heißt, ins Armenhaus zu gehen, wie schön ihr diese Verhältnisse auch umschreiben mögt. Sonntags geht der arme Schuldner in die Kirche, um Bilanz zu ziehen, und stellt natürlich fest, daß seine Ausgaben größer waren als seine Einnahmen. Besonders in der katholischen Kirche tritt man vors Gericht, legt eine umfassende Beichte ab, gibt alles preis und denkt an einen neuen Anfang. So liegen die Menschen längelang am Boden, reden vom Sündenfall und machen nie einen Versuch aufzustehen.

Vergleicht man die Ansprüche, die die Menschen an das Leben stellen, so zeigt sich ein wichtiger Unterschied: von zweien ist der eine zufrieden mit einem mäßigen Erfolg, mit Zielen, die alle auf kürzeste Entfernung zu treffen sind, während der andere, wie niedrig und erfolglos sein Leben auch sein mag, sein Ziel ständig erhöht, wenn auch in sehr flachem Winkel gegen den Horizont. Ich wollte viel lieber der letztere sein – obwohl, wie man im Orient sagt, ›Größe nicht zu dem kommt, der stets nach unten blickt; und alle, die hoch hinaufblicken, arm werden‹.

Es ist bemerkenswert, daß wenig oder nichts Denkwürdiges darüber geschrieben wurde, wie man seinen Lebensunterhalt bestreitet; wie man das Bestreiten des Lebensunterhalts nicht nur ehrlich und ehrenwert, sondern ganz und gar verlockend und ruhmvoll macht, denn wenn es der Lebensunterhalt nicht ist, dann ist es das Leben nicht. Sieht man sich die Literatur an, so könnte man denken, daß diese Frage niemals einen einzigen Menschen in seinen Betrachtungen gestört hätte. Rührt das daher, daß die Menschen ihre Erfahrungen zu sehr verabscheuen, um davon zu sprechen? Die wertvolle Lehre, die das Geld uns erteilt und die uns beizubringen der Schöpfer des Universums sich so große Mühe gegeben hat, sind wir geneigt, gänzlich zu übersehen. Was die Mittel zum Leben angeht, so ist es erstaunlich, wie gleichgültig die Menschen aller Klassen – selbst sogenannte Reformer – dagegen sind, ob sie sie erben, verdienen oder stehlen. Ich denke, daß die Gesellschaft in dieser Hinsicht nichts für uns getan hat, oder sie hat zumindest ungeschehen gemacht, was sie getan hat. Kälte und Hunger erscheinen meiner Natur freundlicher als die Methoden, die Menschen sich zu eigen gemacht haben und anraten, um jene abzuwehren.

Die Bezeichnung *weise* wird meistens falsch verwendet. Wie kann einer ein weiser Mensch sein, wenn er nicht besser als andere zu leben versteht, wenn er nur schlauer und durchtriebener ist? Arbeitet die Weisheit in einer Tretmühle? Oder lehrt sie *durch ihr Beispiel*, erfolgreich zu sein? Gibt es so etwas wie Weisheit, die sich nicht aufs Leben bezieht? Ist sie nur der Müller, der die feinste Logik mahlt? Ist es richtig zu fragen, ob Plato seinen *Lebensunterhalt* auf bessere Art oder erfolgreicher bestritt als seine Zeitgenossen – oder erlag er den Schwierigkeiten des Lebens wie andere Menschen? Schien er sich gegen einige von ihnen nur durch Gleichgültigkeit zu behaupten oder durch imposantes Auftreten? Oder fand er das Leben leichter, weil seine Tante ihn in ihrem Testament bedacht hatte? Die Art und Weise, wie die meisten Menschen ihren Lebensunterhalt bestreiten, das heißt, wie sie leben, ist bloßer Notbehelf, ein Ausweichen vor dem wirklichen Geschäft des Lebens – hauptsächlich, weil sie es nicht besser wissen, aber zum Teil auch, weil sie es nicht besser wollen.

Der Ansturm auf Kalifornien zum Beispiel und die Haltung nicht nur von Kaufleuten, sondern auch von sogenannten Philosophen und Propheten dazu bringen die größte Schande über die Menschheit. Daß so viele bereit sind, vom Glück zu leben und so die Mittel zu erlangen, um über die Arbeit von anderen, weniger Glücklichen zu verfügen, ohne irgendeinen Beitrag für die Gesellschaft zu leisten! Und das nennt man Unternehmungsgeist! Ich kenne keine bestürzendere Entwicklung der Unmoral des Handels und all der gewöhnlichen Arten, den Lebensunterhalt zu bestreiten. Die Philosophie und die Dichtkunst und die Religion einer solchen Menschheit sind nicht den Staub eines Bovists wert. Das Schwein, das sich ernährt, indem es die Erde aufwühlt, würde sich solcher Gesellschaft schämen. Und wenn ich über den Reichtum der ganzen Welt durch einen Wink meines Fingers gebieten könnte, ich würde nicht einen *solchen* Preis dafür zahlen. Selbst Mohammed wußte, daß Gott diese Welt nicht im Scherz erschuf. Hier aber macht man Gott zu einem vermögenden Herrn, der eine Handvoll Pennies umherstreut, um zu sehen, wie die Menschen sich darum balgen. Die Verlosung der Welt! Ein Auskommen im Reich der Natur ein Ding, das man durchs Los zu gewinnen sucht! Was für ein Kommentar, was für eine Satire auf unsere Institutionen! Der Schluß wird sein, daß sich die Menschheit an einem Baum aufhängt. Und haben all die Gebote in all den Bibeln die Menschen nur dies gelehrt? Und ist die letzte und bewunderungswürdigste Erfindung der menschlichen Rasse nichts als eine verbesserte Mistgabel? Ist das der Boden, auf dem sich der Osten und der Westen treffen? Hat Gott uns gesagt, wir sollten unseren Lebensunterhalt bestreiten, indem wir graben, wo wir nie gepflanzt haben – und ER würde uns vielleicht mit Goldklumpen belohnen?

Gott gab dem redlichen Mann einen Berechtigungsschein für Nahrung und Kleidung, aber der unredliche Mann fand ein Faksimile davon in Gottes Schatzkammer, eignete es sich an und bekam dafür Nahrung und Kleidung wie der erste. Das ist eines der ausgedehntesten Fälschungssysteme, die die Welt je gesehen hat. Ich wußte nicht, daß die Menschheit leidet aus Mangel an Gold. Ich habe ein wenig davon gesehen. Ich weiß, daß es gut formbar ist, aber nicht so gut formbar wie Klugheit. Ein Gran Gold vergoldet eine große Fläche, aber nicht so viel wie ein Gran Weisheit.

Der Goldgräber in den Schluchten der Berge ist genauso ein Spieler wie sein Genosse in den Saloons von San Francisco. Was macht es für einen Unterschied, ob du Erde rüttelst oder Würfel schüttelst? Wenn du gewinnst, ist die Gesellschaft der Verlierer. Der Goldgräber ist der Feind des ehrlichen Arbeiters, welche Kontrollen, welchen Ausgleich es auch geben mag. Es genügt nicht, wenn du mir sagst, daß du hart gearbeitet hast für dein Gold. Der Teufel arbeitet auch hart. Der Weg von Übeltätern mag in vieler Hinsicht hart sein. Der bescheidenste Beobachter, der in die Minen geht, wird sehen und sagen, daß die Goldgräberei ihrer Natur nach eine Lotterie ist; das so erlangte Gold ist nicht dasselbe wie der Lohn ehrlicher Arbeit. Praktisch aber vergißt er, was er gesehen hat, denn er hat nur die Tatsache gesehen, nicht das Grundsätzliche, fängt dort ein Gewerbe an, das heißt, er kauft sich ein Los für etwas, das sich gewöhnlich auch als Lotterie erweist, nur daß die Tatsache nicht so offensichtlich ist.

Als ich eines Abends Howitts Bericht über die australischen Goldfelder gelesen hatte, stand mir die ganze Nacht hindurch alles vor meinem geistigen Auge: die vielen Täler mit ihren Bächen, alle durchschnitten von schlammigen Gruben, zehn bis einhundert Fuß tief und ein halbes Dutzend Fuß breit, so nahe beieinander wie nur möglich und zum Teil mit Wasser gefüllt – der Ort, zu dem die Männer wie rasend stürzen, um ihr Glück zu suchen, nicht sicher, wo sie graben sollen, ungewiß, ob das Gold nicht direkt unter ihrem Lager ist, manchmal einhundertsechzig Fuß grabend, bevor sie die Ader treffen, oder sie dann um einen Fuß verfehlend, in Dämonen verwandelt und in ihrer Gier nach Reichtum gleichgültig gegen die Rechte der anderen –, ganze Täler, dreißig Meilen weit, plötzlich wabenartig durchlöchert von den Gruben, in denen Hunderte ertrinken; im Wasser stehend, von Schlamm und Lehm bedeckt, arbeiten sie Tag und Nacht und sterben durch die Unbilden der Witterung und durch Krankheit. Nachdem ich das gelesen und zum Teil wieder vergessen hatte, mußte ich auch an mein eigenes unbefriedigendes Leben denken und daran, daß ich es machte wie die anderen; und dieses Bild von den Schürffeldern noch vor Augen, fragte ich mich, warum *ich* nicht täglich etwas Gold waschen könne, und wären es auch nur die feinsten Spuren, – warum *ich* nicht einen Schacht zu dem Gold in mir graben und diese Mine abbauen könne. *Das* ist dein Ballarat, dein Bendigo – und wenn es nur ein trübes Loch wäre? Auf jeden Fall könnte ich einem Pfad folgen, wie einsam und schmal und gewunden er auch sei, auf dem ich in Liebe und Ehrfurcht wandern könnte. Wo immer ein Mensch sich von der Menge trennt und in dieser Stimmung seinen eigenen Weg geht, da ist tatsächlich eine Weggabelung, auch wenn gewöhnliche Reisende vielleicht nur eine Lücke im Zaun sehen. Sein einsamer Pfad querfeldein wird sich als der *bessere Weg* von beiden erweisen.

Die Menschen stürmen nach Kalifornien und Australien, als ob das wahre Gold in dieser Richtung zu finden wäre; aber der Fundort liegt genau am entgegengesetzten Ende. Sie schürfen in immer größerer Entfernung von der wahren Ader und sind gerade dann am unglücklichsten, wenn sie am erfolgreichsten zu sein glauben. Ist nicht unsere *heimatliche* Erde goldhaltig? Fließt nicht ein Bach von den goldenen Bergen durch unser Heimattal? Und hat nicht er über längere als geologische Zeiträume für uns die glänzenden Spuren heruntergebracht und die Nuggets geformt? Doch es ist seltsam: Wenn ein

Goldgräber sich in die unerforschten Einsamkeiten um uns davonstiehlt, um nach diesem wahren Gold zu schürfen, besteht keine Gefahr, daß jemand seinen Schritten folgt oder versucht, ihn zu verdrängen. Er kann sein ganzes Leben lang in Frieden sogar das ganze Tal für sich abstecken und unterhöhlen, sowohl die bebauten als auch die unbebauten Teile, denn niemand wird ihm seinen Claim je streitig machen. Man wird nichts einwenden gegen seine Tröge. Er ist nicht beschränkt auf einen Claim von zwölf Fuß im Quadrat wie in Ballarat, er kann überall graben und die ganze weite Welt in seinem Trog waschen.

Howitt sagt von dem Mann, der das große Nugget, das achtundzwanzig Pfund wog, auf dem Schürffeld von Bendigo in Australien fand: ›Er fing bald zu trinken an; nahm sich ein Pferd und ritt überall herum, gewöhnlich in vollem Galopp, und wenn er Leuten begegnete, rief er sie an, um zu fragen, ob sie wüßten, wer er sei, und war dann so liebenswürdig, ihnen mitzuteilen, er sei ‚der arme Hund, der das Nugget gefunden hatte'. Schließlich ritt er mit voller Wucht gegen einen Baum und schlug sich fast den Schädel ein.‹ Ich glaube aber, daß diese Gefahr nicht bestand, denn er hatte sich den Schädel schon am Nugget eingeschlagen. Howitt fügt hinzu: ›Er ist ein hoffnungslos ruinierter Mann.‹ Aber er ist von diesem Schlag. Sie alle sind lose Vögel. Hört euch ein paar Namen der Orte an, wo sie graben: ›Eselsniederung‹, ›Schafskopfrinne‹, ›Mörderbar‹ usw. Steckt nicht etwas Satirisches in diesen Namen? Laßt sie ihren unrechtmäßigen Reichtum schaffen, wohin sie wollen, ich denke, es wird noch immer die ›Eselsniederung‹, wenn nicht gar die ›Mörderbar‹ sein, wo sie leben.

Die letzte Zuflucht für unsere Energie war nun die Plünderung von Friedhöfen auf dem Isthmus von Darien, ein Unternehmen, das erst in den Kinderschuhen zu stecken scheint; denn nach neueren Berichten hat ein Gesetz in zweiter Lesung das Parlament von Neugranada passiert, das diese Art von Bergbau ordnet, und ein Korrespondent der ›Tribune‹ schreibt: ›In der Trockenzeit, wenn das Wetter richtige Schürfarbeiten im Lande zuläßt, wird man zweifellos weitere reiche *guacas* (d. h. Friedhöfe) finden.‹ Den Auswanderern sagt er: ›Kommen Sie nicht vor Dezember; geben Sie der Isthmus-Route den Vorzug vor der über die Boca del Toro; führen Sie kein nutzloses Gepäck mit und belasten Sie sich nicht mit einem Zelt; aber zwei gute Decken werden nötig sein; eine Spitzhacke, eine Schaufel und eine Axt aus gutem Material sind fast alles, was gebraucht wird‹ – Ratschläge, die ›Burker's Guide‹ entnommen sein könnten. Und er schließt mit dieser Zeile in Kursivschrift und Kapitälchen: ›*Wenn es Ihnen zu Hause gut geht*, BLEIBEN SIE DORT‹, was gut auch so interpretiert werden kann: ›Wenn Sie durch Plünderung von Friedhöfen zu Hause Ihr gutes Auskommen haben, bleiben Sie dort.‹

Aber wozu in Kalifornien nach einem Thema suchen? Kalifornien ist das Kind Neuenglands, erzogen in dessen Schule und Kirche.

Es ist bemerkenswert, daß es unter all den Predigern so wenige Lehrer der Moral gibt. Die Propheten sind damit beschäftigt, die Sitten der Menschen zu entschuldigen. Ehrwürdige Greise, die *illuminati* dieser Zeit, sagen mir mit einem gütigen, nostalgischen Lächeln zwischen Sehnsucht und Schaudern, ich solle in diesen Dingen nicht so heikel sein, sondern mich mit allem abfinden, das heißt, einen Klumpen Gold aus allem machen. Der höchste Ratschlag, den ich zu diesen Themen gehört habe, war niedrig. Der Kern davon war: Es ist der Mühe nicht wert, daß du es auf dich nimmst, die Welt in diesem Punkt zu reformieren. Frag nicht, wie dein Brot gebuttert ist; es wird dich krank machen, wenn du fragst – und dergleichen mehr. Ein Mensch sollte lieber auf der Stelle verhungern, als seine Unschuld verlieren, während er sein Brot verdient. Wenn in einem verdorbenen Menschen nicht ein unverdorbener steckt, dann ist er nichts als einer von des Teufels Engeln. Wenn wir älter werden, werden wir roher, wir lassen in unserer Selbstdisziplin etwas nach, und wir hören in gewissem Grade auf, unseren feinsten Instinkten zu gehorchen. Aber wir sollten es mit der geistigen Gesundheit äußerst genau nehmen und uns nicht um die Spöttereien jener kümmern, die unglücklicher sind als wir.

Selbst in unserer Wissenschaft und in unserer Philosophie gibt es gemeinhin keine wahre und absolute Bewertung der Dinge. Der Geist von Sektierern und Frömmlern hat seinen Pferdefuß zwischen die Sterne gesetzt. Ihr braucht nur das Problem zu diskutieren, ob die Sterne bewohnt sind oder nicht, um das zu entdecken. Warum müssen wir sowohl den Himmel als auch die Erde besudeln? Es war eine unglückselige Entdeckung, daß Dr. Kane Freimaurer war und Sir John Franklin ebenfalls. Aber noch schrecklicher war die Unterstellung, daß das vielleicht der Grund gewesen sei, weshalb der erstere auf die Suche nach dem letzteren ging. Es gibt nicht eine populäre Zeitschrift in diesem Land, die es wagen würde, die Überlegung eines Kindes zu wichtigen Themen ohne Kommentar zu drucken. Sie muß den D.D.s, den theologischen Weisen, vorgelegt werden. Ich wollte, es wären die schwarzköpfigen Meisen.

Man kommt von der Beerdigung der Menschheit, um sich einem Naturphänomen zu widmen. Ein wenig Nachdenken ist der Totengräber der ganzen Welt.

Ich kenne kaum einen *intelligenten* Menschen, der so tolerant und wahrhaft liberal ist, daß man in seiner Gesellschaft laut denken kann. Die meisten, mit denen ihr zu reden sucht, kommen bald zum Stehen vor einer Einrichtung, an der sie beteiligt zu sein scheinen – das heißt, vor einer beschränkten, keiner allumfassenden Art, die Dinge zu sehen. Sie schieben ständig ihr eigenes niedriges Dach mit seiner schmalen Dachluke zwischen euch und den Himmel, wenn ihr den unversperrten Himmel sehen wollt. Weg mit euren Spinnweben, putzt eure Fenster, sage ich! In einigen Abendschulen sagt man mir, daß man dafür gestimmt hat, das Fach Religion abzuschaffen. Aber wie kann ich wissen, was ihre Religion ist und wann ich nahe daran bin oder weit weg davon? Ich bin in eine solche Arena getreten und habe mein möglichstes getan, um mir von der Seele zu reden, wie ich bekehrt worden bin, und die Zuhörer hatten keine Ahnung, wovon ich redete. Für sie war der Vortrag so harmlos wie Mondschein. Hätte ich ihnen dagegen die Biographien der größten Schurken der Geschichte vorgelesen, so hätten sie vielleicht gedacht, ich hätte die Lebensgeschichten der Geistlichen ihrer Kirche geschrieben. Gewöhnlich wird gefragt: ›Wo kommst du her?‹ oder: ›Wo gehst du hin?‹ Die Frage, die ich einmal einen meiner Zuhörer einem anderen stellen hörte, war treffender: ›Wozu hält er den Vortrag?‹ Das ließ mich erbeben.

Vorurteilslos gesprochen: Die besten Menschen, die ich kenne, sind nicht heiter und gelassen, sie sind nicht eine ›Welt in sich‹. Größtenteils verharren sie in Förmlichkeiten, sie schmeicheln und sind auf Wirkung bedacht – nur subtiler als die übrigen. Wir wählen Granit für den Unterbau unserer Häuser und Scheunen; wir bauen Gehege aus Stein; aber wir selbst ruhen nicht auf einem Unterbau aus granitener Wahrheit, dem tiefsten Urgestein. Unsere Grundschwellen sind morsch. Aus welchem Stoff ist der Mensch gemacht, der in unserem Denken nicht eins ist mit der reinsten und feinsten Wahrheit? Ich bezichtige oft meine vornehmsten Bekannten einer enormen Oberflächlichkeit; zwar gibt es Umgangsformen und Höflichkeiten, an die wir uns nicht halten, doch wir geben einander nicht die Lehren der Ehrlichkeit und Aufrichtigkeit wie die Tiere und nicht die der Beständigkeit und Festigkeit wie die Felsen. Der Fehler ist jedoch gewöhnlich gegenseitig, denn üblicherweise verlangen wir voneinander nicht mehr.

Diese Aufregung um Kossuth, bedenkt, wie bezeichnend, aber auch wie oberflächlich sie war! – nur eine andere Art von Politik oder Tanz. Im ganzen Land hielten Männer Reden auf ihn, doch jeder drückte nur die Gedanken der Menge aus oder ihren Mangel an Gedanken. Niemand bestand auf der Wahrheit. Sie waren nur miteinander verbunden wie gewöhnlich, einer auf den anderen sich stützend und alle zusammen auf nichts; so, wie die Hindus die Welt auf einem Elefanten ruhen ließen, den Elefanten auf einer Schildkröte, und die Schildkröte auf einer Schlange, und unter der Schlange kam dann nichts mehr. Alles, was für uns bei dem Wirbel herauskam, ist der Kossuth-Hut.

Genauso hohl und wirkungslos ist zum größten Teil unsere gewöhnliche Unterhaltung. Oberfläche trifft auf Oberfläche. Wenn unser Leben aufhört, nach innen gewandt und privat zu sein, verkommt Unterhaltung zu bloßem Klatsch. Wir treffen selten einen Menschen, der uns irgend etwas Neues erzählen kann, das er nicht in einer Zeitung gelesen oder von seinem Nachbarn gehört hat; und meistens ist der einzige Unterschied zwischen uns und unserem Mitmenschen der, daß er die Zeitung gelesen hat oder woanders zum Tee war und wir nicht. In dem Maß, in dem unser inneres Leben versiegt, gehen wir ausdauernder und verzweifelter zum Postamt. Ihr könnt euch darauf verlassen, daß der arme Kerl, der mit der größten Anzahl von Briefen herauskommt, stolz auf seine ausgedehnte Korrespondenz, von sich selbst schon lange nichts mehr gehört hat.

Ich weiß nicht, ob es nicht schon zuviel ist, pro Woche eine Zeitung zu lesen. Ich habe das neulich versucht, und mir scheint, daß ich für diese Zeit nicht in meiner heimatlichen Gegend gewohnt habe. Die Sonne, die Wolken, der Schnee, die Bäume sagen mir dann nicht so viel. Man kann nicht zwei Herren dienen. Es braucht mehr als einen Tag der Andacht, um den Reichtum eines Tages zu erkennen und zu besitzen.

Wir sollten uns eigentlich schämen zu erzählen, was wir an einem Tag gelesen oder gehört haben. Ich weiß nicht, warum die Nachrichten von mir so nichtig sein sollen, wenn man bedenkt, welche Träume und Erwartungen man hat, und warum deren Entwicklung so unbedeutend sein soll. Die Nachrichten, die wir hören, sind meistens keine Neuigkeiten für unseren Geist. Sie sind die schalste Wiederholung. Ihr seid oft versucht zu fragen, warum so großes Gewicht gelegt wird auf eine besondere Erfahrung, die ihr gemacht habt – daß ihr nach fünfundzwanzig Jahren Hobbins, dem Urkundenregistrator, wieder auf dem Bürgersteig begegnet? Habt Ihr euch also nicht einen Zoll von der Stelle bewegt? Von dieser Art sind die täglichen Nachrichten. Ihre Tatsachen scheinen in der Atmosphäre zu schweben, unbedeutend wie die Sporen von Pilzen, und auf irgendeinen vernachlässigten *thallus* zu fallen oder auf unsere geistige Oberfläche, die ihnen eine Grundlage bietet, und daher das schmarotzerhafte Wachstum. Wir sollten solche Nachrichten von uns abwaschen. Welche Folge hätte es schon, wenn unser Kontinent explodierte, wenn von dieser Explosion keine Persönlichkeit betroffen wäre? Sind wir gesund, so sind wir nicht im geringsten neugierig auf solche Ereignisse. Wir leben nicht zum oberflächlichen Vergnügen. Ich würde nicht einmal um die Ecke laufen, um die Welt in die Luft fliegen zu sehen.

Den ganzen Sommer und vielleicht weit in den Herbst hinein seid ihr unbewußt an den Zeitungen vorübergegangen, und jetzt stellt ihr fest, es lag daran, daß für euch der Morgen und der Abend voller Nachrichten waren. Eure Gänge waren voller Begebenheiten. Ihr habt euch nicht um die Angelegenheiten Europas gekümmert, sondern um eure eigenen Angelegenheiten auf den Feldern von Massachusetts. Wenn ihr zufällig in jener dünnen Schicht lebt und euch bewegt und euer Sein habt, in der die Ereignisse, die die Nachrichten ausmachen, sich zutragen – dünner als das Papier, auf dem sie gedruckt werden – dann werden diese Dinge für euch die Welt ausfüllen; aber wenn ihr euch über diese Ebene erhebt oder unter sie taucht, könnt ihr nicht daran denken und nicht daran erinnert werden. Wirklich die Sonne täglich auf- und untergehen zu sehen und uns so mit einer universellen Tatsache in Beziehung zu bringen, würde uns ewig gesund erhalten. Nationen! Was sind Nationen! Tataren und Hunnen und Chinesen! Insekten gleich, schwärmen sie. Der Historiker versucht vergeblich, ihr Andenken zu bewahren. Weil es an einem Menschen fehlt, gibt es so viele Menschen. Es sind einzelne, die die Welt bevölkern. Jeder denkende Mensch kann mit dem Geist von Lodin sagen:

›Ich blick hinunter auf Nationen,
Und sie werden zu Asche vor mir; –
Still ist mein Heim in den Wolken;
Freundlich sind die weiten Gefilde meiner Ruh.‹

Bitte, laßt uns leben, ohne daß wir wie Eskimos von Hunden gezogen werden, die über Berg und Tal rasen und einander in die Ohren beißen.

Nicht ohne ein leichtes Schaudern vor der Gefahr bemerke ich oft, wie nahe ich daran war, in meinen Kopf die Einzelheiten irgendeiner banalen Angelegenheit einzulassen – die Nachrichten der Straße; und ich beobachte mit Erstaunen, wie leicht die Leute gewillt sind, ihre Köpfe mit solchem Müll vollzustopfen – eitlen Gerüchten und Vorfällen unbedeutendster Art zu gestatten, in ein Gebiet einzudringen, das dem Gedanken geweiht sein sollte. Soll der Kopf eine öffentliche Arena sein, wo vor allem die Angelegenheiten der Straße und der Klatsch vom Teetisch besprochen werden? Oder soll er ein Bezirk des Himmels selbst sein – ein Hypäthraltempel, geweiht dem Dienst an den Göttern? Mir fällt es so schwer, die wenigen Tatsachen zu ordnen, die für mich wichtig sind, daß ich zögere, meine Aufmerksamkeit mit jenen zu belasten, die unwichtig sind, die nur ein göttlicher Geist erläutern könnte. Von der Art sind meistens die Nachrichten in Zeitungen und Gesprächen. Es ist wichtig, die Keuschheit des Geistes in dieser Hinsicht zu bewahren. Wenn wir uns vorstellen, wir könnten die Details eines einzigen Kriminalfalls in unsere Gedanken einlassen, so daß sie lästerlich durch das *sanctum sanctorum* schleichen, eine Stunde lang, ja, viele Stunden lang! – daß sie aus der innersten Wohnung unseres Geistes eine Kneipe machen, als ob uns so lange der Staub der Straße beschäftigt hätte – ja als ob die Straße selbst, mit all ihrem Verkehr, ihrem Gewühl und ihrem Dreck durch den Schrein unserer Gedanken gegangen wäre! Wäre das nicht geistiger und moralischer Selbstmord? Als ich gezwungen war, als Zuschauer und Zuhörer einige Stunden in einem Gerichtssaal zu sitzen und meine Nachbarn beobachtete, die dazu nicht gezwungen waren und die sich von Zeit zu Zeit hereinstahlen und auf Zehenspitzen herumschlichen, mit frisch gewaschenen Händen und Gesichtern, dann erschien es mir, wenn sie ihre Hüte abnahmen, vor meinem geistigen Auge so, als ob ihre Ohren sich plötzlich zu riesigen Schalltrichtern ausweiteten, zwischen denen selbst ihre schmalen Köpfe zusammengepreßt wurden. Wie die Flügel von Windmühlen fingen sie den breiten, aber seichten Schallstrom ein, der, nach einigen kitzelnden Drehungen in ihren Hirnen, auf der anderen Seite wieder herauskam. Ich fragte mich, ob sie, wenn sie nach Hause kämen, ihre Ohren genauso sorgfältig waschen würden wie zuvor Hände und Gesicht. Mir schien bei solcher Gelegenheit, daß die Zuhörer und die Zeugen, die Geschworenen und der Anwalt, der Richter und der Verbrecher – wenn ich ihn als schuldig ansehen darf, bevor er überführt ist – alle gleichermaßen verbrecherisch seien und man erwarten könne, daß ein Blitzstrahl herniederfahren und sie alle vernichten werde.

Haltet solche Unbefugte mit allen möglichen Fallen und Schildern unter Androhung der härtesten Strafen des göttlichen Rechts von dem einzigen Gelände fern, das euch heilig sein muß. Es ist so schwer, das zu vergessen, an das sich zu erinnern schlimmer als unnütz ist! Wenn ich ein Durchlaß sein soll, dann möchte ich es lieber für die Bergbäche, für die parnassischen Ströme sein und nicht für die städtischen Kloaken. Es gibt die Inspiration, jenen Klatsch, der ans Ohr des aufmerksamen Kopfes dringt aus den Gerichtssälen des Himmels. Es gibt die lästerliche und schale Offenbarung der Kneipe und des Polizeigerichts. Ein und dasselbe Ohr ist geeignet, beide Botschaften zu empfangen. Nur der Charakter des Hörers bestimmt, für welche es offen ist und für welche geschlossen. Ich glaube, daß der Geist auf Dauer entweiht werden kann durch die Gewohnheit, nichtige Dinge aufzunehmen, so daß alle unsere Gedanken einen Anstrich von Nichtigkeit erhalten. Unser Verstand soll sozusagen beschottert, sein Fundament soll in Stücke gebrochen werden, damit Räder darüberrollen können;

und wenn ihr wissen wollt, was das haltbarste Pflaster ist, besser als gewalzter Kies, Fichtenklötze und Asphalt, braucht ihr nur in einige unserer Köpfe zu schauen, die dieser Behandlung lange Zeit ausgesetzt waren.

Wenn wir uns entweiht haben – und wer hat das nicht getan? –, dann wird das Heilmittel sein, uns durch Behutsamkeit und Hingabe neu zu weihen und aus unserem Kopf wieder einen Tempel zu machen. Wir sollten unsere Köpfe, uns selbst also, behandeln wie unschuldige und begabte Kinder, deren Hüter wir sind, und wir sollten achtgeben, auf welche Gegenstände und welche Themen wir ihre Aufmerksamkeit stoßen. Lest nicht die ›Times‹. Lest die Ewigkeit. Festhalten an Herkömmlichem ist schließlich genauso schlimm wie Unreinheit. Selbst die Tatsachen der Wissenschaft können den Geist einstauben lassen durch ihre Trockenheit, wenn sie nicht jeden Morgen gewissermaßen weggewischt oder vielmehr fruchtbar gemacht werden durch den Tau frischer und lebendiger Wahrheit. Wissen kommt nicht zu uns durch Einzelheiten, sondern in Lichtblitzen vom Himmel. Ja, jeder Gedanke, der uns durch den Kopf geht, hilft, den Geist zu verschleißen und die Geleise zu vertiefen, die, wie in den Straßen von Pompeji, beweisen, wie häufig er benutzt worden ist. Wie viele Dinge gibt es, hinsichtlich deren wir erwägen sollten, ob es besser wäre, wenn wir sie kennen würden – wenn wir ihre Trödlerkarren, und sei es in der langsamsten Gangart, über jene herrlich weit gespannte Brücke fahren ließen, auf der wir endlich vom fernsten Rand der Zeit hinüber zum nächsten Ufer der Ewigkeit zu gelangen hoffen! Haben wir keine Bildung, keine Kultur, sondern nur die Fähigkeit, ein rohes Leben zu führen und dem Teufel zu dienen – etwas weltlichen Reichtum oder Ruhm zu erwerben oder etwas weltliche Freiheit, und damit eine Scheinvorstellung zu geben, als ob wir ganz Schale und Hülse wären ohne zarten und lebendigen Kern in uns? Sollen unsere Einrichtungen wie jene Kastanienschalen sein, die taube Früchte enthalten und nur darin vortrefflich sind, daß sie uns in die Finger stechen?

Amerika, so sagt man, ist die Arena, in der die Schlacht um die Freiheit ausgefochten werden soll; doch sicher kann damit nicht Freiheit in einem nur politischen Sinn gemeint sein. Selbst wenn wir zugeben, daß sich der Amerikaner von einem politischen Tyrannen befreit hat, ist er doch noch der Sklave eines ökonomischen und moralischen Tyrannen. Nachdem jetzt die Republik – die *res publica* – etabliert worden ist, ist es an der Zeit, sich um die *res privata* – die Sache des einzelnen – zu kümmern, um darauf zu achten, wie der römische Senat seinen Konsuln auftrug, ›*ne quid res* PRIVATA *detrimenti caperet*‹, daß ›nicht die Sache des *einzelnen* Schaden leide‹.

Nennen wir dies nicht das Land der Freien? Was bedeutet es, von König George frei zu sein und Sklaven von König Vorurteil zu bleiben? Was bedeutet es, frei geboren zu sein und nicht frei zu leben? Welchen Wert hat irgendeine politische Freiheit, wenn sie nicht ein Mittel ist zu moralischer Freiheit? Ist es die Freiheit, Sklaven zu sein, oder die Freiheit, frei zu sein, deren wir uns rühmen? Wir sind eine Nation von Politikern, besorgt nur um die äußeren Befestigungen der Freiheit. Unsere Kindeskinder werden vielleicht wirklich frei sein. Wir besteuern uns ungerecht. Es gibt einen Teil von uns, der nicht vertreten ist. Das ist Besteuerung ohne Vertretung. Wir quartieren Truppen, wir quartieren Narren und alles mögliche Vieh bei uns ein. Wir quartieren unsere plumpen Leiber bei unseren armen Seelen ein, bis die ersteren die ganze Substanz der letzteren aufgezehrt haben.

Was wahre Bildung und wahres Menschsein angeht, so sind wir im wesentlichen noch immer provinziell, nicht hauptstädtisch – bloße Jonathans. Wir sind provinziell, weil wir unsere Maßstäbe nicht zu Hause entdekken; weil wir nicht die Wahrheit verehren, sondern den Abglanz der Wahrheit; weil wir verbogen und eingeengt sind durch unsere ausschließliche Hingabe an Handel und Gewerbe und Produktion und Landwirtschaft und dergleichen, die nur Mittel sind und nicht der Zweck.

Ebenso ist das englische Parlament provinziell. Bloße Bauerntölpel, die sich verraten, sobald sie irgendwelche bedeutenderen Fragen zu entscheiden haben, die Irische Frage zum Beispiel – warum sage ich nicht: die englische Frage? Ihr Wesen ist ihrer Arbeit unterworfen. Ihre ›gute Erziehung‹ schätzt nur nebensächliche Dinge. Die feinsten Manieren der Welt sind nur Unbeholfenheit und Einfältigkeit, verglichen mit einer feineren Intelligenz. Sie wirken wie die Mode vergangener Tage – nichts als Artigkeit, Knieschnallen und Kniehosen, alles längst veraltet. Es ist das der Fehler, nicht der Vorzug feiner Manieren, daß sie von der Persönlichkeit andauernd im Stich gelassen werden; sie sind weggeworfene Kleider oder Schalen, die die Achtung fordern, die dem lebenden Wesen gebührt. Euch werden die Schalen gereicht statt des Fleisches, und es ist im allgemeinen keine Entschuldigung, daß bei einigen Meerestieren die Schalen mehr wert sind als das Fleisch. Der Mensch, der mir seine guten Manieren aufdrängt, tut, als wollte er mich unbedingt mit seinem Kuriositätenkabinett bekanntmachen, während ich doch ihn selbst sehen wollte. Das war es nicht, was der Dichter Decker meinte, als er Christus ›den ersten wahren Gentleman, der je gelebt hat‹, nannte. Ich wiederhole, in diesem Sinn ist der prächtigste Hof der Christenheit provinziell, denn er ist nur befugt, über Belange jenseits der Alpen zu beraten und nicht über die Angelegenheiten Roms. Ein Prätor oder Prokonsul würden genügen, um die Fragen zu regeln, die die Aufmerksamkeit des englischen Parlaments und des amerikanischen Kongresses ganz in Anspruch nehmen.

Regierung und Gesetzgebung! Ich hatte geglaubt, das seien achtbare Berufe. Wir haben in der Weltgeschichte gehört von Numa, Lycurgus und Solon, die der Himmel geschickt hat und deren *Namen* zumindest für ideale Gesetzgeber stehen können. Wenn man sich dagegen vorstellt, daß Gesetze gemacht werden, um die Aufzucht von Sklaven oder die Ausfuhr von Tabak zu *regeln*! Was haben göttliche Gesetzgeber mit der Ausfuhr oder der

Einfuhr von Tabak zu tun und was menschliche mit der Aufzucht von Sklaven? Angenommen, ihr würdet diese Frage irgendeinem Sohn Gottes vorlegen – und hat ER keine Kinder im neunzehnten Jahrhundert? Ist Seine Familie ausgestorben? –, in welcher Lage würdet ihr sie wiederfinden? Was soll ein Staat Virginia am Jüngsten Tag zu seinen eigenen Gunsten sagen, ein Staat, dessen Haupterzeugnisse von solcher Art waren? Welche Grundlage hat Patriotismus in einem solchen Staat? Ich entnehme meine Angaben übrigens den statistischen Tabellen, die die Staaten selbst veröffentlicht haben.

Ein Handel, der alle Meere weiß werden läßt auf der Suche nach Nüssen und Rosinen und der für dieses Ziel seine Seeleute zu Sklaven macht! Neulich sah ich ein Schiff, das zerschellt war, wobei viele ihr Leben verloren, und seine Ladung – Stoffetzen, Wacholderbeeren und bittere Mandeln – war über den Strand verstreut. Es schien sich kaum zu lohnen, zwischen Livorno und New York die Gefahren der See herauszufordern für eine Ladung von Wacholderbeeren und bitteren Mandeln. Amerika läßt sich seine Bittermittel aus der Alten Welt kommen! Ist nicht das Meerwasser, ist nicht Schiffbruch bitter genug, daß der Kelch des Lebens hier geleert werden kann? Aber so ist unser gerühmter Handel in hohem Maße; und dann gibt es jene, die sich als Staatsmänner oder Philosophen bezeichnen und die so blind sind zu glauben, daß Fortschritt und Kultur angewiesen seien auf eben diese Art von Austausch und Emsigkeit – die Emsigkeit von Fliegen an einem Sirupfaß. Schön, sagt jemand, wenn Menschen Austern wären. Und schön, antworte ich, wenn Menschen Moskitos wären.

Leutnant Herndon, den unsere Regierung ausgeschickt hat, den Amazonas zu erforschen und, wie es heißt, das Gebiet der Sklaverei weiter auszudehnen, hat bemerkt, daß es dort fehlt an einer ›fleißigen und rührigen Bevölkerung, die weiß, was die Annehmlichkeiten des Lebens sind und die künstliche Bedürfnisse hat, um die großen natürlichen Reichtümer des Landes herauszuholen‹. Aber welche ›künstlichen Bedürfnisse‹ sollen da gefördert werden? Nicht die Liebe zu solchem Luxus wie Tabak und Sklaven aus Virginia, seiner Heimat, wie ich glaube, auch nicht Eis und Granit und anderer materieller Reichtum unserer Heimat Neuengland; ebensowenig bestehen die ›großen Reichtümer eines Landes‹ in der Fruchtbarkeit oder Unfruchtbarkeit des Bodens, der sie hervorbringt. In jedem Staat, in dem ich gewesen bin, fehlte den Bewohnern in der Hauptsache ein hohes und ernstes Ziel. Nur dadurch holt man ›den großen Reichtum‹ der Natur hervor und beansprucht sie schließlich über ihre Reichtümer hinaus, denn der Mensch vergeht natürlich aus ihr. Wenn uns Bildung mehr gilt als Kartoffeln und Erleuchtung mehr als Süßigkeiten, dann werden die großen Reichtümer einer Welt richtig in Anspruch genommen, und das Ergebnis, das Hauptprodukt besteht nicht in Sklaven, nicht in Fabrikarbeitern, sondern in Menschen – jenen seltenen Früchten, die man Helden nennt und Heilige, Dichter, Philosophen und Erlöser.

Kurz, wo eine Schneewehe entsteht, wo eine Windstille ist, so könnte man sagen, wo eine Wahrheitsflaute ist, schießt eine Institution empor. Doch die Wahrheit weht trotzdem über sie hin und weht sie schließlich um.

Was man Politik nennt, das ist vergleichsweise etwas so Oberflächliches und Unmenschliches, daß ich praktisch nie wirklich eingeräumt habe, daß sie mich überhaupt etwas angeht. Die Zeitungen widmen, wie ich sehe, einige ihrer Spalten speziell der Politik und der Regierung – kostenlos; und das, so könnte man sagen, ist das einzige Positive daran; doch da ich die Literatur liebe und in gewissem Grade auch die Wahrheit, lese ich diese Spalten sowieso nie. Ich möchte meinen Sinn für das Rechte so weit nicht abstumpfen. Ich muß mich nicht dafür verantworten, auch nur eines einzigen Präsidenten Botschaft gelesen zu haben. Ein seltsames Zeitalter, da Kaiserreiche, Königreiche und Republiken bettelnd an die Tür eines Privatmannes kommen und bei ihm ihre Klagen abladen! Ich kann keine Zeitung zur Hand nehmen, ohne darin irgendeine erbärmliche Regierung zu finden, die, hart bedrängt und auf dem letzten Loch pfeifend, mich, den Leser, bittet, sie zu unterstützen – aufdringlicher als ein italienischer Bettler; und wenn ich dann einen Blick auf ihr Zeugnis werfen will, das vielleicht von einem wohlwollenden Handlungsgehilfen ausgestellt worden ist oder von dem Schiffer, der es herüberbrachte, weil sie ja selbst nicht ein Wort Englisch spricht, dann lese ich vielleicht vom Ausbruch irgendeines Vesuvs oder von der Überschwemmung durch irgendeinen Po, wahr oder erfunden, wodurch sie in diese Lage gebracht worden sei. Ich zögere in solchem Fall nicht, Arbeit anzuraten oder das Armenhaus; oder warum kann sie ihr Haus nicht im stillen in Ordnung halten, wie ich das gewöhnlich tue? Der arme Präsident, der seine Popularität erhalten und seine Pflicht tun muß, ist vollkommen durcheinander. Die Zeitungen sind die herrschende Macht. Jede andere Regierung verfügt über nichts als ein paar Marineinfanteristen im Fort Independence. Wenn es jemand unterläßt, täglich die Zeitung zu lesen, geht die Regierung vor ihm auf die Knie, denn das ist heutzutage der wahre Landesverrat.

Die Dinge, die jetzt die Aufmerksamkeit der Menschen am meisten beanspruchen, wie die Politik und die täglichen Pflichten, sind lebenswichtige Funktionen der menschlichen Gesellschaft, das ist wahr, doch sie sollten unbewußt erledigt werden wie die entsprechenden Funktionen des Körpers. Sie sind *unter*menschlich, eine Art vegetatives System. Manchmal erwache ich zu einem Halbbewußtsein dieser Dinge um mich her, so, wie man sich in einem Zustand der Krankheit einiger Verdauungsvorgänge bewußt werden kann, einer Dyspepsie, wie man das nennt. Es ist, als ließe sich ein Denker in dem großen Muskelmagen der Schöpfung zermahlen. Die Politik ist sozusagen der Magen der Gesellschaft, voller Kies und Geröll, und die beiden politischen Parteien sind seine beiden entgegengesetzten Hälften – vielleicht sind sie manchmal auch in Viertel gespalten –, die sich aneinander reiben. Nicht nur einzelne, sondern auch Staaten haben so eine chronische Dyspepsie, die sich, ihr ahnt, durch welche Art von Eloquenz, ausdrückt. So ist unser Leben nicht ganz und gar ein Vergessen, sondern auch, leider in hohem Maß, ein Sich-Erinnern an das, was uns besser nie bewußt geworden wäre, jedenfalls nicht in unseren wachen Stunden. Warum sollten wir uns nicht anders begegnen – nicht immer als Dyspeptiker, um uns unsere schlechten Träume zu erzählen, sondern manchmal als Eupeptiker, um einander zu dem immer wieder herrlichen Morgen zu beglückwünschen? Ich erhebe doch sicher keine übertriebene Forderung.

Ökonomie des Lebens

(Erster Teil des Bandes ›Walden‹, 1854)

Als ich die folgenden Seiten schrieb oder zumindest den größten Teil von ihnen, lebte ich allein in den Wäldern in einem von mir selbst gebauten Haus am Ufer des Waldenteichs in Concord, Massachusetts, ohne Nachbarn im Umkreis von einer Meile, und bestritt meinen Lebensunterhalt lediglich mit meiner Hände Arbeit. Insgesamt habe ich dort zwei Jahre und zwei Monate zugebracht. Gegenwärtig bin ich wieder in der Zivilisation zu Gast.

Ich würde meine Angelegenheiten der Aufmerksamkeit meiner Leser nicht aufdrängen, hätte es nicht einige ganz spezielle Fragen meiner Mitbürger nach meiner Lebensweise gegeben, die manche unangemessen nennen würden, obwohl sie mir keineswegs so erscheinen, sondern in Anbetracht der Umstände als ganz natürlich und angemessen. Einige haben sich erkundigt, was ich zu essen hatte; ob ich mich einsam fühlte, ob ich mich nicht gefürchtet hätte und dergleichen mehr. Andere wollten wissen, welchen Teil meines Einkommens ich wohltätigen Zwecken widmete, und einige, die selbst große Familien haben, für wieviel arme Kinder ich den Unterhalt bestritt. Ich muß also diejenigen meiner Leser, die an meiner Person nicht besonders interessiert sind, um Nachsicht bitten, wenn ich einige jener Fragen in diesem Buch zu beantworten versuche. In den meisten Büchern ist das *Ich*, also die erste Person, eliminiert, in diesem wird es beibehalten, und das ist in puncto Reden von sich selbst der ganze Unterschied. Wir vergessen für gewöhnlich, daß es im Grunde immer die erste Person ist, die spricht. Ich würde nicht so viel über mich selbst reden, gäbe es sonst irgend jemand, den ich genausogut kennte. Unglücklicherweise bin ich durch die Begrenztheit meiner Erfahrung auf dieses Thema beschränkt. Übrigens erwarte ich für mein Teil von jedem Schriftsteller früher oder später einen einfachen und aufrichtigen Bericht über sein eigenes Leben und nicht nur über das, was er von dem Leben anderer Menschen gehört hat, einen Bericht, wie er ihn etwa seinen Angehörigen aus einem fernen Land schicken würde; denn wenn er ein echtes Leben geführt hat, müßte es für mich in einem fernen Land gewesen sein. Vielleicht sind diese Seiten ganz besonders an mittellose Studenten gerichtet. Was meine übrigen Leser angeht, so mögen sie jene Partien akzeptieren, die sich an sie wenden. Ich vertraue darauf, daß niemand die Jacke beim Anziehen ausweitet, denn sie leistet demjenigen vielleicht gute Dienste, dem sie paßt.

Ich möchte gern etwas aussagen, was nicht so sehr die Chinesen oder die Bewohner der Sandwich-Inseln angeht, als Sie, die Sie diese Zeilen lesen, die sogenannten Einwohner von Neuengland; etwas über Ihre Verhältnisse, insbesondere Ihre äußeren Lebensbedingungen oder -umstände in dieser Welt, in dieser Stadt; wie es darum steht, ob sie notwendigerweise so schlecht sind, wie sie sind, ob sie nicht wie auch immer verbessert werden können. Ich bin in Concord viel herumgekommen, und überall, in Werkstätten, in den Büros und auf den Feldern schienen mir die Menschen auf tausenderlei bemerkenswerte Weise irgend etwas abzubüßen. Ich habe von Brahmanen gehört, die der Hitze von vier Feuern ausgesetzt, der Sonne unverwandt ins Angesicht schauen; oder die kopfunter über Flammen aufgehängt sind; oder die so lange über die Schulter in den Himmel starren, ›bis es ihnen nicht mehr möglich ist, ihre natürliche Stellung wieder einzunehmen, während infolge der Verdrehung des Halses nur mehr flüssige Nahrung in ihren Magen gelangt‹; oder die ihr ganzes Leben am Fuße eines Baumes angekettet verbringen; oder die gleich Raupen mit ihren Körpern die Weite ungeheurer Reiche ausmessen; oder die auf einem Bein stehend auf einer Säule verharren – doch selbst diese Formen bewußter Buße sind kaum unwahrscheinlicher und erstaunlicher als die Szenen, deren Zeuge ich Tag für Tag werde. Die zwölf schweren Arbeiten des Herkules waren Bagatellen im Vergleich mit denen, die meine Nachbarn auf sich genommen haben, denn es waren nur ihrer zwölf und nahmen zudem alle ein Ende; aber ich konnte nie sehen, daß diese Männer ein Ungeheuer erschlagen oder eingefangen hätten oder mit irgendeiner Arbeit zu Rande gekommen wären. Sie haben keinen Freund Isolaus, der mit einem heißen Eisen den Stumpf des Hydrakopfes ausbrennt, sondern sobald ein Kopf vernichtet ist, wachsen zwei nach.

Ich sehe junge Männer, meine Mitbürger, denen es zum Unglück gereicht, Farmen, Häuser, Scheunen, Vieh und landwirtschaftliches Gerät geerbt zu haben, denn das alles ist leichter zu bekommen als wieder loszuwerden. Besser, sie wären irgendwo in der Prärie geboren und von einer Wölfin gesäugt worden, damit sie mit wacheren Augen gesehen hätten, welches Feld zu bearbeiten sie aufgerufen waren. Wer hat sie zu Sklaven des Bodens gemacht? Warum sollten sie ihre sechzig Morgen verzehren, wo der Mensch doch nur dazu verdammt ist, seinen Schlag Erde zu essen? Warum sollen sie ihre eigenen Gräber zu schaufeln beginnen, kaum daß sie geboren sind? Sie sollen das Leben eines Menschen führen und, indem sie alle diese Dinge vor sich herschieben, so gut wie möglich vorankommen. Wie oft bin ich solch einer armen, unsterblichen Seele begegnet, die, von ihrer Last nahezu erdrückt, ihren Lebensweg dahinkeuchte, eine Scheune von fünfundsiebzig mal vierzig Fuß vor sich herschiebend, ihre Augias-Ställe nie ausgemistet und dazu noch hundert Morgen Land, der Feldbau, die Mahd, die Viehzucht, der Wald! Die ihren Lebenskampf ohne solche ererbten unnötigen Belastungen führen, finden es schon mühselig genug, ein paar Kubikfuß Fleisch zu bändigen und aufzuziehen.

Doch die Menschen rackern sich ab in einem Wahn. Der bessere Teil der Menschen wird nur allzubald untergepflügt als Dünger. Durch ein scheinbar unvermeidliches Schicksal, gemeinhin Notwendigkeit genannt, werden die Menschen dazu gebracht, wie es in einem alten Buch heißt, ›Schätze zu sammeln, welche die Motten und der Rost fressen, denen die Diebe nachgraben und sie stehlen‹. Es ist das Leben eines Narren, wie sie an ihrem Ende feststellen, wenn nicht schon vorher. Es heißt, daß Deukalion und Pyrrha die Menschen geschaffen hätten, indem sie Steine über ihre Köpfe hinter sich warfen –

›Inde genus durum sumus, experiensque laborum,
Et documenta damus qua simus origine nati.‹

Oder, wie Raleigh diese Verse in seiner klangvollen Sprache wiedergibt:

›Weich und doch hart zugleich, voll Liebe
und voll Schmerz,
zeigt unser Herz das steinern' Wesen allen
Fleischs.‹

Soviel zu dem blinden Gehorsam gegenüber einem faselnden Orakel: wenn sie Steine hinter sich werfen und nicht sehen, wohin sie fallen.

Selbst in diesem vergleichsweise freien Land sind die meisten Menschen allein durch Unwissenheit und Irrtum so sehr von den unechten Sorgen und überflüssig harten Anstrengungen des Lebens in Anspruch genommen, daß sie dessen edlere Früchte gar nicht pflücken können. Dazu sind ihre Finger durch die übermäßig harte Arbeit zu schwerfällig geworden und zittern zu sehr. Der schwer arbeitende Mensch hat wirklich Tag für Tag keine Muße, zu sich selbst zu kommen; er kann es sich nicht leisten, auch nur die menschlichsten Beziehungen zu anderen Menschen aufrechtzuerhalten: der Ertrag seiner Arbeit würde auf dem Markt sinken. Er hat keine Zeit, etwas anderes zu sein als eine Maschine. Wie kann er sich seiner Unwissenheit bewußt werden – was seine Entwicklung an sich erforderte –, wer so oft seine Kenntnisse anwenden muß? Wir sollten ihn von Zeit zu Zeit großherzig ernähren und kleiden und ihm unsere Zuneigung schenken, bevor wir ihn verurteilen. Die edelsten Eigenschaften unseres Wesens können wie der

Reif auf den Früchten nur erhalten werden, wenn man damit ganz behutsam umgeht. Doch wir behandeln weder uns selbst noch einander so zart.

Wie wir alle wissen, sind einige von Ihnen arm, haben ein schweres Leben, schnappen zuweilen sozusagen nach Luft. Ich zweifle nicht daran, daß einige von Ihnen, die Sie dieses Buch lesen, nicht in der Lage sind, alle die Mahlzeiten zu bezahlen, die Sie schon verzehrt haben, oder die Röcke und Schuhe, die bald abgenutzt sein werden oder schon verschlissen sind; daß Sie mit geliehener oder gestohlener Zeit bis zu dieser Seite gekommen sind, Ihre Gläubiger um eine Stunde betrügend. Es ist ganz offensichtlich, was für ein elendes und erbärmliches Leben viele von Ihnen führen, denn mein Blick ist durch Erfahrung geschärft; immer an der Grenze, ins Geschäft hinein- und aus den Schulden herauszukommen suchend, ein altbekannter Morast, den Lateinern als *alienum*, eines andern Kupfer, bekannt – denn einige ihrer Münzen bestanden aus Kupfer –; lebend und sterbend und begraben von diesem Kupfer des anderen, immer zu zahlen versprechend, morgen zu zahlen versprechend, morgen – und heute zahlungsunfähig sterbend; um Gunst buhlend, versuchend Kundschaft zu finden, dies und jenes versuchend, wenn es nur nicht gleich ein Kapitalverbrechen ist; lügend, schmeichelnd, abstimmend, vor lauter Höflichkeit zur Größe einer Nußschale schrumpfend oder in einer Atmosphäre dünner, nebulöser Großherzigkeit zerfließend, nur um den Nachbarn zu überreden, einen mit der Anfertigung seiner Schuhe, seines Hutes, seines Rocks, seines Wagens oder der Beförderung seiner Ware zu beauftragen. Sie arbeiten sich krank, damit sie etwas für die Tage der Krankheit zurücklegen können, etwas, was man in einer alten Kiste verstecken kann oder in einem Strumpf hinter dem Putz oder – noch sicherer – im Bankhaus; egal, wo, und egal, wieviel oder wie wenig.

Manchmal wundere ich mich, daß wir so gedankenlos, möchte ich fast sagen, sein können, uns mit der groben und uns fremden Form der Dienstbarkeit zu befassen, die man Negersklaverei nennt, gibt es doch so viele strenge und raffinierte Herren, die sowohl den Norden als auch den Süden versklaven. Es ist hart, einen Aufseher aus dem Süden über sich zu haben, noch schlimmer, einen aus dem Norden; am allerschlimmsten ist es jedoch, wenn du dein eigener Sklaventreiber bist. Man redet von der göttlichen Natur des Menschen! Man sehe sich den Fuhrmann auf der Landstraße an, der bei Tag und Nacht seinen Weg zum Markt nimmt; regt sich in ihm irgend etwas Göttliches? Für ihn ist die höchste Pflicht, seine Pferde zu füttern und zu tränken! Was ist für ihn sein Schicksal, verglichen mit den Interessen der Reederei? Fährt er nicht für den Herrn ›Spute dich‹? Was ist an ihm göttlich, was unsterblich? Man sehe, wie er sich duckt, wie er herumschleicht, wie er den ganzen Tag in unbestimmter Angst lebt; er ist weder unsterblich noch göttlich, sondern Sklave und Gefangener seiner eigenen Meinung über sich, des Rufs, den er durch seine eigenen Taten erworben hat. Die öffentliche Meinung ist ein schwacher Tyrann, verglichen mit unserer eigenen privaten Meinung. Was ein Mensch über sich selbst denkt, das bestimmt, oder besser bezeichnet, sein Schicksal. Selbstbefreiung von Einbildungen und Vorstellungen, gerade in den Provinzen Westindiens – was für einen Wilberforce gibt es dort, der das zustande brächte? Man vergesse auch nicht die Damen des Landes, die mit ihren Zierkissen dem Jüngsten Tag entgegenwirken, die auch nicht das geringste Interesse für ihr Schicksal verraten! Als ob man Zeit totschlagen könnte, ohne daß die Ewigkeit Schaden nähme!

Die große Menge führt ein Leben stiller Hoffnungslosigkeit. Was Ergebung genannt wird, ist chronische Hoffnungslosigkeit. Aus der hoffnungslosen Stadt kommt man auf das hoffnungslose Land und muß sich mit der Tapferkeit von Nerzen und Bisamratten trösten. Eine stereotype, doch unbewußte Hoffnungslosigkeit verbirgt sich selbst unter dem, was man den Zeitvertreib und die Vergnügungen der Menschheit nennt. Es ist nichts Spielerisches dabei, denn das käme nach getaner

Arbeit. Doch ist es ein Charakteristikum der Weisheit, nichts ohne Zuversicht zu tun.

Wenn wir uns überlegen, was – um mit den Worten des Katechismus zu sprechen – das vornehmste Ziel des Menschen ist und worin die wahren Bedürfnisse und Möglichkeiten des Lebens bestehen, hat es den Anschein, als hätten sich die Menschen ihre übliche Lebensweise freiwillig ausgesucht, weil sie sie jeder anderen vorzogen. Noch jetzt glauben sie aufrichtig, daß ihnen keine andere Wahl geblieben sei. Doch lebendige und gesunde Naturen erinnern sich daran, daß die Sonne einst hell aufging. Es ist nie zu spät, unsere Vorurteile aufzugeben. Keiner Denk- oder Verhaltensweise, so althergebracht sie sein mag, kann man ohne Überprüfung trauen. Was ein jeder heute nachspricht oder stillschweigend akzeptiert, kann sich schon morgen als falsch erweisen, als bloßer Dunst, den manche schon für eine Wolke hielten, die fruchtbaren Regen auf ihre Felder sprengen würde. Was die alten Leute für zu tun unmöglich halten, versuch es, und du wirst sehen, daß es zu schaffen ist. Alte Taten für alte Menschen, neue Taten für junge. Alte Leute wußten dereinst vielleicht nicht genug, um neuen Brennstoff zu holen, damit das Feuer nicht ausging; junge Menschen legen ein wenig trockenes Holz unter einen Topf und werden mit der Geschwindigkeit von Vögeln um die Welt gewirbelt, in einer Art, die – wie man so sagt – die Alten umbringt. Das Alter ist nicht besser, kaum ebensogut zum Lehrer geeignet wie die Jugend, denn es hat weniger gewonnen als verloren. Es ist immer fraglich, ob selbst der klügste Mensch während seines Lebens irgend etwas von absolutem Wert gelernt hat. Praktisch haben die Alten den Jungen kaum besonders wertvolle Ratschläge zu geben, ihre eigenen Erfahrungen sind dafür zu sehr Stückwerk, und ihr Leben war solch ein erbärmlicher Fehlschlag, und zwar aus privaten Gründen, wie sie annehmen müssen. Vielleicht ist ihnen ein Stück Glauben geblieben, der jenen Erfahrungen widerspricht, und sie sind heute bloß weniger jung, als sie damals waren. Ich lebe seit rund dreißig Jahren auf diesem Planeten, und doch muß ich eine Silbe wertvollen oder auch nur ernst zu nehmenden Ratschlags von den Älteren erst noch hören. Sie haben mir in dieser Richtung bisher nichts gesagt, und vermutlich können sie mir auch nichts sagen. Hier ist das Leben zum größeren Teil von mir noch nicht erprobt; aber es hilft mir nichts, daß sie es schon ausprobiert haben. Wenn ich irgendeine Erfahrung mache, die ich für wertvoll halte, wird mir mit Sicherheit klar, daß mir meine Mentoren nichts davon gesagt haben.

Ein Farmer sagt zu mir: ›Man kann nicht nur von pflanzlicher Kost leben, denn sie bietet nichts, woraus Knochen werden‹, und so widmet er gewissenhaft einen Teil seines Tages der Aufgabe, seinen Körper mit dem Rohmaterial für Knochen zu versorgen, und die ganze Zeit, während er das sagt, geht er hinter seinen Ochsen einher, die mit ihren aus pflanzlicher Kost geschaffenen Knochen ihn und seinen schwerfälligen Pflug ungeachtet eines jeden Hindernisses voranziehen. Einige Dinge sind in manchen Kreisen, bei den sehr Hilflosen und Kranken, wirklich lebensnotwendig, während sie in anderen reiner Luxus und in wieder anderen völlig unbekannt sind.

Alle Grundlagen des menschlichen Lebens scheinen einigen durch ihre Vorfahren bereits geprüft zu sein, sowohl die Höhen als auch die Tiefen, alle Dinge, um die man sich zu kümmern hat. Nach Evelyn ›hat der weise Salomon sogar für den Abstand, in dem man Bäume pflanzen soll, eine Regelung erlassen, und die römischen Prätoren haben festgelegt, wie oft man das Grundstück des Nachbarn betreten darf, um hinübergefallene Eicheln aufzusammeln, ohne sich den Vorwurf unbefugter Handlung zuzuziehen, und welcher Anteil an dieser Ernte dem betreffenden Nachbarn zusteht‹. Hippokrates schließlich hat Anweisungen hinterlassen, wie wir unsere Nägel schneiden sollen: parallel zu den Fingerkuppen, weder kürzer noch länger. Ohne Zweifel sind Lebensüberdruß und Übersättigung, die sich dünken, die Vielfalt und die Freuden des Lebens erschöpft zu haben, so alt wie Adam. Doch es ist nie gemessen worden, wessen der Mensch fähig ist, und wir können auch nicht aufgrund irgendwelcher Präzedenzfälle beurteilen, was er vermag, so wenig ist bisher versucht worden. Was du bisher auch immer versäumt hast, ›sei nicht betrübt, mein Kind, denn wer wird dir anrechnen, was du zu tun unterlassen hast‹?

Wir könnten unser Leben mit tausend einfachen Tests auf die Probe stellen; so zum Beispiel mit der Tatsache, daß dieselbe Sonne, die meine Bohnen reifen läßt, zugleich ein ganzes System von Erden wie die unsrige erhellt. Hätte ich mich dessen erinnert, hätte ich einige Fehler vermieden. Dies war nicht das Licht, in dem ich sie anhäufelte. Die Sterne sind die Eckpunkte wunderbarer Dreiecke! Was für entfernte und andersartige Wesen in den verschiedenen Häusern des Universums betrachten dasselbe in demselben Moment! Natur und menschliches Leben sind so vielfältig wie unsere verschiedenen Konstitutionen. Wer will sagen, welche Aussichten das Leben dem anderen eröffnet? Könnte uns ein größeres Wunder geschehen, als einen Augenblick mit den Augen eines jeden anderen zu sehen? Zur Stunde würden wir in allen Zeitaltern leben, ja, in allen Welten aller Zeiten. Geschichte, Poesie, Mythologie! – Ich kann mir keine Lektüre über Erfahrungen eines anderen vorstellen, die so überraschend und informativ wäre.

Den größeren Teil dessen, was meine Nachbarn gut nennen, halte ich in meinem Innern für schlecht, und wenn ich etwas bereue, so ist es sehr wahrscheinlich mein Wohlverhalten. Welcher Teufel hat mich geritten, daß ich so fügsam war? Du kannst mir, Alter, der du siebzig Jahre nicht ohne eine gewisse Ehre gelebt hast, deine größte Weisheit sagen – ich höre eine unwiderstehliche Stimme, die mich von alledem hinwegruft. Jede Generation gibt die Unternehmungen einer früheren auf wie ein gestrandetes Schiff.

Ich glaube, wir dürfen getrost ein gutes Teil mehr Zuversicht haben. Wir könnten gut so viel an Sorgen für uns selbst über Bord werfen, wie wir anderen zugute kommen lassen. Die Natur ist genauso auf unsere Schwäche wie auf unsere Stärke abgestimmt. Die ständige Angst und Spannung mancher Menschen ist eine wohl fast unheilbare Form von Krankheit. Wir sind es gewohnt, unsere Arbeit viel zu wichtig zu nehmen; und doch: wieviel unterbleibt! Oder was wäre, wenn wir nun krank geworden wären? Wie wachsam wir sind! Entschlossen, nicht aus dem Glauben zu leben, wenn wir das vermeiden können, den ganzen Tag über auf dem Posten, sprechen wir am Abend widerwillig unsere Gebete und vertrauen uns dem Ungewissen an. Wir fühlen uns gründlich und ehrlich verpflichtet, unser Leben derart zu führen, unsere Lebensweise anbetend und die Möglichkeit einer Veränderung leugnend. Dies ist der einzige Weg, sagen wir; doch es gibt so viele Wege, wie man Radien von einem Mittelpunkt aus ziehen kann. Jede Veränderung wird als ein Wunder angesehen, doch findet dieses Wunder jeden Augenblick statt. Konfuzius hat gesagt: ›Zu wissen, daß wir wissen, was wir wissen, und daß wir nicht wissen, was wir nicht wissen, das ist wahre Weisheit.‹ Wenn erst einmal ein Mensch eine Tat seiner Phantasie in eine Tat seines Verstandes umgesetzt hat, dann scheint mir vorhersehbar, daß eines Tages alle Menschen ihr Leben auf dieser Grundlage aufbauen werden.

Wir wollen einen Augenblick überlegen, worum sich die meisten Sorgen und Ängste bewegen, die ich gemeint habe, und inwieweit es unvermeidlich ist, daß wir uns ängstigen oder zumindest besorgt sind. Es wäre von gewissem Nutzen, ein primitives Pionierleben zu führen, wenn auch inmitten einer äußerlichen Zivilisation, nur um zu lernen, was die wichtigsten Lebensbedürfnisse sind und welche Methoden angewandt wurden, sie zu erlangen; oder die alten Journale der Kaufleute durchzusehen, um zu erfahren, was die Menschen in ihren Läden am meisten kauften und was sie vorrätig hielten, was also die wichtigsten Lebensmittel sind. Denn die im

Laufe der Zeiten eingetretenen Verbesserungen haben die Grundgesetze der menschlichen Existenz nur wenig beeinflußt, wie unsere Skelette sich vermutlich kaum von denen unserer Vorfahren unterscheiden.

Mit dem Wort *Lebensbedürfnisse* meine ich, was von alledem, was der Mensch durch seine Mühen erlangt, von Anfang an oder durch lange Gewohnheit für das menschliche Leben so wichtig geworden ist, daß nur wenige, wenn überhaupt jemand – sei es aus Unzivilisiertheit, aus Armut oder um seiner Philosophie willen –, ohne sie auszukommen versuchen. Für viele Geschöpfe gibt es in diesem Sinne nur ein Lebensbedürfnis, nämlich die Nahrung. Für den Büffel in der Prärie sind es ein paar Zoll schmackhaftes Gras und Wasser; es sei denn, er sucht Unterkunft im Wald oder Schutz im Schatten der Berge. Keines der wilden Geschöpfe braucht mehr als Nahrung und Unterkunft. Die Lebensbedürfnisse des Menschen in unserem Klima lassen sich, genaugenommen, unter folgenden Überschriften zusammenfassen: Nahrung, Unterkunft, Kleidung und Brennmaterial. Erst wenn wir diese Dinge gesichert haben, sind wir bereit, uns mit den wahren Problemen des Lebens in Freiheit und mit Aussicht auf Erfolg zu befassen. Der Mensch hat nicht nur Häuser erfunden, sondern auch Kleider und gekochte Nahrung; und vielleicht waren es die zufällige Entdeckung der Wärme des Feuers und ihre anschließende Nutzung – anfangs ein Luxus –, was zu dem heutigen Bedürfnis geführt hat, sich an das Feuer zu setzen. Wir stellen fest, daß auch Katzen und Hunde dieselbe zweite Natur entwickeln. Durch eine taugliche Unterkunft und Kleidung erhalten wir unsere innere Wärme; doch mit deren Überfluß oder mit dem von Brennmaterial, das heißt mit einer äußeren Wärme, die die innere übersteigt, beginnen wir da nicht sozusagen zu kochen? Der Naturforscher Darwin berichtet von den Ureinwohnern von Feuerland, daß, während es seinen eigenen Gefährten, die angezogen dicht am Feuer saßen, keineswegs zu warm war, diese nackten Wilden, die vom Feuer weiter entfernt waren, zu seiner großen Überraschung ›von Schweiß trieften, als sie solchem Braten ausgesetzt wurden‹.

So geht auch, wie man uns berichtet, der australische Eingeborene ungestraft nackt, während zu gleicher Zeit der Europäer in seinen Kleidern friert. Ist es unmöglich, die Widerstandsfähigkeit dieser Wilden mit der Geisteskraft des zivilisierten Menschen zu verbinden? Nach Liebig ist der menschliche Körper ein Ofen und die Nahrung das Brennmaterial, das in den Lungen die innere Verbrennung aufrechterhält. Bei kalter Witterung essen wir mehr, bei warmer weniger. Die animalische Wärme ist das Ergebnis langsamer Verbrennung, und Krankheit oder Tod sind die Folge; wenn sie zu heftig verläuft oder wenn es an Brennstoff fehlt oder der Zug nicht in Ordnung ist, geht das Feuer aus. Natürlich kann man die vitale Wärme nicht einfach mit dem Feuer identifizieren; aber soviel als Analogie. Aus dem oben Gesagten scheint zu folgen, daß der Ausdruck *animalisches Leben* beinahe ein Synonym für *animalische Wärme* ist; denn während die Nahrung als das Brennmaterial betrachtet werden kann, das das Feuer in uns aufrechterhält – der Brennstoff dient nur dazu, jene Nahrung zuzubereiten oder durch Zufuhr von außen die Wärme in unserem Körper zu steigern –, dienen Unterkunft und Kleidung ebenfalls nur dazu, die so erzeugte und aufgenommene *Wärme* aufrechtzuerhalten.

Das größte Bedürfnis für unseren Körper besteht darin, warm zu bleiben, die vitale Wärme in uns zu erhalten. Was für Anstrengungen wir mithin unternehmen, nicht nur in bezug auf Nahrung, Kleider und Unterkunft, sondern auch für unsere Betten, die unsere Kleider in der Nacht sind, indem wir die Nester und die Brüste der Vögel berauben, um uns diese Unterkunft innerhalb einer Unterkunft zu bereiten, so wie der Maulwurf sein Bett aus Gräsern und Blättern am Ende seines Baus hat. Der Arme pflegt zu klagen, dies sei eine kalte Welt, und es ist Kälte, sowohl physisch als auch sozial verstanden, worauf wir den größten Teil unserer Schmerzen unmittelbar zurückführen. In einigen Klimazonen ermöglicht der Sommer dem Menschen ein gleichsam paradiesisches Leben. Brennmaterial ist dann, außer zum Kochen seiner Nahrung, überflüssig; die Sonne ist sein Feuer, und viele seiner Früchte werden durch ihre Strahlen ausreichend gekocht, während die Nahrung generell abwechslungsreicher und leichter zu beschaffen ist, und Kleidung und Unterkunft sind gänzlich oder zumindest zur Hälfte überflüssig. Heutzutage und in diesem Land rangieren, wie ich selber ausprobiert habe, nur wenige Geräte gleich hinter den Lebensbedürfnissen: ein Messer, eine Axt, ein Spaten, eine Schubkarre und dergleichen, und für den geistig Arbeitenden noch ein Lampenlicht, Schreibzeug und der Zugang zu einigen Büchern – alles Dinge, die mit einem Minimum an Kosten zu bekommen sind. Und doch gehen einige, wenig Weise, auf die andere Seite des Erdballs in barbarische und ungesunde Gegenden und widmen sich zehn oder zwanzig Jahre dem Handel, damit sie leben können – das heißt, es bequem warm haben –, und schließlich legen sie sich in Neuengland zum Sterben nieder. Die im Luxus schwelgenden Reichen halten sich dabei nicht einfach bequem warm, sondern haben es unnatürlich heiß – wie ich oben schon andeutete, werden sie gekocht, aber natürlich *à la mode.*

Der meiste Luxus und viele der sogenannten Bequemlichkeiten des Lebens sind nicht nur entbehrlich, sondern geradezu ein objektives Hindernis für die Höherentwicklung der Menschheit. Was Luxus und Bequemlichkeit angeht, so haben die weisesten Männer immer noch einfacher und dürftiger gelebt als die Armen. Die Philosophen des Altertums, Chinesen, Hindus, Perser, Griechen, gehörten einer Klasse an, die von niemandem an äußerer Armut und innerem Reichtum übertroffen wurde. Wir wissen nicht viel über sie. Es ist bemerkenswert, daß *wir* überhaupt so viel von ihnen wissen. Dasselbe gilt für die modernen Reformer und Wohltäter ihrer Rasse. Niemand kann ein unparteiischer oder weiser Beobachter des menschlichen Lebens sein, der nicht von jener günstigen Basis ausgeht, die *wir* freiwillige Armut nennen würden. Die Frucht eines luxuriösen Lebens ist der Luxus – ob in der Landwirtschaft oder im Handel, in der Literatur oder der Kunst. Es gibt heute Hochschullehrer der Philosophie, aber keine Philosophen. Doch ist es wert, sie zu lehren, weil es einst bewundernswert war, sie zu leben. Ein Philosoph zu sein, das heißt nicht nur, spitzfindige Gedanken zu haben oder gar eine Schule zu gründen, sondern die Weisheit so zu lieben, daß man ein Leben nach ihren Geboten führt, ein Leben in Einfachheit, Unabhängigkeit, Seelengröße und Zuversicht. Es gilt, einige Probleme des Lebens zu lösen – nicht nur theoretisch, sondern praktisch. Der Erfolg großer Gelehrter und Denker ist gemeinhin der Erfolg eines Höflings, nicht der eines Königs, der eines Mannes. Sie bringen es fertig, nur durch Anpassung zu leben, praktisch genauso wie ihre Väter; sie sind in keiner Weise die Ahnherren einer edleren Rasse von Menschen. Aber warum entarten Menschen überhaupt? Was läßt Familien aussterben? Von welcher Natur ist der Luxus, der ganze Nationen schwächt und zerstört? Sind wir sicher, daß er in unserem eigenen Leben keinen Platz hat? Der Philosoph muß seiner Zeit selbst in den äußeren Formen seines Lebens voraus sein. Er findet Nahrung, Unterkunft, Kleidung und Wärme nicht auf dieselbe Weise wie seine Zeitgenossen. Wie kann ein Mann Philosoph sein, ohne seine vitale Wärme mit besseren Methoden aufrechtzuerhalten als andere Menschen?

Wenn sich ein Mensch auf die verschiedenen Weisen erwärmt, die ich beschrieben habe, was braucht er dann als nächstes? Sicherlich nicht mehr Wärme derselben Art, wie mehr und reichere Nahrung, größere und prächtigere Häuser, feinere und üppigere Kleidung, zahlreichere, unablässig brennende, heißere Feuer und dergleichen. Wenn er die notwendigen Lebensbedürfnisse befriedigt hat, gibt es für ihn eine andere Alternative, als Überflüssiges zu erwerben: sich jetzt im Leben zu bewähren, nachdem seine Befreiung von niedriger Plackerei begonnen hat. Der Boden ist offensichtlich für die Saat bereit, die ihre Würzelchen bereits hineingesenkt hat und ihre Schößlinge jetzt vertrauensvoll emporschießen lassen kann. Weswegen hat sich der Mensch sonst so fest in der Erde verwurzelt, wenn nicht, um sich im gleichen Verhältnis in den Himmel emporzuheben? Denn höhere Pflanzen werden nach den Früchten beurteilt, die sie schließlich in Luft und Licht hoch über der Erde tragen, sie werden nicht wie die niederen eßbaren behandelt, die zwar vielleicht zweijährige Pflanzen sind, aber nur so lange gepflegt werden, bis sie ihre Wurzeln ausgebildet haben, und deren obere Triebe oft abgeschnitten werden, so daß sie in ihrem Blütenstand kaum bekannt sind.

Ich will nicht den starken und heldenhaften Naturen Vorschriften machen, die das Ihrige bestellen, sei es nun im Himmel oder in der Hölle, und vielleicht großartiger aufbauen und verschwenderischer ausgeben können als die Reichsten, ohne sich arm zu machen, da ich nichts von ihrem Leben weiß – wenn es solche Leute überhaupt gibt, wie man sie sich erträumt hat; noch denjenigen, die ihren Ansporn und ihre Inspiration genau in dem gegenwärtigen Zustand der Dinge finden, an dem sie mit der Vernarrtheit und der Begeisterung von Verliebten festhalten – in gewissem Maße rechne ich mich selbst zu dieser Gruppe; ich spreche auch nicht zu jenen, die eine gute Stelle haben, unter welchen Umständen auch immer, und die wissen, ob ihre Beschäftigung gut ist oder nicht – vielmehr in erster Linie zu der Masse der Menschen, die unzufrieden sind und sich vergeblich über die Härte ihres Loses oder der Zeiten beklagen, während sie es selbst verbessern könnten. Darunter sind solche, die sich besonders energisch und untröstlich beklagen, weil sie, wie sie sagen, ihre Pflicht tun. Ich habe auch die scheinbar wohlhabende, jedoch ganz entsetzlich verarmte Klasse im Auge, die wertloses Zeug angehäuft hat, es jedoch weder zu verwenden noch wieder loszuwerden weiß und sich dergestalt ihre eigenen silbernen oder goldenen Fesseln schmiedete.

Wenn ich zu erzählen versuchte, wie ich in den vergangenen Jahren mein Leben zu verbringen gewünscht habe, würde das wahrscheinlich diejenigen meiner Leser überraschen, die mit meinem tatsächlichen Lebenslauf ein wenig vertraut sind, doch gewiß würde es jene in Erstaunen versetzen, die davon nichts wissen. Ich will nur einige der Unternehmungen erwähnen, denen ich mich widmete.

Bei jedem Wetter und zu jeder Stunde des Tages oder der Nacht war ich bemüht, den richtigen Zeitpunkt zu nutzen und ihn durch eine Kerbe in meinem Wanderstab festzuhalten; am Treffpunkt zweier Ewigkeiten, der Vergangenheit und der Zukunft, zu stehen, was genau der gegenwärtige Moment ist, die Trennungslinie mit den Zehen zu berühren. Sie werden mir einige Dunkelheiten nachsehen, denn in meinem Gewerbe gibt es mehr Geheimnisse als in dem der meisten Menschen, doch nicht aus freien Stücken gewahrt, sondern vom Wesen der Sache untrennbar. Mit Freuden würde ich alles mitteilen, was ich davon weiß, und niemals ›Kein Zutritt!‹ an meine Tür pinseln.

Vor langer Zeit verlor ich einen Jagdhund, ein kastanienbraunes Pferd und eine Turteltaube, und ich bin ihnen immer noch auf der Fährte. Viele Reisende habe ich darauf angesprochen, ihnen die Spuren beschrieben und die Rufe, auf die sie hörten. Ich traf den einen oder anderen, der den Hund gehört hatte oder den Hufschlag des Pferdes; ja sogar solche, die die Taube hinter einer Wolke hatten verschwinden sehen; sie alle schienen so eifrig um ihre Wiederauffindung bemüht, als hätten sie sie selbst verloren.

Zuvorzukommen – nicht nur dem Sonnenaufgang und der Morgendämmerung, sondern, wenn möglich, der Natur selbst! An wievielen Morgen war ich sommers wie winters damit befaßt, noch bevor sich irgendein Nachbar seiner Obliegenheiten wegen rührte! Ohne Zweifel haben mich viele meiner Mitbürger bei der Rückkehr von diesem Unterfangen getroffen: Farmer, die sich am frühen Morgen auf den Weg nach Boston machten, oder Holzfäller auf dem Weg zur Arbeit. Es ist wahr, ich habe der Sonne niemals physisch bei ihrem Aufgehen geholfen, doch war es ohne Zweifel von höchster Wichtigkeit, daß ich dabei zugegen war.

Wie viele Tage im Herbst, ja sogar im Winter verbrachte ich draußen vor der Stadt, versuchte zu hören, was im Winde erklang, es zu hören und es ganz schnell weiterzutragen! Ich investierte fast mein ganzes Kapital darin, der Atem ging mir aus bei dem Unternehmen, in das ich mich da hineinstürzte. Hätte ich mich mit einer der politischen Parteien befaßt, darauf können Sie sich verlassen, hätte ich mit den frühesten Nachrichten in der Zeitung gestanden. An anderen Tagen stand ich auf irgendeinem Felsen oder Baum auf Aussichtsposten, um irgendeine Neuankunft weiterzumelden, oder ich wartete abends auf den Höhen der Berge darauf, daß der Himmel sich herabsenkte, immer in der Erwartung, etwas einzufangen, obwohl ich nie viel einfing, und auch das wenige schmolz in der Sonne wie Manna dahin.

Lange Zeit war ich Reporter für eine Zeitschrift von nicht sehr weiter Verbreitung, deren Herausgeber sich nie bereitgefunden hat, die große Menge meiner Beiträge zu drucken, so daß ich, wie es Schriftstellern gemeinhin geht, nur die Mühe meiner Anstrengungen hatte. Immerhin waren in diesem Falle meine Bemühungen schon ihr eigener Lohn.

Viele Jahre war ich selbsternannter Aufseher über Schneestürme und Regengüsse und erfüllte getreulich meine Pflicht. Ich überwachte zwar keine Landstraßen, aber Waldpfade und Feldwege; ich hielt sie offen und die Brücke über die Gräben instand, so daß die Wege zu allen Jahreszeiten passierbar waren, wo der Fuß der Öffentlichkeit ihre Nützlichkeit bestätigt hatte.

Ich kümmerte mich um die Wildbestände der Stadt, die einem getreuen Hirten dadurch eine Menge Arbeit machen, daß die Tiere die Zäune überspringen; und ich behielt die einsamen Winkel und Ecken des Farmlandes im Auge, obwohl ich immer nicht wußte, ob Jonas oder Salomon an diesem Tag auf einem bestimmten Feld arbeiteten; aber das war nicht meine Angelegenheit. Ich habe die Heidelbeere, die Weichselkirsche und den Zürgelbaum, die rote Föhre und die schwarze Esche, den weißen Weinstock und das gelbe Veilchen gegossen, die sonst in trockenen Zeiten vielleicht verdorrt wären.

Kurz gesagt, so hielt ich es lange Zeit, meine Aufgaben, wie ich ohne Prahlerei sagen kann, getreulich erfüllend, bis es immer deutlicher wurde, daß meine Mitbürger trotzdem nicht bereit waren, mich in die Liste der städtischen Beamten aufzunehmen oder meinen ehrenamtlichen Posten in eine Sinekure mit mäßiger Vergütung umzuwandeln. Meine Rechnungen, die getreulich geführt zu haben ich beschwören kann, wurden niemals revidiert, noch weniger akzeptiert und schon gar nicht bezahlt oder registriert. Daran habe ich jedoch nie mein Herz gehängt.

Vor nicht allzu langer Zeit kam einmal ein umherziehender Indianer, der Körbe verkaufte, zum Haus eines bekannten Rechtsanwalts in meiner Nachbarschaft. »Wollen Sie Körbe kaufen?« fragte er. »Nein, wir brauchen keine«, war die Antwort. »So etwas!« rief der Indianer, als er aus dem Tor hinausging. »Wollen Sie uns verhungern lassen?« Nachdem er gesehen hatte, wie gut es seinen fleißigen weißen Nachbarn ging – daß der Rechtsanwalt nur Argumente miteinander verknüpfen mußte und durch irgendein Wunder Wohlstand und Ansehen darauf folgten –, hatte er sich gesagt: ›Ich will auch ein Geschäft anfangen. Ich werde Körbe flechten. Das ist etwas, was ich kann.‹ Er dachte, wenn er erst die Körbe hergestellt hätte, hätte er das Seinige getan und es wäre nun an dem Weißen, sie zu kaufen. Er hatte noch nicht entdeckt, daß er sie so machen mußte, daß es sich für den anderen lohnte, sie zu kaufen, oder ihn das zumindest glauben zu machen, oder etwas anderes herzustellen, das zu kaufen sich für den anderen lohnen würde. Ich hatte ebenfalls eine Art Körbe von feiner Struktur geflochten, aber ich hatte sie nicht so gemacht, daß sie irgend jemand zum Kauf verlockt hätten. Doch nichtsdestoweniger hatte es sich für mich gelohnt, sie zu flechten; und anstatt darüber nachzugrübeln, wie meine Körbe sein müßten, daß sich ihr Kauf für die Menschen lohnte, grübelte ich darüber nach, wie sich die Notwendigkeit, sie zu verkaufen, vermeiden ließe. Das Leben, das die Menschen preisen und als erfolgreich betrachten, ist nur eine der möglichen Lebensformen. Warum sollten wir eine Lebensweise zu Lasten der anderen überbewerten?

Als ich feststellte, daß es nicht zu erwarten war, daß mir meine Mitbürger einen Platz im Gerichtsgebäude einräumen würden, keine Pfarrstelle noch irgendwie sonst eine für den Lebensunterhalt, sondern daß ich auf mich selbst gestellt war, wandte ich mich ausschließlicher als je zuvor den Wäldern zu, wo ich besser bekannt war. Ich beschloß, mein Geschäft sofort in Angriff zu nehmen und nicht zu warten, bis ich das übliche Kapital zusammen hatte, sondern jene bescheidenen Mittel zu benutzen, über die ich bereits verfügte. Ich ging nicht an den Waldenteich, weil ich dort lieber sein und billiger leben wollte, sondern um bestimmte private Angelegenheiten mit den geringstmöglichen Störungen zu erledigen; an ihrer Ausführung nur durch den Mangel an ein wenig gesundem Menschenverstand, Unternehmungsgeist und geschäftlichem Talent gehindert zu werden wäre mir weniger kläglich als töricht erschienen.

Ich war immer bestrebt, ein striktes Geschäftsgebaren einzuhalten; das ist für jedermann unerläßlich. Steht man in Geschäftsbeziehungen mit China, dann ist ein kleines Büro an der Küste, etwa in einem der Häfen von Salem, ein ausreichendes Etablissement. Man würde die Dinge exportieren, die das Land liefert, rein einheimische Produkte, viel Eis und Pinienholz, ein bißchen Granit, immer mit einheimischen Schiffen. Das würde sich als günstiges Unternehmen erweisen. Man übersieht alle Einzelheiten in eigener Person; man ist gleichzeitig Lotse und Kapitän, Eigentümer und Versicherungsgesellschaft; man kauft, verkauft und führt die Bücher; man liest alle eingehenden Briefe und schreibt oder liest die abgehenden; man überwacht bei Tag und Nacht das Ausladen der importierten Güter; man muß an vielen Stellen der Küste fast zu derselben Zeit sein; oft wird die wertvollste Fracht an irgendeinem Strand in Neuengland ausgeladen; man ist sein eigener Telegraph, läßt seine Blicke unermüdlich über den Horizont schweifen und spricht alle vorbeikommenden Schiffe an, die an dieselbe Küste fahren; man muß einen ständigen Warenversand unterhalten, um einen so entfernten, ungeheuren Markt versorgen zu können; man muß sich über die Märkte auf dem laufenden halten, über die Aussichten auf Krieg und Frieden überall, muß die künftigen Tendenzen des Handels und der Zivilisation vorhersehen; sich die Ergebnisse aller Forschungsreisen zunutze machen, die Entdeckung neuer Passagen sowie überhaupt alle Verbesserungen der Navigation; muß Karten studieren, sich über die Lage der Riffe, neuer Leuchtfeuer und Bojen orientieren und immer die Logarithmentafeln zur Hand haben, denn durch einen Rechenfehler zerschellt oft ein Schiff an einem Felsen, das an einem günstigen Kai hätte anlegen sollen – man denke nur an das unsägliche Schicksal von La Pérouse –; mit dem Stand der Wissenschaften muß man schritthalten, das Leben aller großen Entdecker, Weltreisenden, Abenteurer und Kaufleute von Hanno und den Phöniziern bis zu unseren Tagen studieren; und von Zeit zu Zeit muß man Inventur machen, um zu sehen, wo man steht. Es ist eine Aufgabe, die alle Fähigkeiten eines Mannes in Anspruch nimmt – mit solchen Problemen wie Gewinn und Verlust, Verzinsung, Tara und Gutgewicht sowie Maßeinheiten aller Arten vertraut sein, was alles ein universelles Wissen erfordert.

Ich meinte, der Waldenteich sei ein guter Geschäftsplatz, nicht allein wegen der Eisenbahnverbindung und des Eishandels; er bietet auch sonst Vorzüge, die auszuplaudern unklug wäre; es ist ein guter Platz und eine gute Gründung. Keine Newasümpfe sind erst zu füllen; obwohl man überall auf Pfählen bauen muß, die man selbst einrammt. Es heißt, daß eine Flut zusammen mit westlichem Wind und Eisgang auf der Newa St. Petersburg vom Angesicht der Erde hinwegfegen würde.

Da ich das Geschäft ohne das übliche Kapital aufnehmen mußte, dürfte es nicht leicht zu mutmaßen sein, woher jene Mittel, die für eine derartige Unternehmung nun einmal unentbehrlich sind, beschafft werden konnten. Was die Kleidung angeht, um gleich zum praktischen Teil dieser Frage zu kommen, so lassen wir uns bei ihrer Beschaffung öfter durch eine Vorliebe für Neuerungen und durch die Rücksicht auf die Meinung der Leute als durch ihre Nützlichkeit leiten. Wer arbeiten muß, möge sich erinnern, daß es erstens der Zweck der Kleidung ist, die vitale Lebenswärme zu erhalten, und zweitens, im gegenwärtigen Gesellschaftszustand, die Nacktheit zu bedecken; danach kann man beurteilen, wie viele notwendige und wichtige Arbeit man ausführen kann, ohne sich zusätzliche Garderobe anzuschaffen. Könige und Königinnen, die ein Kleidungsstück nur einmal tragen, wenn es auch von einem königlichen Hofschneider gemacht worden ist, können das Behagen nicht kennen, das einem wirklich passenden Kleidungsstück innewohnt. Sie sind nichts anderes als die Gestelle, auf die man gewaschene Sachen zum Trocknen hängt. Von Tag zu Tag passen sich unsere Kleidungsstücke uns mehr an, werden sie vom Charakter ihres Trägers geprägt, bis wir uns schließlich von ihnen zögernd trennen, nicht ohne solche Umstände, Heilungsversuche und Feierlichkeiten, wie wir sie sonst unserem Körper angedeihen lassen. Niemand hat es je in meiner Achtung herabgesetzt, wenn er einen Flicken auf seinem Kleidungsstück hatte; doch bin ich sicher, daß gemeinhin mehr Sorge auf modische oder zumindest saubere, nicht geflickte Kleidung als auf ein reines Gewissen verwandt wird. Aber selbst wenn der Riß nicht geflickt ist, verrät er doch schlimmstenfalls Sorglosigkeit. Manchmal stelle ich meine Bekannten durch derartige Fragen auf die Probe: Wer vermöchte wohl einen Flicken oder auch nur zwei zusätzliche Nähte auf dem Knie zu tragen? Die meisten verhalten sich so, als glaubten sie, ihre Lebenserwartungen würden völlig vernichtet, wenn sie das täten. Für sie wäre es leichter, mit einem gebrochenen Bein in die Stadt zu humpeln als mit einer zerrissenen Hose. Hat sich ein Gentleman bei einem Unfall die Beine verletzt, so können sie oft geheilt werden; wenn ein ähnliches Mißgeschick aber seinen Hosenbeinen widerfährt, ist jede Hilfe umsonst; denn ihm ist nicht wichtig, was wirklich respektabel ist, sondern was respektiert wird. Wir kennen nur wenige Menschen, jedoch viele Jacken und Hosen. Ziehe einer Vogelscheuche dein neues Hemd an und stell dich ohne Hemd daneben – wer wird nicht alsbald die Vogelscheuche grüßen? Als ich neulich an einem Kornfeld dicht bei einem Hut und einer Jacke auf einem Pfosten vorbeikam, erkannte ich sofort den Eigentümer der Farm, nur daß er etwas mehr vom Wetter mitgenommen war, seit ich ihn zuletzt gesehen hatte. Man hat mir von einem Hund erzählt, der jeden Fremden anbellte, der sich im Anzug dem Grundstück seines Herrn näherte, doch von einem nackten Dieb mühelos zum Schweigen gebracht wurde. Es ist eine interessante Frage, wieweit die Menschen ihre Stellung untereinander behalten würden, nähme man ihnen die Kleider weg. Könnten Sie in einem solchen Fall in einer Gruppe von zivilisierten Menschen mit Sicherheit diejenigen ausmachen, die zu der am meisten geachteten Klasse gehören? Als Madam Pfeiffer bei ihren abenteuerlichen Weltreisen von Ost nach West schon fast nach Hause bis ins asiatische Rußland gekommen war, hielt sie es – wie sie berichtet – für notwendig, etwas anderes anzuziehen als ihre Reisekleider, als sie zu den Behörden ging, denn sie ›war jetzt in einem zivilisierten Land, wo man die Leute nach ihren Kleidern beurteilt‹. Selbst in unseren demokratischen Städten in Neuengland bewirkt der zufällige Besitz von Wohlstand und seine Zurschaustellung allein in Kleidern und Kutschen, daß der Besitzer fast jeden Respekt genießt. Doch diejenigen, die diesen Respekt zollen, sind – so groß ihre Zahl auch ist – letztlich Heiden, die es nötig haben, daß ihnen ein Missionar geschickt wird. Außerdem brachten die Kleider die Näherei mit sich, eine Arbeit, die man endlos nennen kann; zumindest wird das Kleid einer Frau nie fertig.

Ein Mann, der schließlich eine Arbeit erfunden hat, wird dazu keinen neuen Anzug brauchen; ihm genügt der alte, der in der Zwischenzeit eingestaubt in der Bodenkammer gelegen hat. Alte Schuhe werden einem Helden länger dienen, als sie seinem Kammerdiener gedient haben – falls ein Held je einen Kammerdiener hat –; nackte Füße sind noch älter als Schuhe, und damit kann er auch zurechtkommen. Nur wer auf Abendgesellschaften oder in Ratssitzungen geht, muß ständig neue Röcke haben, damit er den Rock so oft wechseln kann, wie sich der Mann darin ändert. Doch wenn meine Jacke und meine Hosen, mein Hut und meine Schuhe gut genug sind, Gott darin anzubeten, dann werden sie auch sonst ausreichen – oder etwa nicht? Wer hat je seine alten Kleider betrachtet – seine alte Jacke, so aufgetragen und so in ihre ursprünglichen Elemente aufgelöst, daß es keine Tat der Nächstenliebe wäre, sie irgendeinem armen Jungen zu schenken, der sie vielleicht an einen noch ärmeren weitergibt – oder sollen wir sagen: an einen reicheren, weil er mit weniger auskommt? Ich rate euch: Hütet euch vor allen Unternehmungen, die neue Kleider erfordern und nicht eher einen neuen Mann, der darin steckt. Wenn der Mensch nicht neu wird, wie können da neue Kleider für ihn passen? Wenn ihr irgend etwas Neues vorhabt, versucht es in euren alten Kleidern. Alle Menschen wollen nicht mit etwas *auskommen*, sondern etwas *tun* oder besser etwas *sein*. Vielleicht sollten wir nie einen neuen Anzug anschaffen, so zerrissen oder schmutzig der alte auch sein mag, bevor wir uns irgendwie so verhalten, etwas so unternommen oder angepackt zu haben, daß wir uns wie ein neuer Mensch in den Kleidern fühlen und sie anzubehalten dasselbe wäre, als füllte man neuen Wein in alte Schläuche. Die Zeit der Mauserung muß wie bei den Vögeln auch in unserem Leben eine Zeit der Krisis sein. Der Eistaucher verbringt sie zurückgezogen an einsamen Teichen. Genauso werfen die Schlange und die Raupe ihr wurmartiges Kleid ab, durch innere Anstrengung und Dehnung, denn unsere Kleider sind nur unsere äußerste Haut und sterbliche Hülle. Andernfalls werden wir als unter falscher Flagge segelnd befunden und unweigerlich verworfen – zumindest von unserer eigenen Meinung, aber auch von der Menschheit.

Wir ziehen Kleidungsstück nach Kleidungsstück an, als würden wir wie exogene Pflanzen dadurch wachsen, daß etwas von außen hinzugefügt wird. Unsere äußerlichen, oft dünnen und phantasiereichen Kleider sind unsere Epidermis oder falsche Haut, die nicht an unserem Leben teilhat und gelegentlich abgestreift werden kann, ohne uns lebensgefährlich Schaden zuzufügen; unsere dickeren Kleidungsstücke, die wir ständig tragen, sind unsere zellulare Deckhaut, die Rinde; unsere Hemden sind jedoch unser Bast oder wie wirkliche Borke, deren Zerstörung den Tod des Baumes zur Folge hat. Ich glaube, alle Rassen tragen zu irgendeiner Zeit etwas, was unserem Hemd entspricht. Ein Mensch sollte so einfach gekleidet sein, daß er sich im Dunkeln in seinen Sachen zurechtfindet und daß er in jeder Hinsicht so gesammelt und bereit lebt, daß er, würde die Stadt von einem Feind eingenommen, wie der Philosoph im Altertum, seelenruhig mit leeren Händen aus dem Stadttor schreiten könnte. Ein dickes Kleidungsstück ist in den meisten Fällen so gut wie drei dünne, und billige Kleider kann man zu Preisen bekommen, die dem Käufer wirklich zusagen. Ein dicker Rock ist für fünf Dollar zu haben und hält genauso viele Jahre, dicke Hosen bekommt man für zwei Dollar, ein Paar Rindlederstiefel für anderthalb Dollar, einen Sommerhut für einen Vierteldollar, eine Wintermütze für zweiundsechzig und einen halben Cent, oder man fertigt zu Hause eine bessere mit den gleichen Kosten an. Wo ist einer so arm, daß er nicht so *aus seinem eigenen Einkommen* gekleidet sein könnte, und wo werden sich nicht kluge Männer finden, die ihm Achtung zollen?

Wenn ich ein Kleidungsstück in einer bestimmten Form verlange, sagt meine Schneiderin mit ernster Stimme: ›So macht man das heutzutage nicht‹; dieses ›man‹ in keiner Weise betonend, als ob sie sich auf eine so unpersönliche Autorität wie das Schicksal beriefe, und ich habe Schwierigkeiten, das zu bekommen, was ich möchte, einfach weil sie nicht glauben kann, daß ich meine, was ich sage, daß ich so verwegen bin. Wenn ich diesen Orakelspruch höre, bin ich einen Augenblick lang in Gedanken verloren, mir jedes Wort einzeln betonend, damit ich seine Bedeutung finde, damit ich begreife, in welchem Grad eine Verwandtschaft zwischen mir und jenem ›man‹ besteht und welche Autorität es in Dingen hat, die mich so wenig berühren; und schließlich neige ich dazu, ihr genauso geheimnisvoll zu antworten, ebenfalls ohne das ›man‹ zu betonen: ›Das stimmt, bis vor kurzem machte man das nicht, aber jetzt macht man es so.‹ Was nützt dieses Maßnehmen, wenn sie nicht meinen Charakter mißt, sondern bloß die Breite meiner Schultern, als wären sie ein Kleiderbügel, auf den man einen Rock hängt? Wir beten nicht die Grazien und nicht die Parzen an, sondern die Mode. Sie spinnt und webt und schneidet zu, alles mit voller Autorität. Der Hauptaffe in Paris setzt sich eine Reisekappe auf, und alle Affen in Amerika machen es ihm nach. Manchmal gebe ich die Hoffnung auf, daß in dieser Welt irgend etwas ganz Einfaches und Ehrliches mit Hilfe der Menschen vollbracht werden kann. Sie müßten erst durch eine mächtige Presse hindurch, damit ihre alten Vorstellungen herausgequetscht werden, so daß sie nicht so schnell wieder auf die Beine kämen. Und dann wäre einer in dieser Gesellschaft mit einer Grille im Kopf, die aus einem Ei gekrochen ist, von dem niemand weiß, wann es dort abgelegt wurde, denn nicht einmal Feuer tötet so etwas, und deine Mühe wäre umsonst gewesen. Immerhin wollen wir nicht vergessen, daß ägyptischer Weizen durch eine Mumie auf uns überkommen ist.

Im ganzen gesehen kann man nach meiner Meinung nicht behaupten, daß in diesem oder einem anderen

Land die Schneiderei zur Würde einer Kunst aufgestiegen wäre. Heutzutage behelfen sich die Menschen damit, das zu tragen, was sie bekommen können. Wie Schiffbrüchige ziehen sie an, was sie gerade am Strand finden; haben sie einen gewissen Abstand dazu, sei es an Raum oder an Zeit, belächeln sie einander wegen der Maskerade. Jede Generation lacht über die alte Mode, folgt aber fromm der neuen. Wenn wir uns heute die Kleidung Heinrichs VIII. oder der Königin Elisabeth ansehen, belustigen wir uns so darüber, als wären sie der König und die Königin der Kannibaleninseln. Ohne den Menschen darin ist jedes Kleid ein erbarmungswürdiger und grotesker Gegenstand. Nur das ernste Auge, das aus ihm herausschaut, und das aufrichtige Leben, das darin geführt wurde, halten das Gelächter zurück und heiligen die Kleidung irgendwelcher Menschen. Bekommt Harlekin einen Kolikanfall, dann ist sein Aufputz auch in dieser Stimmung der gleiche. Wenn der Soldat von einer Kanonenkugel getroffen wird, werden seine Lumpen zu einem Purpurgewand.

Die kindische und primitive Vorliebe von Männern und Frauen für neue Muster läßt unendlich viele Menschen das Kaleidoskop schütteln und hindurchschielen, damit sie das spezielle Muster herausfinden, das diese Generation heute braucht. Die Hersteller haben gelernt, daß dieser Geschmack nichts als eine Laune ist. Von zwei Mustern, die sich nur in ein paar Fäden von mehr oder weniger spezieller Farbe unterscheiden, läßt sich das eine gut verkaufen, während das andere liegenbleibt; allerdings passiert es häufig, daß nach dem Ende der Saison gerade dieses als besonders modisch gilt. Damit verglichen ist das Tätowieren nicht der scheußliche Brauch, als der es heute hingestellt wird. Es ist nicht barbarisch, bloß weil seine Spur tief in die Haut eindringt und unveränderlich ist.

Ich kann mir nicht vorstellen, daß unser Fabriksystem die beste Methode ist, wie die Menschen zu ihrer Kleidung kommen können. Die Lebensbedingungen der Arbeiter ähneln von Tag zu Tag mehr denen der Arbeiter in England; darüber muß man sich auch nicht wundern, denn – soweit ich gehört oder beobachtet habe – dreht es sich nicht in erster Linie darum, die Menschheit gut und ehrlich zu kleiden, sondern primär zweifellos darum, den Wohlstand der Firmen zu mehren. Im Endergebnis treffen die Menschen nur das, worauf sie zielen. Infolgedessen sollten sie besser auf etwas Hohes zielen, selbst wenn sie es zunächst verfehlen.

Was die Unterkunft anbetrifft, so will ich nicht leugnen, daß sie jetzt eine Lebensnotwendigkeit darstellt, obwohl es Beispiele dafür gibt, daß in kälteren Ländern als dem unsrigen Menschen lange Zeit auch ohne so etwas ausgekommen sind. Samuel Laing berichtet: ›In seinem Fellanzug und mit einem Fellsack, den er sich über Kopf und Schultern zieht, schläft der Lappe Nacht für Nacht auf dem Schnee – und das bei Kältegraden, die das Leben jedes Menschen auslöschen würden, der ihnen in wollener Kleidung ausgesetzt wäre.‹ Er hat sie selber so schlafen sehen, fügt sogar hinzu: ›Sie sind nicht mehr abgehärtet als andere Völker.‹ Doch vermutlich lebte der Mensch nicht lange auf der Erde, ohne die Bequemlichkeit zu entdecken, welche ein Haus bietet, die häusliche Behaglichkeit; ein Ausdruck, der ursprünglich mehr die Befriedigung bezeichnete, die der Besitz eines Hauses verschafft, als die des Familienlebens. Allerdings kann sie in jenen Klimazonen nur äußerst begrenzt und gelegentlich sein, wo wir den Gedanken an das Haus hauptsächlich mit dem Winter oder den regnerischen Jahreszeiten verbinden, wo es in zwei Dritteln des Jahres außer als Sonnenschirm überflüssig ist. In unserem Klima war es im Sommer früher fast nur ein Dach für die Nacht. In den Aufzeichnungen der Indianer war ein Wigwam das Symbol für einen Tagesmarsch, und wenn sie eine Reihe von ihnen in die Rinde eines Baumes einritzten oder daraufmalten, dann hieß das, daß sie dort so und so lange kampiert hatten. Der Mensch wurde nicht mit so großen Gliedern und so robust erschaffen, als daß er nicht danach trachten müßte, sich ein Stück Lebensraum abzugrenzen und mit Mauern zu umgeben. Zunächst war er nackt und lebte im Freien; so angenehm das bei heiterem und warmem Wetter tagsüber auch war, hätten die Regenzeit und der Winter, gar nicht zu reden von sengender Sonne, seine Rasse vermutlich bereits im Keim erstickt, hätte er sich nicht beeilt, sich mit dem Schutz eines Hauses zu umgeben. Nach der Legende umkleideten sich Adam und Eva zunächst mit einer Laubhütte, ehe sie eine andere Kleidung trugen. Der Mensch brauchte eine Heimstatt, einen Platz der Wärme oder Behaglichkeit, zunächst der physischen Wärme, dann der Wärme der Zuneigung.

Wir können uns eine Zeit in den Kinderjahren des Menschengeschlechts vorstellen, als irgendein unternehmender Sterblicher in eine Höhle im Felsen kroch, um Schutz zu finden. Jedes Kind beginnt in gewissem Maße die Welt von vorn und liebt es, selbst bei Nässe und Kälte draußen zu bleiben. Es spielt seinem Instinkt gemäß ›Haus‹ und ›Pferd‹. Wer erinnert sich nicht des Interesses, mit dem er in seiner Jugend überhängende Felsen oder jeden Eingang zu einer Höhle betrachtet hat? Es war das natürliche Verlangen, das als Relikt unserer primitiven Vorfahren in uns überlebt hat. Von der Höhle haben wir uns fortentwickelt zu Schutzdächern aus Palmblättern, Baumrinde und Zweigen, aus gewebtem und gespanntem Leinen, aus Gras und Stroh, aus Brettern und Schindeln, aus Steinen und Ziegeln. Schließlich wissen wir nicht mehr, wie das ist, im Freien zu leben, und unser Leben ist in mehr als einem Sinne domestiziert, stärker, als uns bewußt ist. Vom Herd bis zum Feld ist es weit. Es wäre vielleicht gut, wenn wir einen größeren Teil unserer Tage und Nächte ohne Trennwand zwischen uns und den Himmelskörpern verbrächten, wenn der Poet nicht so viel unter einem Dach hervorspräche und auch der Heilige sich dort nicht so lange aufhielte. Vögel singen nicht in Käfigen, noch bewahren Tauben ihre Unschuld in Taubenschlägen.

Wenn indessen jemand plant, sich ein Wohnhaus zu bauen, ist es nötig, daß er ein Stück Yankeeklugkeit anwendet, sonst findet er sich am Ende statt dessen in einem Arbeitshaus, einem Labyrinth ohne Schlüssel, einem Museum, einem Armenhaus, einem Gefängnis oder einem großartigen Mausoleum wieder. Zunächst bedenke man, was für eine leichte Unterkunft bereits absolut ausreichend ist. Ich habe in unserer Stadt Penobscot-Indianer in Zelten aus dünnem Baumwollstoff leben sehen, während um sie herum der Schnee fast einen Fuß hoch lag, und ich dachte, sie hätten ihn lieber noch höher gehabt, den Wind abzuhalten. Früher, als mich mehr als heute die Frage quälte, wie ich mir mein Brot ehrlich verdienen und dennoch Freiheit für meine persönlichen Bestrebungen behalten könnte, denn heute bin ich unglücklicherweise etwas gleichgültiger geworden, sah ich an der Eisenbahn oft große Kisten, sechs Fuß lang und drei Fuß breit, in welche die Arbeiter nachts ihr Werkzeug einschlossen; und ich überlegte mir, daß jeder hart vom Schicksal Gebeutelte eine solche Kiste für einen Dollar bekommen, sie mit ein paar großen Bohrlöchern versehen, um zumindest der Luft Zutritt zu gewähren, bei Regen und über Nacht hineinschlüpfen und den Deckel zuhaken könnte; damit hätte er Freiheit in der Liebe und Freiheit für seine Seele gefunden. Das schien nicht die schlechteste und auf keinen Fall eine verachtenswerte Alternative zu sein. Du könntest so lange aufbleiben, wie es dir gefällt, und, wann immer du aufstehst, ausgehen, ohne daß dir der Hausbesitzer oder -verwalter wegen der Miete nachläuft. So mancher ist wegen der Miete für größere und luxuriöse Kästen zu Tode gequält worden, während er in einem solchen Kasten nicht erfroren wäre. Ich bin weit davon entfernt zu scherzen. Ökonomie ist ein Thema, das zugegebenermaßen mit gewisser Leichtfertigkeit behandelt wird, dessen man sich aber nicht entledigen kann. Ein bequemes Haus für eine derbe, abgehärtete Rasse, die meist im Freien lebt, wurde einst hier fast ausschließlich aus Material gebaut, das in der Natur zur Hand war. Gookin, Inspektor der Indianer, die der Kolonie Massachusetts unterstanden, schrieb 1674: ›Die besten ihrer Häuser sind sehr ordentlich gedeckt, dicht und warm; sie belegen sie mit Baumrinde, die dann von den Stämmen abgestreift wird, wenn der Saft aufgestiegen ist, und in grünem Zustand unter dem Druck großer Holzblöcke zu großen Platten verarbeitet wird ... Die einfacheren sind mit Matten aus einer Art Binsen gedeckt, ebenfalls weitgehend dicht und warm, doch nicht so gut wie die erstgenannten ... Einige habe ich gesehen, sechzig oder hundert Fuß lang und dreißig Fuß breit ... Ich habe oft in ihren Wigwams gewohnt und fand sie so warm wie die besten englischen Häuser.‹ Er fügt hinzu, daß die Fußböden und Wände für gewöhnlich mit hübsch gearbeiteten bestickten Matten bedeckt waren und auch eine Ausstattung mit allerlei Hausrat vorhanden war. Die Indianer waren so weit fortgeschritten, daß sie die Einwirkung des Windes mit Hilfe einer Matte regulierten, die über dem Loch im Dang hing und mit einer Schnur bewegt werden konnte. Solch eine Behausung wurde beim ersten Mal an einem Tag oder höchstens an zweien erbaut; abgebrochen und wieder aufgebaut in ein paar Stunden, und jede Familie besaß eine oder zumindest eine eigene Wohnung darin.

Bei den Wilden besitzt jede Familie eine Unterkunft so gut wie alle anderen, ausreichend für ihre gröberen und einfacheren Bedürfnisse; doch ich glaube maßvoll zu sprechen, wenn ich sage, daß zwar die Vögel in der Luft ihre Nester, die Füchse ihre Höhlen und die Wilden ihre Wigwams haben, in der modernen zivilisierten Gesellschaft jedoch nicht mehr als die Hälfte aller Familien eine eigene Unterkunft besitzt. In den großen Städten, in denen die Zivilisation besonders herrscht, stellt die Zahl derer, die eine eigene Unterkunft besitzen, nur einen geringen Bruchteil dar. Der Rest entrichtet für dieses äußerste, im Sommer wie im Winter unentbehrlich gewordene Gewand eine jährliche Steuer, mit der er ein ganzes Dorf von Indianer-Wigwams hätte kaufen können, die ihm aber heute zu einer lebenslangen Armut verhilft. Ich will hier auf den Nachteilen der Miete gegenüber dem Eigentum beharren, aber es ist offenkundig, daß dem Wilden die Unterkunft gehört, weil sie so billig ist, während der zivilisierte Mensch die seinige gewöhnlich mietet, weil er sich ihren Besitz nicht leisten kann; und auf Dauer ist es ihm auch nicht möglich, irgendeine bessere zu mieten. Doch, so hält man mir entgegen, allein durch die Zahlung dieser Steuer sichert sich der zivilisierte Mensch eine Behausung, die, mit der des Indianers verglichen, geradezu ein Palast ist. Eine Jahresmiete zwischen fünfundzwanzig und hundert Dollar, was der landesübliche Satz ist, gibt ihm ein Anrecht auf die Errungenschaften der Jahrhunderte: geräumige Zimmer, saubere Anstriche und Tapeten, Rumford-Kamine, Unterputz, Jalousien, kupferne Wasserpumpen, Springhakenschlösser, einen bequemen Keller und vieles andere. Doch wie kommt es, daß derjenige, von dem gesagt wird, er könne sich dieser Dinge erfreuen, für gewöhnlich ein *armer* zivilisierter Mensch ist, während der Wilde, der sie nicht hat, als Wilder reich ist? Wenn behauptet wird, die Zivilisation sei ein echter Fortschritt in der Entwicklung des Menschen – und ich denke, daß sie das ist, wenn auch nur der Weise ihre Errungenschaften zu nutzen versteht –, muß gezeigt werden, daß sie bessere Wohnungen produziert, ohne deren Kosten zu erhöhen; und die Kosten einer Sache sind der Aufwand an Leben, so möchte ich sagen, das dafür eingetauscht werden muß, ob auf einmal oder im Laufe der Zeit. In unserer Gegend kostet nun ein durchschnittliches Haus vielleicht achthundert Dollar, und diese Summe aufzubringen erfordert zehn bis fünfzehn Lebensjahre des Arbeiters, selbst wenn er nicht durch eine Familie belastet ist; – dabei gehen wir von einem in Geld ausgedrückten Wert der menschlichen Arbeit von einem Dollar pro Tag aus, wobei einige mehr bekommen, andere weniger; – so daß er gewöhnlich mehr als die Hälfte seines Lebens hinter sich gebracht hat, bevor *sein* Wigwam erworben ist. Wenn wir annehmen, daß er statt dessen Miete bezahlt, so ist das nur eine fragwürdige Wahl zwischen zwei Übeln. Wäre der Wilde klug, seinen Wigwam unter diesen Umständen gegen einen Palast einzutauschen?

Man könnte meinen, daß ich den Nutzen solch überflüssigen Besitzes als Fundus für die Zukunft herunterspiele, den ich jedoch, soweit es den einzelnen angeht, vor allem darin sehe, daß die Kosten seines Begräbnisses davon bestritten werden. Doch vielleicht braucht sich ein Mensch gar nicht selbst zu begraben. Allerdings ist das ein Hinweis auf einen bedeutsamen Unterschied zwischen einem zivilisierten Menschen und einem Wilden; zweifellos führt man etwas zu unserem Nutzen im Schilde, wenn man das Leben eines zivilisierten Volkes zu einer *Institution* macht, in der das Leben des einzelnen weitgehend aufgeht, um das der Rasse zu erhalten und zu vervollkommnen. Doch ich möchte zeigen, mit welchem Opfer dieser Vorteil gegenwärtig erkauft wird, und vorschlagen, vielleicht so zu leben, daß wir uns alle Vorteile sichern, ohne einen der Nachteile hinnehmen zu müssen. Was meint ihr damit, wenn ihr sagt, daß ihr allezeit Arme bei euch habt oder daß die Väter saure Trauben gegessen haben und den Kindern die Zähne davon stumpf geworden sind?

›So wahr ich lebe‹, spricht Gott der Herr, ›dies Sprichwort soll nicht mehr unter euch umgehen in Israel.‹

›Denn siehe, alle Menschen gehören mir; die Väter gehören mir so gut wie die Söhne; jeder, der sündigt, soll sterben.‹

Wenn ich mir meine Nachbarn betrachte, die Farmer von Concord, denen es mindestens so gut geht wie den anderen Klassen, stelle ich fest, daß sie sich größtenteils zwanzig, dreißig oder vierzig Jahre abgemüht haben, um wirkliche Eigentümer ihrer Farmen zu werden, die sie gemeinhin mit Belastungen geerbt oder mit geborgtem Gelde gekauft haben; – und wir können ein Drittel jener Mühe als den Kaufpreis ihrer Häuser ansehen; – doch gewöhnlich haben sie ihn noch gar nicht bezahlt. Es ist wahr, die Belastungen übersteigen manchmal den Wert der Farm, so daß die Farm selbst zu einer einzigen großen Belastung wird, und doch findet sich immer wieder ein Mann, das Erbe anzutreten, der damit gut vertraut ist, wie er sagt. Als ich mich deswegen an die Steuereinschätzer wandte, war ich überrascht zu erfahren, daß sie nicht auf Anhieb ein Dutzend Farmer in der Stadt benennen können, die ihre Güter frei und unbelastet besitzen. Will man die Geschichte dieser Heimstätten kennenlernen, braucht man sich nur bei der Bank zu erkundigen, bei der die Hypotheken aufgenommen wurden. Der Mann, der seine Farm tatsächlich mit seiner Arbeit bezahlt hat, ist so selten, daß jeder Nachbar mit dem Finger auf ihn zeigen kann. Ich bezweifle, ob es auch nur drei solche Männer in Concord gibt. Was von den Kaufleuten gesagt wird, daß die große Mehrzahl, ja siebenundneunzig von hundert, mit Sicherheit Bankrott machen werden, gilt genauso für die Farmer. Was die Kaufleute angeht, so sagt mir einer von ihnen in bezug auf diese Vorfälle, daß ein großer Teil der Pleiten keine echten Fälle von finanziellem Bankrott sind, sondern solche Firmenzusammenbrüche, bei denen es den Inhabern unbequem ist, ihre Verpflichtungen zu erfüllen; daß heißt, daß der moralische Charakter zusammengebrochen ist. Doch das gibt der Sache ein unendlich viel böseres Gesicht und läßt außerdem vermuten, daß nicht einmal die anderen drei ihre Seelen retten konnten, sondern daß sie vielleicht in einem schlimmeren Sinne bankrott sind als jene, deren Firmen ehrlich zusammenbrechen. Bankrott und Zahlungseinstellung sind die Sprungbretter, von denen aus ein großer Teil unserer Zivilisation springt und Purzelbäume schlägt, indes der Wilde sicher auf dem unflexiblen Brett des Mangels steht. Und doch findet Jahr für Jahr hier die Viehausstellung von Middlesex mit *éclat* statt, als ob alle Elemente des landwirtschaftlichen Systems reibungslos ineinandergriffen.

Der Farmer bemüht sich ständig, das Problem seines Lebensunterhalts mit einer Formel zu lösen, die komplizierter ist als das Problem selbst. Um seine Schuhriemen zu bekommen, spekuliert er in Herden von Rindvieh. Mit höchster Geschicklichkeit hat er seine Falle gestellt, seine Schlingen gelegt, um Bequemlichkeit und Unabhängigkeit einzufangen, und bleibt in dem Augenblick, da er sich abwendet, mit dem eigenen Bein darin hängen.

Das ist der Grund für seine Armut; und aus ähnlicher Ursache sind wir alle arm im Hinblick auf die tausend Annehmlichkeiten eines Wilden, wenn auch von Luxusgütern umgeben. Wie Chapman singt:

›Die falsche menschliche Gesellschaft –
für ird'sche Größe schlägt sie
himmlische Güter in den Wind.‹

Und wenn der Farmer sein Haus endlich besitzt, ist er dadurch vielleicht nicht reicher, sondern um so ärmer geworden, und es kann sein, daß in Wirklichkeit das Haus ihn besitzt. Soweit ich sehe, war es ein begründeter Einwand, den Momus gegen das Haus der Minerva erhob, daß sie ›es nicht beweglich gemacht hätte, so daß man böser Nachbarschaft entkommen könnte‹. Er kann auch heute noch erhoben werden, denn unsere Häuser sind ein so schwerfälliger Besitz, daß wir in ihnen oft eher eingesperrt als behaust sind; und der böse Nächste, dem es zu entrinnen gilt, ist unser eigenes verächtliches Selbst. In unserer Stadt kenne ich mindestens eine oder zwei Familien, die fast eine Generation lang gewünscht haben, ihre Häuser in der Vorstadt zu verkaufen und aufs Dorf zu ziehen, ohne daß es ihnen gelungen wäre; erst der Tod wird sie davon befreien.

Angenommen, die *Mehrheit* ist schließlich in der Lage, ein modernes Haus mit all seinen Vorzügen entweder zu besitzen oder zu mieten. Während die Zivilisation unsere Häuser verbessert hat, hat sie nicht in gleicher Weise auch die Menschen verbessert, die sie bewohnen sollten. Sie hat Paläste geschaffen, aber es war nicht so einfach, Edelleute und Könige zu erschaffen. Und *wenn das Streben des zivilisierten Menschen nicht würdiger ist als das des Wilden, wenn er den größten Teil seines Lebens nur damit beschäftigt ist, die groben Lebensbedürfnisse und Bequemlichkeiten zu erringen, warum sollte er dann eine bessere Wohnung haben als jener?*

Doch wie geht es der armen *Minderheit*? Vielleicht stellt sich heraus, daß gerade in dem Verhältnis, wie einige nach ihren äußeren Lebensumständen über dem Wilden einzuordnen wären, andere unter ihn abgesunken sind. Dem Luxus der einen Klasse hält die Dürftigkeit der anderen die Waage. Auf der einen Seite steht der Palast, auf der anderen das Armenhaus und der ›schweigende Arme‹. Die Unzahl derer, welche die Pyramiden als Grabstätten für die Pharaonen bauten, ernährten sich von Knoblauch und wurden selbst möglicherweise nicht einmal würdig begraben. Der Maurer, der das Gesims des Palastes fertigstellt, kehrt abends vielleicht in eine Hütte zurück, die schlechter als ein Wigwam ist. Es ist ein Irrtum anzunehmen, daß in einem Land, in dem die üblichen Zeichen der Zivilisation zu finden sind, die Lebensumstände eines sehr großen Teils der Bevölkerung nicht auf das Niveau der Wilden abgesunken sein könnten. Ich spreche jetzt von den abgesunkenen Armen, nicht von abgesunkenen Reichen. Um mich darüber zu unterrichten, brauche ich nicht weiter zu schauen als bis zu den Hütten, die überall unsere Eisenbahnen säumen, jene jüngste Errungenschaft unserer Zivilisation; dort sehe ich auf meinem täglichen Spaziergang menschliche Wesen in Koben leben, den ganzen Winter mit offener Tür, damit Licht hineingelangen kann, ohne einen sichtbaren, oft nicht einmal vorstellbaren Vorrat an Brennholz; die Gestalten von Alten wie von Jungen sind durch die lange Gewohnheit, vor Kälte und Elend in sich zusammenzukriechen, geschrumpft, und die Entwicklung aller ihrer Glieder und Fähigkeiten ist gehemmt. Es ist sicher nur billig, sich jene Klasse anzusehen, durch deren Arbeit die Werke geschaffen wurden, durch die sich unsere Generation auszeichnet. Genauso sind mehr oder weniger auch die Lebensbedingungen aller Gruppen von Arbeitern in England, dem großen Arbeitshaus der Welt. Oder ich könnte Sie auf Irland verweisen, das auf der Landkarte als einer der weißen, zumindest hellen Flecken eingetragen ist. Man stelle die körperliche Verfassung der Iren derjenigen der nordamerikanischen Indianer oder der Südseeinsulaner oder irgendeiner anderen wilden Rasse gegenüber, bevor diese durch den Kontakt mit dem zivilisierten Menschen entwürdigt wurden. Und doch zweifle ich nicht, daß die Herrscher jener Völker genauso weise sind wie der Durchschnitt der zivilisierten Regenten. Ihre Verfassung beweist nur, welches Elend gleichzeitig mit der Zivilisation bestehen kann. Ich brauche in diesem Zusammenhang kaum auf die Arbeiter in unseren Südstaaten zu verweisen, die den größten Teil der Exportgüter unseres Landes produzieren und selbst ein Massenprodukt des Südens sind. Doch will ich mich auf jene beschränken, von denen es heißt, daß sie in gemäßigten Verhältnissen leben.

Die meisten Menschen scheinen nie bedacht zu haben, was ein Haus eigentlich ist, bleiben ihr ganzes Leben lang tatsächlich, wenn auch unnötigerweise, arm, weil sie glauben, sie müßten auch so etwas haben wie ihre Nachbarn. Als ob einer jede Art von Rock tragen müßte, die der Schneider für ihn zugeschnitten hat, oder ein anderer, der inzwischen seinen Hut aus Palmblättern oder seine Mütze aus Murmeltierfell abgelegt hat, sich jetzt über die schweren Zeiten beklagen würde, weil er sich keine Krone leisten kann! Es ist möglich, ein noch bequemeres und luxuriöseres Haus als das gegenwärtige zu konstruieren, nur würde jeder bestätigen, daß es sich kein Mensch mehr leisten könnte, den Preis dafür aufzubringen. Müssen wir denn bestrebt sein, noch mehr von diesen Dingen zu bekommen, anstatt mit weniger zufrieden zu sein? Soll denn der ehrsame Bürger durch Gebot und Beispiel dem jungen Mann ernstlich die Notwendigkeit suggerieren, sich bis zu seinem Tod eine gewisse Zahl überflüssiger Lackschuhe, Schirme und leerer Gästezimmer für hohlköpfige Gäste zuzulegen? Warum sollte unsere Inneneinrichtung nicht so einfach wie die der Araber oder Indianer sein? Wenn ich an die Wohltäter des Menschengeschlechts denke, die wir als Himmelsboten vergöttert haben, als Überbringer göttlicher Gaben, kann ich mich nicht entsinnen, daß sie irgendein Gefolge oder eine Wagenladung moderner Einrichtungsgegenstände bei sich gehabt hätten. Was wäre, wenn ich gestatten dürfte – wäre das nicht eine einzigartige Erlaubnis? –, daß unsere Einrichtung nur umfangreicher sein dürfte als die eines Arabers, und zwar in dem Maße, in dem wir ihm moralisch und intellektuell überlegen sind! Gegenwärtig sind unsere Häuser damit so vollgestopft und besudelt, daß eine gute Hausfrau den größten Teil in die Müllgrube fegen könnte, ohne daß dadurch ihre Morgenarbeit überflüssig würde. Morgenarbeit! Beim Erröten Auroras und bei der Musik des Memnon, was sollte die *Morgenarbeit* des Menschen in dieser Welt sein? Ich hatte drei Ziegelsteine auf meinem Tisch, aber zu meinem Entsetzen stellte ich fest, daß sie jeden Tag abgestaubt werden mußten, während meine geistige Einrichtung noch völlig unabgestaubt war, und ich warf sie mit Abscheu aus dem Fenster. Wie also hätte ich ein ganzes Haus einrichten können? Lieber säße ich im Freien, wo sich kein Staub auf dem Gras ansammelt, es sei denn, der Mensch hätte die Erde aufgewühlt.

Es ist der Üppige und Ausschweifende, der für die Mode die Maßstäbe setzt, denen die Herde denn so eifrig folgt. Der Reisende, der in den sogenannten ersten Häusern absteigt, wird das bald merken, denn die Gastwirte halten ihn für einen Sardanapal, und wenn er sich ihrer sanften Gewalt preisgäbe, würde er bald völlig entmannt sein. Ich glaube, daß wir auch bei der Eisenbahn dazu neigen, mehr für luxuriöse Ausstattung der Wagen als für Sicherheit und Festigkeit auszugeben, und es ist zu befürchten, daß wir, ohne diese zu erlangen, nur einen modernen Salon mit Sofas, Ottomanen, Fenstervorhängen und hundert anderen orientalischen Dingen, die wir in den Westen mitgenommen haben, ursprünglich für die Haremsdamen und die verweichlichten Naturen Chinas erfunden, die auch nur dem Namen nach zu kennen Jonathan sich schämen würde. Lieber würde ich auf einem Kürbis sitzen, für mich ganz allein, als inmitten einer Menge auf Samtkissen. Lieber würde ich auf der Erde in einem Ochsenkarren in frischer Luft fahren, als in dem luxuriösen Wagen eines Vergnügungszuges in den Himmel zu fahren und den ganzen Weg *Malaria* einzuatmen.

Die Einfachheit und Nacktheit des menschlichen Lebens in der Vorzeit brachte zumindest den Vorteil mit sich, daß der Mensch in der Natur Gast blieb. Wenn er sich mit Nahrung und Schlaf erfrischt hatte, begab er sich wieder auf die Reise. Er lebte auf dieser Welt gleichsam in einem Zelt, entweder die Täler durchstreifend, die Ebenen überquerend oder die Berge erklimmend. Doch, siehe da, die Menschen sind die Werkzeuge ihrer Werkzeuge geworden. Der Mann, der sich ungezwungen Früchte pflückte, wenn er Hunger hatte, ist zum Farmer geworden, und der unter einem Baum Schutz suchte, zum Hausbesitzer. Wir kampieren nicht mehr bloß für eine Nacht, sondern sind auf Erden seßhaft geworden und haben den Himmel vergessen. Das Christentum haben wir angenommen wie eine verbesserte Art des *Ackerbaus*. Für diese Welt haben wir ein Familienhaus gebaut, für die jenseitige eine Familiengruft. Die besten Werke der Kunst drücken den Kampf des Menschen um die Befreiung aus dieser Lage aus, doch die Wirkung unserer Kunst besteht nur darin, uns den gegenwärtigen niedrigen Status als angenehm empfinden und jenen höheren Status vergessen zu lassen. Es gibt in unserem Ort wirklich keinen Platz, um ein Werk der *wahren* Kunst aufzustellen, falls uns überhaupt eins überkommen ist, denn unser Alltag, unsere Häuser, unsere Straßen bieten kein geeignetes Postament dafür. Es gibt keinen Nagel, um ein Bild daran aufzuhängen, kein Wandbrett, um die Büste eines Helden oder eines Heiligen aufzustellen. Wenn ich bedenke, wie unsere Häuser gebaut und bezahlt (oder auch nicht bezahlt) sind, wie der Haushalt darin organisiert ist und aufrechterhalten wird, dann wundere ich mich, daß der Fußboden nicht unter dem Besucher versinkt, während er den Tand auf dem Kaminsims bewundert und ihn in den Keller mitnimmt auf ein festes und ehrliches wenn auch etwas erdiges Fundament. Ich kann mich des Eindrucks nicht erwehren, daß dieses sogenannte reiche und kultivierte

Leben etwas ist, was man nur durch einen Sprung gewinnt, und ich komme nicht in den Genuß der *wahren* Kunst, die es ausschmückt, weil mich jener Sprung so völlig beschäftigt; denn ich erinnere mich, daß der weiteste wirkliche Sprung, der nur mit den menschlichen Muskeln vollbracht wurde, von gewissen nomadisierenden Arabern berichtet wurde: sie sollen auf ebener Erde fünfundzwanzig Fuß weit gesprungen sein. Ohne künstliche Unterstützung kann der Mensch sicher sein, jenseits dieser Entfernung wieder zur Erde zurückzukommen. Die erste Frage, die ich dem Eigentümer von etwas so Ungetümem zu stellen versucht bin, ist die: ›Wer stützt das alles? Bist du einer von den siebenundneunzig, die Banknoten machen werden, oder gehörst du zu den drei Erfolgreichen?‹ Beantworte mir diese Fragen, und dann sehe ich mir vielleicht deinen Tand an und finde ihn möglicherweise dekorativ. Der Karren vor dem Pferd ist weder schön noch nützlich. Bevor wir unser Haus mit schönen Gegenständen schmücken können, müssen die Wände *freigelegt* werden, und unser Leben muß auch *freigelegt* werden; eine schöne Haushaltung und ein schönes Leben müssen das Fundament dafür bilden. Am meisten wird ein Gefühl für das Schöne allerdings im Freien gebildet, wo es kein Haus und keinen Hausherrn gibt.

In seinem Buch ›Die wundertätige Vorsehung‹ spricht der alte Johnson von den ersten Siedlern dieser Stadt, deren Zeitgenosse er war. Er berichtet uns: ›Sie graben sich als erstes Obdach eine Höhle an einem Bergabhang, werfen als Decke die Erde auf Baumstämme und machen sich da, wo die Höhle am höchsten ist, ein qualmendes Feuer auf dem Boden.‹ Und er fährt fort, daß sie erst dann für Häuser sorgten, als die Erde mit dem Segen des Herrn genug Brot hervorbrachte, um sie zu ernähren; dabei war die Ernte des ersten Jahres so gering, ›daß sie lange Zeit gezwungen waren, ihr Brot sehr dünn zu schneiden‹. Im Jahre 1650 schrieb der Sekretär der Provinz Neuholland in Holländisch, zur Information derer, die dort Land in Besitz nehmen wollten, ausführlicher: ›In Neuholland und insbesondere Neuengland graben diejenigen, die nicht gleich die Mittel haben, sich ein Farmhaus nach ihren Wünschen zu bauen, eine viereckige Grube in der Art eines Kellers in den Boden, sechs oder sieben Fuß tief und so lang und so breit, wie es ihnen paßt, verkleiden die Innenseite entlang der gesamten Wand mit Holz und das Holz wieder mit Baumrinde oder etwas anderem; um zu verhindern, daß die Erde nachgibt, belegen sie den Boden des Kellers mit Bohlen. Eine Holzverkleidung darüber dient als Decke; über der errichten sie ein Dach aus Sparren und bedekken diese mit Borke oder Grassoden. In solchen Häusern können sie mit ihren ganzen Familien zwei, drei oder vier Jahre lang leben, wobei Trennwände diese Keller je nach Familiengröße unterteilen. Im Anfang der Kolonialzeit lebten die wohlhabenden und tonangebenden Männer Neuenglands in solchen Behausungen aus zwei Gründen: erstens, um nicht die Zeit mit Bauarbeiten zu verschwenden und im nächsten Jahr unter Mangel an Nahrung zu leiden; zweitens, um nicht die armen Arbeiter zu entmutigen, die sie in großer Zahl aus ihrem Vaterland mitgebracht hatten. Nach drei oder vier Jahren, wenn das Land für die landwirtschaftliche Kultur hergerichtet war, bauten sie sich stattliche Häuser, für die sie Tausende ausgaben.‹

In diesem Vorgehen unserer Vorfahren wurde zumindest ein Stück Klugheit sichtbar, als sei es ihr Prinzip gewesen, den dringendsten Bedürfnissen zuerst nachzukommen. Aber werden heute die dringendsten Bedürfnisse auch als erstes befriedigt? Wenn ich daran denke, für mich eine unserer luxuriösen Wohnungen zu erwerben, werde ich davon abgeschreckt, weil, um das so auszudrücken, das Land für die *menschliche* Kultur noch nicht hergerichtet ist und wir immer noch gezwungen sind, unser *geistiges* Brot weit dünner zu schneiden als unsere Vorväter ihr Weizenbrot. Zwar ist selbst in den rohesten Zeiten nicht jeder bauliche Schmuck abzulehnen; doch sollen unsere Häuser zuerst dort mit Schönheit ausgestattet werden, wo sie im Kontakt mit unserem

Leben stehen, so wie das Haus des Schalentiers, und sollen damit nicht überladen werden. Doch ach, ich war in einem oder zweien von ihnen, und ich weiß, womit sie ausgestattet sind.

Obwohl wir nicht so verweichlicht sind, daß wir nicht auch heute in einer Höhle oder einem Wigwam leben und Felle tragen könnten, ist es sicher besser, die Errungenschaften zu akzeptieren, die uns der Erfindungsgeist und der Fleiß des Menschengeschlechts beschert haben, wenn sie auch teuer erkauft wurden. In einer Umwelt wie der unsrigen sind Bretter und Schindeln, Kalksteine und Ziegel billiger und leichter zu bekommen als geeignete Höhlen, ganze Baumstämme oder Borke in ausreichenden Mengen, ja selbst gutgebrannter Ton oder flache Steine. Ich spreche als Kenner über dieses Thema, denn ich habe mich damit theoretisch als auch praktisch vertraut gemacht. Mit ein bißchen mehr Verstand könnten wir diese Materialien so einsetzen, daß wir reicher würden, als die Reichsten jetzt sind, und unsere Zivilisation würde zum Segen werden. Der zivilisierte Mensch ist ein erfahrenerer und klügerer Wilder. Doch nun rasch zu meinem eigenen Experiment.

Gegen Ende März 1845 borgte ich mir eine Axt und ging hinunter in die Wälder am Waldenteich, in dessen unmittelbarer Nähe ich mein Haus bauen wollte, und begann damit, einige schlanke, pfeilgerade Weißtannen zu fällen, die noch in ihrer Jugend standen, um Bauholz zu gewinnen. Es ist schwierig, ohne Borgen zu beginnen, und außerdem ist es vielleicht das großherzigste Verfahren, denn es erlaubt deinem Mitmenschen, an deinem Unternehmen Anteil zu nehmen. Als der Eigentümer der Axt sie aus der Hand gab, sagte er, sie sei sein Augapfel; doch ich gab sie ihm schärfer zurück, als ich sie bekommen hatte. Es war ein hübscher Abhang, an dem ich arbeitete, mit Tannen bewachsen, zwischen denen ich auf den Teich sah und auf eine kleine Lichtung, auf der Tannen und Hickorynußbäume aufschossen. Das Eis auf dem Teich war noch nicht getaut, wenngleich es einige offene Stellen gab, ganz dunkel und völlig mit Wasser durchtränkt. An den Tagen, als ich dort arbeitete, gab es ein paar leichte Schneegestöber; doch wenn ich auf dem Weg nach Hause zur Eisenbahn hinaustrat, dann erstreckte sich ihr Damm aus gelbem Sand meist hell leuchtend bis in die dunstige Ferne, und die Schienen glänzten in der Frühlingssonne, und ich hörte die Lerche, den Kiebitz und andere Vögel, die schon eingetroffen waren, um ein neues Jahr mit uns zu beginnen. Es waren herrliche Frühlingstage, an denen das Eis menschlicher Unzufriedenheit genauso schmolz wie das Eis auf der Erde, und das Leben, das erstarrt gelegen hatte, begann sich wieder zu rühren. Als eines Tages meine Axt abgegangen war und ich mir ein grünes Stück Hickoryholz als Keil zurechtgeschnitten hatte, trieb ich ihn mit einem Stein hinein und steckte das Ganze in ein Eisloch des Teiches, damit es sich voll Wasser saugen und das Holz quellen sollte. Da sah ich eine gestreifte Schlange ins Wasser gleiten und sich auf den Grund legen, anscheinend ohne jede Unbequemlichkeit und so lange, wie ich dort stehenblieb, länger als eine Viertelstunde; vielleicht, weil sie sich noch nicht völlig aus der Erstarrung gelöst hatte. Mir schien es, als verblieben aus ähnlicher Ursache Menschen in ihren gegenwärtigen niedrigen und primitiven Lebensumständen; doch wenn sie fühlten, daß der Frühling aller Frühlinge sie aufrührte, würden sie sich notwendigerweise zu einem höheren und vergeistigteren Leben erheben. Ich hatte an frostigen Morgen schon zuvor Schlangen auf meinem Wege gefunden, ihre Körper teilweise noch erstarrt und unbeweglich, auf die Sonne wartend, die sie auftauen sollte. Am 1. April regnete es, und das Eis schmolz, und an dem sehr nebligen Morgen hörte ich eine vereinzelte Gans, die über dem Teich herumsuchte und schnatterte, als hätte sie sich verirrt oder als wäre sie der Geist des Nebels.

So fuhr ich einige Tage fort, Bäume zu fällen und Bauholz zuzuhauen, auch Pfosten und Dachsparren, und alles mit meiner schmalen Axt; dabei hatte ich nicht viele mitteilenswerte und gelehrte Gedanken, sondern sang vor mich hin:

›Des Menschen Geist gar viel verspricht,
steigt hoch im hellen Sonnenlicht,
Gelehrsamkeit und Kunst ernennt,
schuf vieles, was sich für ihn dreht,
jedoch der Wind, und wie der weht,
ist alles, was er wirklich kennt.‹

Ich hieb die Tragbalken zu sechs Zoll im Quadrat. Die meisten Pfosten behieb ich nur auf zwei Seiten, die Dachsparren sogar nur auf einer, während ich an den übrigen Seiten die Borke daranließ. So wurden sie genauso gerade und viel stärker als gesägte Bretter. Jedes Stück wurde sorgfältig verzahnt oder an seinem Fuß verzapft, denn zu dieser Zeit hatte ich mir schon weiteres Werkzeug geborgt. Meine Tage in den Wäldern waren nicht sehr lang, doch nahm ich mir für gewöhnlich Butterbrote als Mittagessen mit und las dort mittags die Zeitung, in die sie eingewickelt waren, zwischen den grünen Zweigen sitzend, die ich abgehauen hatte. Etwas von ihrem Aroma teilte sich meinem Brot mit, denn meine Hände waren mit einer dicken Schicht Harz bedeckt. Noch bevor ich fertig wurde, war ich mehr der Freund der Tannen als ihr Feind geworden, obwohl ich einige hatte fällen müssen, aber ich war nun besser mit ihnen vertraut. Manchmal wurde ein Wanderer im Wald vom Klang meiner Axt angezogen, und wir plauderten munter über die abgefallenen Späne hinweg.

Etwa Mitte April – denn ich arbeitete ohne Hast, versuchte vielmehr meinem Vorhaben das Beste abzugewinnen – begann mein Haus Form anzunehmen und konnte aufgestellt werden. Wegen der Bretter hatte ich bereits die Hütte von James Collins gekauft, einem Iren, der an der Fitchburg-Eisenbahn arbeitete. Seine Hütte galt als außergewöhnlich schmuck. Als ich kam, sie zu besichtigen, war er nicht zu Hause. Ich ging außen herum, ohne zunächst von innen beobachtet zu werden, da das Fenster versenkt und hoch angebracht war. Die Hütte war recht klein, mit einem Spitzdach; viel mehr war nicht zu sehen, denn rundherum erhob sich fünf Fuß hoch der Schmutz, als wäre es ein Komposthaufen. Das Dach war noch der gesündeste Teil, wenn auch durch die Sonne stark verzogen und brüchig geworden. Eine Türschwelle gab es nicht, dafür aber unter der Tür einen ständigen Durchschlupf für die Hühner. Mrs. Collins kam an die Tür und forderte mich auf, mir die Hütte von innen anzusehen. Die Hennen wurden durch meine Annäherung in die Hütte getrieben. Sie war dunkel, der Fußboden größtenteils mit Schmutz bedeckt, dumpfig, klamm und fieberschwanger, nur hier und dort ein Brett, das das Aufnehmen nicht überstanden hätte. Sie zündete eine Lampe an, um mir die Unterseite des Dachs und die Innenseite der Wände zu zeigen und daß der Bretterfußboden bis unter das Bett reichte, und warnte mich, nicht in den Keller zu treten, eine Art Abfallgrube von zwei Fuß Tiefe. Nach ihren Worten waren es ›gute Bretter da oben, gute Bretter ringsherum und ein gutes Fenster‹, ursprünglich zwei ganze Scheiben enthaltend, aber durch eines war die Katze kürzlich hinausgesprungen. Es gab noch einen Herd, ein Bett, einen Platz zum Sitzen, ein in diesem Hause geborenes Kleinkind, einen seidenen Sonnenschirm, einen Spiegel in vergoldetem Rahmen sowie eine neue Patentkaffeemühle, die an einen jungen Eichenstamm genagelt war – um alles anzuführen. Der Handel war schnell abgeschlossen, denn James war inzwischen zurückgekehrt: Ich hatte am selben Abend vier Dollar und fünfundzwanzig Cent zu zahlen, während er die Hütte am nächsten Morgen um fünf Uhr zu verlassen hatte und sie an niemanden sonst verkaufen durfte; ich würde sie dann um sechs Uhr in Besitz nehmen. Es wäre gut, sagte er, schon früh zu kommen, um gewissen unklaren, jedoch völlig ungerechtfertigten Besitzansprüchen wegen rückständigen Grundzinses und unbezahlten Brennstoffes zuvorzukommen. Das wären, so versicherte er mir, die einzigen Belastungen. Um sechs Uhr begegnete ich ihm und seiner Familie auf der Landstraße. Ein einziges großes Bündel enthielt ihren gesamten Besitz: – Bett, Kaffeemühle,

Spiegel, Hühner; – alles außer der Katze, die in den Wald gelaufen und zu einer wilden Katze geworden war; dort verfing sie sich, wie ich hinterher erfuhr, in einer für Waldmurmeltiere aufgestellten Falle und wurde schließlich zu einer toten Katze.

Ich riß diese Behausung noch am selben Morgen ab, zog die Nägel heraus und brachte sie in kleinen Karrenladungen an das Teichufer. Dort breitete ich die Bretter auf dem Gras aus, damit sie in der Sonne bleichen und sich wieder geraderichten konnten. Eine frühe Drossel grüßte mich ein- oder zweimal auf dem Waldweg. Ein junger Patrick verriet mir schnöderweise, daß Nachbar Seeley, ebenfalls ein Ire, zwischen den einzelnen Fuhren die noch erträglichen, geraden und verwendbaren Nägel, Krampen und Stifte in seine Tasche gleiten ließ; wenn ich dann zurückkam, stand er müßig da herum, unbeteiligt, voller Frühlingsgedanken die Verwüstung betrachtend; es fehle jetzt an Arbeit, sagte er. Er war gekommen, um die schaulustige Öffentlichkeit zu repräsentieren und dazu beizutragen, daß dieses scheinbar unbedeutende Ereignis denselben Rang einnahm wie der Auszug der Götter aus Troja.

Ich grub meinen Keller in einen Berghang, der nach Süden abfiel und in dem früher ein Waldmurmeltier seinen Bau hatte, durch Essigbaum- und Blaubeerwurzeln und die tiefsten Stellen der Vegetation hindurch, sechs Fuß im Quadrat und sieben Fuß tief bis auf einen feinen Sand, in dem die Kartoffeln im Winter nicht erfrieren würden. Die Seiten ließ ich abschüssig und befestigte sie nicht mit Steinen; da ihn nie die Sonne beschienen hatte, blieb der Sand an seinem Platz. Es war nur eine Arbeit von zwei Stunden. Ich hatte besondere Freude an diesem Ausschachten, denn in fast allen Breiten graben die Menschen in die Erde, um eine gleichbleibende Temperatur zu erlangen. Unter den großartigsten Häusern in der Stadt befindet sich auch heute noch ein Keller, wo die Menschen von alters her ihr Wurzelgemüse aufbewahren, und wenn der Oberbau schon lange verschwunden ist, bemerkt die Nachwelt noch die Kerbe in der Erde. Das Haus ist noch immer nicht mehr als eine Vorhalle zu einer Erdhöhle.

Anfang Mai schließlich richtete ich mit Hilfe einiger Bekannter – weniger wegen der Notwendigkeit solcher Hilfe als in der Absicht, eine solche günstige Gelegenheit für gute Nachbarschaft zu nutzen – das Gerüst meines Hauses auf. Niemand wurde je durch den Rang seiner Gehilfen mehr geehrt als ich. Sie sind, dessen bin ich sicher, dazu bestimmt, einst bei der Errichtung noch erhabenerer Gebäude zu helfen. Am 4. Juli bezog ich mein Haus, sobald es mit Fußboden und Dach versehen war, denn die Bretter waren sorgfältig zugeschärft und überlappt, das Haus dadurch völlig regendicht. Bevor ich jedoch den Fußboden legte, errichtete ich erst das Fundament für den Schornstein an einem Ende des Hauses, wozu ich zwei Fuhren Steine mit den Armen den Berg vom Teich herauftrug. Den Schornstein selbst baute ich im Herbst nach den Hackarbeiten, bevor geheizt werden mußte; inzwischen kochte ich frühmorgens im Freien auf der Erde, was meiner Meinung nach in gewisser Hinsicht immer noch bequemer und annehmbarer ist als die übliche Methode. Begann es zu stürmen, bevor ich mit Brotbacken fertig war, brachte ich ein paar Bretter über dem Feuer an, setzte mich unter sie, um auf meinen Brotlaib aufzupassen, und verbrachte so ein paar angenehme Stunden. In jenen Tagen, in denen ich mit viel Handarbeit beschäftigt war, las ich nur wenig, aber der kleinste Papierfetzen, der auf der Erde lag, den ich benutzte, um etwas zu halten, oder der mir als Tischtuch diente, verschaffte mir so viel Unterhaltung wie die ›Ilias‹, ja erfüllte denselben Zweck.

Es würde sich lohnen, überlegter zu bauen, als ich es tat, zum Beispiel zu überlegen, welche Grundlage eine Tür, ein Fenster, ein Keller oder eine Bodenkammer in der menschlichen Natur hat, und vielleicht überhaupt kein Gebäude zu errichten, bevor wir dafür nicht bessere Gründe hätten als die Befriedigung unserer zeitweiligen Bedürfnisse. Baut sich ein Mann sein Haus selbst, baut er es, wie es für ihn taugt (ihm gemäß ist), ähnlich wie der Vogel sein Nest. Wenn sich die Menschen ihre Wohnungen mit ihren eigenen Händen und die Nahrung für sich selbst und ihre Familien ganz einfach und ehrlich selbst erzeugten, wer weiß, ob sich da nicht ihre poetischen Fähigkeiten so universell entwickelten, wie Vögel universell singen, wenn sie damit beschäftigt sind? Doch ach, wir machen es wie der Kuhvogel und der Kuckuck, die ihre Eier in Nester legen, die andere Vögel gebaut haben, und keinen Wanderer mit ihren schnatternden, unmusikalischen Tönen ermuntern können. Wollen wir das Vergnügen, etwas bauen zu können, für alle Zeiten dem Zimmermann überlassen? Welchen Stellenwert hat die Architektur in der Erfahrung der großen Menge? Auf allen meinen Wegen bin ich nie einem Mann begegnet, der mit einer so einfachen und natürlichen Arbeit beschäftigt war, sich ein Haus zu bauen. Wir gehören zur menschlichen Gesellschaft. Nicht allein, daß der Schneider der neunte Teil des Mannes ist; genau so ist das der Pfarrer, der Kaufmann oder der Farmer. Wo soll die Arbeitsteilung enden und welchem Zweck dient sie letztendlich? Kein Zweifel, daß ein anderer für mich mitdenken *darf*; doch deswegen ist es lange nicht wünschenswert, daß er das in dem Umfang tut, daß ich nicht mehr selbst denken darf.

Es ist wahr, es gibt in diesem Land Männer, die man Architekten nennt, und ich habe zumindest von einem gehört, der von der Idee besessen war, dem baulichen Schmuck einen Kern von Wahrheit, Notwendigkeit und damit Schönheit zu geben, als wäre das für ihn eine Offenbarung. Alles von seinem Standpunkt aus vielleicht ganz schön, aber doch nur ein wenig besser als der übliche Dilettantismus. Ein sentimentaler Reformator der Architektur, der mit dem Gesims anfing, nicht mit dem Fundament. Ihm ging es nur darum, dem Schmuck einen Kern von Wahrheit zu verleihen, darum, daß jede Zukkerpflaume auch tatsächlich eine Mandel oder ein Kümmelkorn enthält – obwohl ich persönlich der Meinung bin, daß Mandeln ohne den Zucker am gesündesten sind –, nicht aber, daß der Besitzer, der Bewohner inwendig und auswendig ehrlich baue und die Verzierungen sich selbst überlasse. Welcher vernünftige Mensch hat je angenommen, der Schmuck wäre nur etwas Äußerliches, nur die Haut Betreffendes – daß die Schildkröte ihren gefleckten Panzer, das Schalentier seine Perlmuttfarbe aufgrund solcher Vereinbarungen bekommen hätten wie die Bewohner des Broadway ihre Dreifaltigkeitskirche? Doch ein Mann kann für den architektonischen Stil seines Hauses nicht mehr als die Schildkröte für den Stil ihres Panzers. Und der Soldat braucht nicht so Überflüssiges zu tun, die spezielle *Farbe* seiner Tapferkeit auf seine Fahne zu malen. Der Feind wird es schon herausfinden. Es kann auch sein, daß er blaß wird, wenn es zur Bewährung kommt. Jener Mann scheint sich mir über das Gesims zu lehnen und den ungebildeten Bewohnern zaghaft seine Halbwahrheiten zuzuflüstern, obwohl sie wirklich besser Bescheid wissen als er. Was ich heute an architektonischer Schönheit sehe, das ist, wie ich weiß, langsam von innen nach außen gewachsen, aus den Bedürfnissen und dem Charakter des Bewohners hervorgegangen, der der eigentliche Baumeister ist, – aus seiner unbewußten Ehrlichkeit und Vornehmheit ohne jeden Gedanken an die äußere Wirkung, und welche zusätzliche Schönheit solcher Art auch immer hergestellt werden mag, ihr wird irgendeine unbewußte Schönheit des Lebens vorausgehen. Wie jeder Maler weiß, sind die interessantesten Wohnungen in unserem Land gemeinhin die anspruchslosesten, die bescheidenen Blockhütten und Häuser der Armen; es ist das Leben der Bewohner, deren Gehäuse sie sind, und nicht irgendeine Eigentümlichkeit ihrer äußeren Gestalt, was sie so malerisch erscheinen läßt; und der Vorstadtkasten des Städters wird ebenso interessant sein, wenn sein Leben ebenso einfach und für die Vorstellung annehmbar ist und es ebensowenig Effekthascherei im Baustil seiner Wohnung gibt. Ein großer Teil des architektonischen Schmucks ist buchstäblich hohl, und ein Septembersturm würde ihn losreißen wie geborgte Federn, ohne daß Schaden an den wesentlichen Dingen einträte. Die weder Oliven noch Wein in ihrem Keller haben, kommen auch ohne *Architektur* aus. Was wäre, hätte man ein gleiches Aufheben von dem stilistischen Schmuck in der Literatur gemacht, hätten die Architekten unserer Bibel genausoviel Zeit für ihr Gesims aufgewandt wie die Architekten unserer Kirchen! So macht man die *Literaturwissenschaft* und die *Kunstwissenschaft* und deren Professoren. Fürwahr, was kümmert es schon, wie die paar Stück Holz über ihm oder unter ihm gelegt sind und welche Farben auf seinem Kasten verschmiert wurden. Es würde ihm noch etwas bedeuten, wenn *er selbst*, im Ernst gesprochen, sie verlegt und verstrichen hätte. Doch da der Geist aus dem Bewohner entwichen ist, ist es das gleiche, als hätte er seinen eigenen Sarg gebaut – die Architektur des Grabes, und ›Zimmermann‹ ist nur eine andere Bezeichnung für ›Sargtischler‹. In seiner Verzweiflung oder Gleichgültigkeit gegenüber dem Leben sagte einmal jemand, man solle eine Handvoll Erde vor seinen Füßen aufnehmen und sein Haus mit dieser Farbe anstreichen. Ob er dabei an sein letztes, schmales Haus gedacht hat? Wer kann das schon wissen. Welch ein Übermaß an Freizeit muß er haben! Wozu eine Handvoll Erde aufnehmen? Besser wäre es, dem Haus die eigene Gesichtsfarbe zu geben, so daß es für einen erbleichen und erröten kann. Ein Unternehmen zur Verbesserung der Landhaus-Architektur! Wenn man meinen Anstrich fertig hat, werde ich ihn zur Schau stellen.

Bevor der Winter begann, baute ich einen Schornstein und versah mein Haus an den Seiten, die bereits regendicht waren, durch die unvollkommenen und grünen Schindeln aus der äußersten Schicht der Baumstämme, deren Kanten ich mit einem Hobel hatte glätten müssen, mit neuen Schindeln.

So hatte ich ein dichtes, mit Schindeln versehenes und verputztes Haus, zehn Fuß breit, fünfzehn Fuß lang und acht Fuß hoch, mit einer Bodenkammer, einem Nebengelaß; je einem großen Fenster an den Seiten, zwei Falltüren, einer Tür an dem einen Ende und einem Kamin an dem anderen. Die genauen Kosten für mein Haus habe ich nachstehend aufgeführt, wobei ich die üblichen Preise für das verwendete Material bezahlte, aber die Arbeit nicht zu berechnen brauchte, denn ich machte alles selbst; ich führe die Einzelheiten auf, denn nur sehr wenige können genau sagen, was ihr Haus gekostet hat, und noch weniger – wenn überhaupt jemand –, wie hoch die Kosten für die einzelnen Materialien waren.

Bretter	8,03 ½ Dollar	(größtenteils von der Hütte)
Abfallschindeln für Dach und Seitenwände	4,00 Dollar	
Latten	1,25 Dollar	
2 gebrauchte Fenster mit Glas	2,43 Dollar	
1 000 alte Ziegelsteine	4,00 Dollar	
2 Fässer Kalk	2,40 Dollar	(das war teuer)
Tierhaare	0,31 Dollar	(mehr als ich brauchte)
Eisen für Kamineinfassung	0,15 Dollar	
Nägel	3,90 Dollar	
Angeln und Schrauben	0,14 Dollar	
Klinke	0,10 Dollar	
Kreide	0,01 Dollar	
Fuhrlohn	1,40 Dollar	(einen großen Teil trug ich auf dem Rücken)
insgesamt	28,12 ½ Dollar	

Das war alles Material außer Holz, Steinen und Sand, worauf ich nach Siedlerrecht Anspruch hatte. Ich baute außerdem einen kleinen Holzschuppen an, und zwar vorwiegend aus den Resten, die nach dem Bau des Hauses übriggeblieben waren.

Ich bin bereit, mir ein Haus zu bauen, das jedes andere, an der Hauptstraße von Concord gelegene an Großartigkeit und Luxus übertrifft, vorausgesetzt, daß es mir genausogut gefällt und nicht mehr kostet als mein jetziges.

Ich stellte auf diese Weise fest, daß der Student, der eine Unterkunft sucht, sich eine solche auf Lebenszeit für Kosten verschaffen kann, die seine jetzige Jahresmiete nicht übersteigen. Wenn ich den Eindruck mache, ich prahle zu sehr, dann möchte ich mich damit entschuldigen, daß ich das für die Menschheit tue und nicht für mich und daß meine Unzulänglichkeiten und Inkonsequenzen die Wahrheit meiner Feststellung nicht beeinträchtigen. Ungeachtet der Menge von Heuchelei und Scheinheiligkeit – Spreu, die ich nur schwer von meinem Weizen trennen kann, was ich wie jedermann beklage – will ich in dieser Hinsicht frei atmen und mich recken können, denn das ist eine solche Erleichterung sowohl für den Geist als auch für den Körper, und ich bin fest entschlossen, nicht durch falsche Bescheidenheit zum Anwalt des Teufels zu werden. Ich werde bestrebt sein, ein gutes Wort für die Wahrheit einzulegen. Im Cambridge College kostet die bloße Miete für ein Studentenzimmer, das nur ein wenig größer ist als mein eigenes, dreißig Dollar pro Jahr, obwohl die Korporation den Vorteil hatte, zweiunddreißig Zimmer nebeneinander unter einem Dach zu bauen, und der Bewohner die Unbequemlichkeit erdulden muß, mit vielen und unruhigen Nachbarn zusammenzuleben; vielleicht wohnt er sogar im vierten Stock. Ich kann mich des Gedankens nicht erwehren, daß bei mehr wirklicher Weisheit in dieser Beziehung nicht nur weniger Erziehung nötig wäre, weil fürwahr schon mehr erreicht worden wäre, sondern auch der finanzielle Aufwand für eine solche Erziehung in hohem Maße entfiele. Jene Bequemlichkeiten, die der Student in Cambridge oder anderswo fordert, kosten ihn oder sonst jemanden ein zehnfaches Opfer an Lebenszeit als bei einer entsprechenden Organisation von beiden Seiten. Jene Dinge, die das meiste Geld kosten, sind nie die Dinge, die der Student am meisten nötig hat. Das Unterrichtsgeld zum Beispiel stellt einen wichtigen Posten in seiner Semesterrechnung dar, während für die bei weitem wertvollere Erziehung, die er durch den Umgang mit den gebildeten Zeitgenossen erhält, keine Gebühr erhoben wird. Die Methode für die Gründung eines neuen Colleges besteht gewöhnlich darin, eine Spendenliste nach Dollar und Cent aufzulegen und dann blindlings den Grundsätzen der Arbeitsteilung zu folgen – einem Prinzip, dem man nur sehr vorsichtig folgen sollte – und einen Unternehmer zu beauftragen, der daraus eine Sache des Geschäfts macht, Iren oder andere Arbeiter zur Fundamentlegung heranzieht, während die künftigen Studenten sich angeblich aufs Studium vorbereiten, und für dieses Versehen müssen dann die folgenden Generationen bezahlen. Ich meine, es wäre für die Studenten und für diejenigen, die den Nutzen davon haben werden, *um so besser*, wenn sie das Fundament lieber selbst legen würden. Der Student, der sich die ihm gewährte Muße und Zurückgezogenheit dadurch sichert, daß er sich systematisch jeder Arbeit entzieht, die für den Menschen notwendig ist, gewinnt nur eine unwürdige und unnütze Muße, sich selbst einer Erfahrung beraubend, die allein die Freizeit fruchtbar machen kann. ›Aber Sie meinen doch nicht etwa‹, wendet jemand ein, ›daß die Studenten mit den Händen statt mit dem Kopf arbeiten sollten?‹ Ich meine nicht genau das, doch ich meine etwas, wovon sie weitgehend dasselbe denken sollten: ich meine, sie sollten nicht das Leben *spielen* oder es lediglich *studieren*, während die Gesellschaft bei diesem teuren Spiel für ihren Unterhalt sorgt, sondern sie sollten es von Anfang bis Ende wirklich *leben*. Wie könnten junge Leute besser zu leben lernen, als indem sie das Experiment des Lebens einmal wagen? Ich glaube, das würde ihren Verstand genauso üben wie die Mathematik. Wenn ich zum Beispiel einen Jüngling etwas von Kunst und Wissenschaft lernen lassen wollte, würde ich nicht den üblichen Weg gehen, der darin besteht, ihn bloß in die Nachbarschaft eines Professors zu schicken, wo alles doziert und praktiziert wird, nur nicht die Kunst des Lebens: die Welt durch ein Teleskop oder ein Mikroskop besichtigen, aber niemals mit dem bloßen Auge; Chemie studieren und nicht zu lernen, wie man Brot bäckt, oder Mechanik, ohne zu lernen, wie sie angewandt wird; neue Satelliten des Neptun entdecken und nicht den

Splitter im eigenen Auge, oder was das für ein Vagabund ist, zu dessen Satelliten man selber gehört; oder von den Ungeheuern verschlungen werden, die einen umschwärmen, während man die Ungeheuer in einem Tropfen Weinessig betrachtet. Wer hätte am Ende des Monats die meisten Fortschritte gemacht – der Jüngling, der sich aus dem Erz, das er gegraben und geschmolzen hat, sein eigenes Taschenmesser hergestellt und nur das dafür Notwendige gelesen hat – oder der Jüngling, der in derselben Zeit im Institut Vorlesungen über Metallurgie gehört und von seinem Vater ein Federmesser der Marke ›Rogers‹ geschenkt bekommen hat? Wer würde sich vermutlich als erster in die Finger schneiden? ... Als ich das College verließ, erfuhr ich zu meiner Überraschung, daß ich Nautik studiert hatte! Nun, hätte ich einen Spaziergang zum Hafen unternommen, wüßte ich jetzt mehr davon. Selbst der *arme* Student studiert nur *politische* Ökonomie, und nur sie wird ihm beigebracht, während jene *Ökonomie des Lebens*, die ein Synonym für Philosophie ist, an unseren Colleges nicht einmal ernsthaft gelehrt wird. Die Folge ist, daß er, während er Adam Smith, Ricardo und Say liest, seinen Vater unrettbar in Schulden stürzt.

So wie es mit unseren Colleges ist, so ist es mit hundert ›modernen Errungenschaften‹; sie haben etwas von einem Blendwerk, sind nicht ein positiver Fortschritt. Der Teufel hört nicht auf, Zins und Zinseszinsen für seinen ersten Anteil und für zahlreiche anschließende Investitionen einzutreiben. Unsere Erfindungen sind gewöhnlich hübsche Spielsachen, die unsere Aufmerksamkeit von ernsthaften Dingen ablenken. Sie sind nur verbesserte Mittel, ein nicht verbessertes Ziel zu erreichen, ein Ziel, an das man schon fast zu leicht gelangte, wie der Bau von Eisenbahnen nach Boston oder New York. Wir beeilen uns sehr, einen elektrischen Telegraphen von Maine nach Texas einzurichten, aber vielleicht haben sich Maine und Texas gar nichts Wichtiges mitzuteilen. Jeder dieser beiden Staaten befindet sich in derselben mißlichen Lage wie der Mann, der eifrig bestrebt war, einer berühmten, fast tauben Frau vorgestellt zu werden, doch als das geschah und ihm das eine Ende ihres Hörrohres in die Hand gegeben wurde, wußte er nichts zu sagen. Als ob es die Hauptsache wäre, schnell zu sprechen, anstatt vernünftig zu reden. Wir bemühen uns, den Atlantik mit einem Kabel zu untertunneln, um die Alte Welt um ein paar Wochen näher an die Neue heranzubringen; doch vielleicht wird die erste Nachricht, die in das breite amerikanische Schlappohr dringt, die Mitteilung sein, daß Prinzessin Adelaide den Keuchhusten hat. Schließlich führt ein Mann, dessen Roß eine Meile in einer Minute zurücklegt, nicht die wichtigsten Botschaften mit; er ist kein Evangelist noch kommt er damit aus, Heuschrecken und den Honig der wilden Bienen zu essen. Ich glaube nicht, daß Flying Childers je auch nur einen Viertelscheffel Korn in die Mühle getragen hat.

Jemand sagt zu mir: »Ich verstehe nicht, daß du kein Geld zurücklegst. Du reist gern, könntest den Zug nehmen, heute nach Fitchburg fahren und dir die Gegend ansehen.« Doch ich bin klüger. Ich habe erfahren, daß derjenige am geschwindesten reist, der zu Fuß geht. Ich antworte meinem Freund: »Angenommen, wir versuchen, wer zuerst dort ankommt. Die Entfernung beträgt dreißig Meilen, der Fahrpreis neunzig Cent. Das ist schon fast ein Tageslohn. Ich kann mich erinnern, daß der Lohn einst sechzig Cent betrug an ebendieser Strecke. Gut, ich gehe jetzt zu Fuß los und komme dort an, bevor die Nacht einbricht; mit dieser Geschwindigkeit bin ich schon die ganze Woche gereist. In derselben Zeit hast du den Fahrpreis verdient, so daß du irgendwann im Laufe des morgigen Tages dort eintreffen wirst, vielleicht auch noch heute abend, wenn du das Glück hast, zur rechten Zeit eine Arbeit zu finden. Anstatt nach Fitchburg zu laufen, wirst du hier den größten Teil des Tages arbeiten. Würde die Eisenbahn um die ganze Welt reichen, würde ich doch, glaube ich, dir immer voraus sein; und was die Kenntnis der Gegend und den damit verbundenen Erfahrungsgewinn angeht, würde ich deine Erkundungen insgesamt in den Schatten stellen.«

Das ist das universelle Gesetz, das niemand überlisten kann, und in bezug auf die Eisenbahn können wir sagen, für sie gilt eines wie das andere. Eine Eisenbahn um die Welt bauen, die der ganzen Menschheit zur Verfügung steht, heißt, die gesamte Oberfläche unseres Planeten einebnen. Die Menschen haben ein verschwommenes Gefühl, daß am Ende, wenn sie die Aktivität von Aktiengesellschaften und Spaten lange genug beibehalten, alle in der Lage sein werden, in fast gar keiner Zeit und für nichts zu fahren; doch obwohl die Menge zum Bahnhof eilt und der Schaffner ›Einsteigen!‹ ruft, wird es dann, wenn der Rauch fortgeblasen ist und der Dampf sich niedergeschlagen hat, erkennbar werden, daß zwar einige fahren, der Rest aber überfahren wird – was man dann ›einen tragischen Unfall‹ nennen wird, was es auch ist. Natürlich können am Ende die fahren, die sich ihren Fahrpreis verdient haben, das heißt, wenn sie so lange leben, aber sie haben dann vermutlich schon ihre Spannkraft und ihre Reiselust verloren. Den besten Teil seines Lebens damit zu verbringen, das Geld zu verdienen, um sich eine fragwürdige Freiheit in seinem am wenigsten wertvollen Teil leisten zu können, erinnert mich an den Engländer, der nach Indien ging, um dort zunächst sein Glück zu machen, damit er dann nach England zurückkehren und dort das Leben eines Dichters führen könnte. Er hätte lieber gleich in eine Dachkammer ziehen sollen. ›Was!‹ ruft eine Million Iren, sich aus allen Elendshütten in unserem Land erhebend, ›Ist die Eisenbahn, die wir gebaut haben, nicht eine gute Sache?‹ Und ich werde ihnen antworten: ›Ja, *verhältnismäßig* gut, denn ihr hättet etwas viel Schlimmeres tun können; doch, da ihr meine Brüder seid, wünschte ich, ihr hättet eure Zeit besser verbracht als damit, im Dreck zu wühlen!‹

Bevor ich mein Haus fertig hatte, wollte ich auf ehrliche und annehmbare Weise zehn oder zwölf Dollar verdienen, um unvorhergesehene Ausgaben bestreiten zu können. Ich pflanzte daher auf anderthalb Morgen leichten und sandigen Bodens in der Nähe vor allem Bohnen an, auf einem kleineren Teil jedoch auch Kartoffeln, Mais, Erbsen und Rüben. Das ganze Stück umfaßte elf Morgen, auf denen größtenteils Tannen und Hickorybäume wuchsen, und war im vorangegangenen Jahr für acht Dollar und acht Cent pro Morgen verkauft worden. Ein Farmer hatte gesagt, es tauge nur dafür, ein paar quietschende Eichhörnchen darauf aufzuziehen. Ich brachte keinerlei Dünger auf das Land, denn ich war nicht Eigentümer, sondern nur Siedler, und rechnete nicht damit, darauf noch einmal so viel anzubauen, und grub es auch nicht gleich ganz um. Beim Pflügen holte ich verschiedene Klafter Baumstümpfe heraus, die mich für lange Zeit mit Brennmaterial versorgten, wobei kleine Kreise jungfräulichen Bodens zurückblieben, im Sommer mühelos erkennbar durch die größere Üppigkeit der Bohnen an diesen Stellen. Das dürre, größtenteils unverkäufliche Holz hinter meinem Haus und das Treibholz aus dem Teich lieferten den Rest meines Brennmaterials. Ich mußte zum Pflügen ein Gespann und einen Mann mieten, obwohl ich den Pflug selbst führte. Meine Ausgaben für die Farm an Geräten, Saatgut, Arbeitslohn usw. betrugen 14,72½ Dollar. Den Saatmais erhielt ich geschenkt. Doch was das kostet, ist nicht der Rede wert, wenn man nicht gerade mehr als genug aussät. Ich erntete zwölf Scheffel Bohnen und achtzehn Scheffel Kartoffeln, daneben etwas an Erbsen und Zuckermais. Der gelbe Mais und die Rüben waren zu spät dran, noch etwas zu erbringen. Mein ganzes Einkommen aus der Farm betrug

	23,44 Dollar.
Davon abgezogen die Ausgaben	14,72½ Dollar
verblieben mir	8,71½ Dollar,

neben den verbrauchten Erzeugnissen und dem, was ich noch zur Verfügung hatte, als ich diese Abrechnung machte, was einen Wert von 4,50 Dollar repräsentierte – viel mehr als der Gegenwert von etwas Gras, was ich nicht erzeugte. Wenn man alles in Betracht zieht, also die Wichtigkeit der menschlichen Seele und des heutigen Tages berücksichtigt, kann man, glaube ich, ungeachtet der kurzen Zeit, die mein Versuch währte, nein, teilweise gerade wegen seines vorübergehenden Charakters, sagen, daß ich in jenem Jahr besser daran war als jeder andere Farmer in Concord.

Im nächsten Jahr ging es noch besser, denn ich grub nur das Land um, das ich für mich brauchte, ungefähr ein Drittel Morgen, und ich lernte aus der Erfahrung dieser beiden Jahre, ohne mich im geringsten durch die vielen hochgepriesenen Werke über Landwirtschaft, unter ihnen das von Arthur Young, irritieren zu lassen, daß derjenige, der einfach lebt, das ißt, was er selber angebaut hat, nicht mehr anbaut, als er selbst verzehrt, und nicht den Rest gegen eine untaugliche Menge luxuriöser und teurer Dinge eintauscht, nur ein paar Quadratruten Land zu bebauen braucht, wobei es billiger ist, es umzugraben und es nicht mit Ochsen zu pflügen sowie sich von Zeit zu Zeit eine neue Stelle auszusuchen, statt die alte zu düngen. Er könnte alle notwendigen Arbeiten auf der Farm sozusagen mit der linken Hand im Sommer in einzelnen freien Stunden erledigen, ohne an Ochsen, Pferde, Kühe oder Schweine gebunden zu sein, wie es jetzt üblich ist. Ich möchte unparteiisch über dieses Thema sprechen und als einer, der an Erfolg oder Mißerfolg der gegenwärtigen ökonomischen und sozialen Ordnung nicht interessiert ist. Ich war unabhängiger als jeder Farmer in Concord, denn ich lag nicht in einem Haus oder einer Farm vor Anker, sondern konnte jeden Augenblick den Neigungen meines Genius folgen, der absonderlich genug ist. Außerdem war ich schon jetzt besser dran als sie, denn wäre mir das Haus abgebrannt oder die Ernte mißraten, wäre es mir immer noch fast so gut gegangen wie vorher.

Ich bin zu der Überzeugung gekommen, daß die Menschen nicht so sehr die Besitzer ihrer Herden, sondern die Herden vielmehr die Herren der Menschen sind, denn die Tiere sind so viel freier. Menschen und Ochsen arbeiten im Austausch; doch wenn wir uns auf die notwendige Arbeit beschränken, so haben die Ochsen den größeren Vorteil; ihre Farm ist so viel größer. Der Mensch leistet einen Teil seiner Arbeit für die Ochsen in den sechs Wochen der Heuernte, und das ist kein Kinderspiel. Sicherlich würde ein Volk, das in jeder Hinsicht einfach lebt, also ein Volk von Philosophen, niemals so unbesonnen handeln, sich die Arbeit von Tieren zunutze zu machen. Natürlich, ein Volk von Philosophen hat es nicht gegeben und wird es vermutlich auch nicht geben, und ich bin mir auch nicht sicher, ob das wünschenswert wäre. *Ich* hätte jedoch nie ein Pferd oder einen Bullen gezähmt und das Tier für irgendeine Arbeit, die es für mich verrichten könnte, in Pflege genommen, schon aus Angst, ich würde dadurch zum Stallknecht oder Viehhirten; und wenn auch die Gesellschaft der Gewinner zu sein scheint, wenn sie so verfährt, sind wir sicher, daß nicht der Gewinn des einen Mannes der Verlust des anderen ist, daß der Stallbursche so viel Grund zur Zufriedenheit hat wie sein Herr? Zugegeben, gewisse öffentliche Arbeiten hätten ohne diese Hilfe nicht ausgeführt werden können und der Mensch hätte daher deren Ruhm mit dem Ochsen und dem Pferd teilen müssen – heißt das aber, daß er allein in diesem Fall nicht Werke hätte hervorbringen können, die seiner noch würdiger gewesen wären? Wenn der Mensch nicht nur unnötige und kunstvolle, sondern auch luxuriöse und nichtige Arbeiten mit Hilfe der Tiere auszuführen beginnt, ist es unvermeidlich, daß einige die ganze Arbeit für die Ochsen leisten oder, anders gesagt, zu Sklaven der Stärksten werden. So arbeitet der Mensch nicht nur für das Tier in ihm, sondern, als Symbol dessen, auch für das Tier außerhalb von ihm. Obwohl wir viele feste Häuser aus Ziegeln oder Stein haben, wird der Wohlstand eines Farmers noch immer daran gemessen, inwieweit seine Stallungen das Wohnhaus überragen. Von unserer Stadt wird gesagt, sie hätte die größten Stallungen für Ochsen, Kühe und Pferde in dieser Gegend, und auch hinsichtlich ihrer öffentlichen Gebäude sei sie nicht rückständig; aber es gibt in unserem Bezirk nur wenig Säle für freien Gottesdienst oder freie Rede.

Es sollte nicht durch ihre Architektur sein, aber warum sollten die Nationen nicht versuchen, durch die Kraft ihres sublimen Geistes in Erinnerung zu bleiben? Um wieviel bewundernswerter ist das Bhagawadgita als alle Ruinen des Fernen Ostens! Türme und Tempel sind der Luxus der Fürsten. Ein einfacher und unabhängiger Geist plagt sich nicht auf das Geheiß irgendeines Fürsten hin. Der Genius ist kein Gefolgsmann eines Kaisers, und sein Material sind weder Silber noch Gold noch Marmor, höchstens in unbedeutendem Umfang. Zu welchem Zweck, ich bitte Sie, werden so viele Steine behauen? Als ich in Arkadien war, habe ich dort niemanden beim Behauen von Steinen gesehen. Die Völker sind von dem verrückten Ehrgeiz besessen, ihr Andenken durch die Menge der behauenen Steine zu verewigen, die sie hinterlassen. Was wäre, würden sie genausoviel Mühe darauf verwenden, ihre Sitten zu glätten und zu verfeinern? Ein Zeichen von Vernunft wäre denkwürdiger als ein Monument, das bis zum Mond reicht. Ich liebe es mehr, Felsen an ihrem natürlichen Platz zu sehen. Die Größe Thebens war eine vulgäre Größe. Vernünftiger wären ein paar Ruten Steinmauern, die eines ehrlichen Mannes Feld eingrenzen, als das hunderttorige Theben, das sich von dem wirklichen Sinn des Lebens entfernt hat. Barbarische und heidnische Religionen und Zivilisationen bauten großartige Tempel; doch das, was man Christenheit nennt, hat das nicht getan. Das meiste, was ein Volk in Stein baut, ist nur für sein Grabmal bestimmt. Es begräbt sich bei lebendigem Leibe. Was die Pyramiden angeht, so ist an ihnen nichts so sehr zu bewundern wie die Tatsache, daß man so viele Männer gefunden hat, die so heruntergekommen waren, daß sie ihr Leben dafür gaben, das Grabmal für irgendeinen ehrgeizigen Dummkopf zu bauen, den im Nil zu ertränken und dessen Leiche den Hunden zum Fraß vorzuwerfen weiser und mannhafter gewesen wäre. Vielleicht könnte ich mir irgendeine Entschuldigung für sie und für ihn ausdenken, aber ich habe dazu keine Zeit. Was die Religion und die Kunstliebe der Erbauer angeht, so ist es in der ganzen Welt dasselbe, sei das Gebäude ein ägyptischer Tempel oder die Bank der Vereinigten Staaten: Es kostet mehr, als es wert ist. Triebfeder ist die Eitelkeit, unterstützt durch die Vorliebe für Knoblauch und ein Butterbrot. Mr. Balcom, ein vielversprechender junger Architekt, entwirft mit Zeichenstift und Lineal den Plan auf dem Deckel seines Vitruv, und der Auftrag wird der Firma Dobson & Söhne, Steinmetzarbeiten, übertragen. Wenn dann erst dreißig Jahrhunderte darauf hinabblikken, beginnt die Menschheit, dazu aufzuschauen. Was eure hohen Türme und Denkmäler anbetrifft, so erinnert mich das an einen verrückten Kerl in unserer Stadt, der ein Loch durch die Erde bis nach China graben wollte; er kam, wie er behauptete, dabei so weit, daß er die Töpfe und Kessel der Chinesen klappern hörte, doch ich gedenke meine Straße nicht zu verlassen, um das Loch zu bewundern, das er gegraben hat. Viele beschäftigen sich mit den Denkmälern des Westens und des Ostens – sie wollen wissen, wer sie gebaut hat. Ich wüßte für mein Teil lieber, wer in jenen Tagen so etwas nicht gebaut hat – wer über solche Possen erhaben war. Doch ich will mit meinen Statistiken fortfahren.

Mit Landvermessung, dem Zimmermannshandwerk und verschiedener anderer Tagelöhnerarbeit, die ich zwischendurch im Dorf ausführte, denn ich habe so viele Berufe wie Finger an der Hand, habe ich 13,34 Dollar verdient. Die Ausgaben für Nahrungsmittel für acht Monate, nämlich vom 4. Juli bis zum 1. März, als ich diese Aufstellungen machte, wenn ich dort auch mehr als zwei Jahre lebte – ungerechnet die Kartoffeln, ein bißchen grünen Mais und etwas an Erbsen, die ich geerntet hatte, sowie ohne Berücksichtigung des Wertes der Vorräte am Ende dieser Zeit – betrugen:

Reis	1,73 ½ Dollar
Sirup	1,73 Dollar (der billigste Süßstoff)

Roggenmehl	1,04¾ Dollar	
Maismehl	0,99¾ Dollar (billiger als Roggen)	
Schweinefleisch	0,22 Dollar	
Weizenmehl	0,88 Dollar (kostet mehr als Maismehl, sowohl an Geld wie an Mühe)	alles Versuche, die fehlschlugen
Zucker	0,80 Dollar	
Schmalz	0,65 Dollar	
Äpfel	0,25 Dollar	
Dörräpfel	0,22 Dollar	
Süßkartoffeln	0,10 Dollar	
ein Kürbis	0,06 Dollar	
eine Wassermelone	0,02 Dollar	
Salz	0,03 Dollar	

Ja, ich verzehrte 8,74 Dollar, alles zusammengerechnet; doch ich würde meine Schuld nicht ohne zu erröten öffentlich bekennen, wüßte ich nicht, daß die *meisten* meiner Leser genauso schuldig sind wie ich und daß ihre Taten im Druck um nichts besser aussehen würden. Im nächsten Jahr fing ich mir manchmal eine Menge Fische zum Essen, und einmal ging ich so weit, ein Waldmurmeltier zu schlachten, das mein Bohnenfeld geplündert hatte – seine Seelenwanderung zu bewirken, wie ein Tatar sagen würde –, und es herunterzuschlingen, zum Teil als Versuch; trotz des Moschusaromas bereitete es mir einen Genuß; aber mir wurde klar, daß auch die längste Gewöhnung daraus keinen guten Brauch machen würde, selbst wenn es üblich würde, sich die Waldmurmeltiere vom Dorfmetzger richten zu lassen.

Die Kosten für Kleidung und einiges Unvorhergesehene, obwohl aus diesem Posten wenig abzuleiten ist, betrugen in dieser Zeit

für Öl und einige	8,40¾ Dollar,
Haushaltgeräte	2,00 Dollar.

Infolgedessen errechneten sich meine Gesamtausgaben, abgesehen von den Kosten für Waschen und Flikken, welche Arbeiten meist aus dem Hause gegeben wurden und wofür ich noch keine Rechnung bekommen habe – und das sind alle und mehr als alle Wege, für die in diesem Teil der Welt notwendigerweise Geld ausgegeben wird –, wie folgt:

Haus		28,12 ½ Dollar
Farmbetrieb für ein Jahr		14,72 ½ "
Nahrungsmittel für acht Monate		8,74 "
Kleidung u. ä.	" " "	8,40 ¾ "
Öl usw.	" " "	2,00 "
insgesamt		61,99 ¾ Dollar

Ich wende mich jetzt an diejenigen meiner Leser, die ihren Lebensunterhalt verdienen müssen. Um mir diesen zu erwerben, verkaufte ich Farmprodukte für

	23,44 Dollar
und verdiente durch Tagelöhnerarbeit	13,34 Dollar
insgesamt	36,78 Dollar

Zieht man diesen Betrag von der Summe der Ausgaben ab, bleibt auf der einen Seite eine Differenz von 25,21 ¾ Dollar – was annähernd den Mitteln entspricht, mit denen ich anfing, und dem Maß der Ausgaben, das ich mir auflud –, auf der anderen Seite neben der damit gesicherten Muße und Unabhängigkeit und Gesundheit ein bequemes Haus für mich, solange ich darin zu leben willens bin.

So zufällig und daher wenig aussagefähig diese Statistiken auch erscheinen mögen, besitzen sie doch eine gewisse Vollständigkeit und damit auch einen gewissen Wert. Nichts erhielt ich, was ich nicht darin in irgendeiner Weise verbuchte. Aus der oben aufgeführten Abrechnung geht hervor, daß allein meine Nahrungsmittel mich an Geld etwa 27 Cent pro Woche kosteten. Fast zwei Jahre lang bestanden sie aus Roggen- und Maismehl ohne Hefe, Kartoffeln, Reis, etwas Salzfleisch, Sirup und Salz; mein Getränk war Wasser. Es wäre angemessen gewesen, vor allem von Reis zu leben, da ich doch die Philosophie Indiens so liebe. Um den Einwänden einiger unverbesserlicher Kleinigkeitskrämer zu begegnen, möchte ich noch immer sagen, daß ich gelegentlich auswärts speiste – was ich von jeher getan habe und was ich sicher auch künftig zu tun Gelegenheit haben werde –, aber das war oft zum Schaden meiner häuslichen Vorkehrungen. Doch da das auswärtige Essen für mich, wie ich konstatiert habe, eine ständige Sache ist, wird dadurch ein vergleichbarer Tatbestand nicht im geringsten beeinträchtigt.

Ich lernte aus meiner zweijährigen Erfahrung, daß es selbst in unseren Breiten unglaublich geringe Mühe kostet, die notwendigen Nahrungsmittel zu erhalten; daß der Mensch eine ebenso einfache Kost wie die Tiere zu sich nehmen kann und doch gesund und kräftig bleibt. Ich habe eine in mehrfacher Hinsicht zufriedenstellende Mahlzeit allein aus Portulak *(portulaca oleracea)* zubereitet, den ich auf meinem Maisfeld sammelte, dann kochte und salzte. Ich füge den lateinischen Namen um des Wohlgeruchs willen dem Trivialnamen hinzu. Und ich bitte euch: Was kann sich ein vernünftiger Mann in friedlichen Zeiten zu Mittag mehr wünschen als eine ausreichende Anzahl von grünen Zuckermaiskolben, mit etwas Salz gekocht? Und auch die kleine Abwechslung, von der ich Gebrauch machte, war ein Zugeständnis an die Forderungen des Appetits und nicht der Gesundheit. Und doch sind die Menschen schon so weit gekommen, daß sie häufig verhungern, und zwar nicht aus Mangel an Lebensnotwendigem, sondern wegen des Fehlens von Luxusgütern; so kenne ich eine gute Frau, die davon überzeugt ist, ihr Sohn hätte deswegen sein Leben eingebüßt, weil er als Getränk nur Wasser zu sich nahm.

Der Leser wird bemerken, daß ich das Thema mehr unter einem ökonomischen Aspekt als unter ernährungswissenschaftlichem behandele, und er wird es nicht wagen, meine Enthaltsamkeit auszuprobieren, wenn er nicht über eine wohlgefüllte Speisekammer verfügt.

Brot bereitete ich zuerst aus reinem Maismehl und Salz, richtige Maiskuchen, die ich zum Backen vor mein Feuer im Freien auf eine Schindel oder das Ende eines Holzstockes legte, den ich beim Hausbau abgesägt hatte; doch sie pflegten rauchig zu werden und ein harziges Aroma anzunehmen. Weizenmehl versuchte ich auch, doch schließlich fand ich eine Mischung aus Roggen- und Maismehl am bequemsten und annehmbarsten. Bei kaltem Wetter war es kein kleines Vergnügen, mehrere kleine Laibe davon nacheinander zu backen, sie so sorgfältig hütend und drehend, wie es ein Ägypter mit seinen Bruteiern tut. Sie waren eine reine Getreidefrucht, von mir selbst gezogen, und für mein Gefühl hatten sie einen Wohlgeruch wie andere edle Früchte, den ich so lange wie möglich erhielt, indem ich sie in Tücher wikkelte. Ich studierte die alte und unerläßliche Kunst des Brotbackens, befragte alte Autoritäten, die sich anboten, bis in die frühen Tage der Menschheit und zur ersten Erfindung des ungesäuerten Brots zurückgehend, als die Menschen von der Wildheit der Nüsse und des Fleisches zu dieser milden und verfeinerten Kost übergingen. In meinen Studien ging ich dann schrittweise weiter, über das zufällige Sauerwerden des Teigs, was sie, wie man annimmt, über den Gärungsprozeß unterrichtete, über die verschiedenen späteren Gärungsverfahren, bis ich dann zu dem ›guten, süßen, gesunden Brot‹ kam, dem ›Stecken und Stab des Lebens‹. Hefe, von manchen als die Seele des Brotes angesehen, der *spiritus*, der das Gewebe seiner Zellen erfüllt, fromm behütet wie das vestalische Feuer – eine kostbare Flaschenfüllung, mit der ›Mayflower‹ über den Ozean gekommen, wie ich annehme, versorgte Amerika, und ihr Einfluß wächst immer noch, anschwellend, sich ausbreitend, mit den Getreideerzeugnissen das Land überschwemmend. Diese Saat besorgte ich mir regelmäßig und getreulich im Dorf, bis ich schließlich eines Morgens die Regeln außer acht ließ und meine Hefe verbrühte, durch welchen Zufall ich entdeckte, daß sogar die Hefe nicht unerläßlich war – denn meine Einsichten gewann ich nicht durch

Synthese, sondern durch Analyse –, und seitdem habe ich gern darauf verzichtet, obwohl mir die meisten Hausfrauen ernsthaft versicherten, heiles, gesundes Brot ohne Hefe gäbe es nicht, und ältere Leute mir den schnellen Verfall meiner Lebenskräfte prophezeiten. Dennoch halte ich sie nicht für einen wesentlichen Bestandteil, und nach einem Jahr ohne sie befinde ich mich noch immer im Reich der Lebendigen, und ich bin froh, damit der Trivialität zu entgehen, eine gefüllte Flasche bei mir zu tragen, die manchmal aufgehen und ihren Inhalt zu meinem Mißvergnügen entleeren könnte. Da ist es einfacher und achtbarer, darauf zu verzichten. Der Mensch ist ein Tier, das sich mehr als alle anderen wechselnden klimatischen Bedingungen und sonstigen Lebensumständen anpassen kann. Ich fügte meinem Brotteig weder Natron noch andere Säuren oder Alkalien bei. Anscheinend hielt ich mich genau an das Rezept, das Marcus Porcius Cato etwa zwei Jahrhunderte vor Christo aufstellte: ›Panem depsticium sic facito. Manus mortariumque bene lavato. Farinam in mortarium indito, aquae paulatim addito, subigitoque pulchre. Ubi bene subegeris, defingito, coquitoque sub testu.‹ Das möchte ich so übersetzen: ›Mache das geknetete Brot so: Wasche deine Hände und den Backtrog gut. Schütte das Mehl in den Trog, füge nach und nach Wasser hinzu und knete es gründlich durch. Wenn du es gründlich geknetet hast, forme es und backe es zugedeckt‹, das heißt, in einem Backofen. Kein Wort über Hefe. Allerdings hatte ich nicht immer diesen ›Stecken und Stab des Lebens‹ zur Verfügung. Aufgrund der Leere meines Geldbeutels sah ich manchmal länger als einen Monat kein Brot.

Jeder Bewohner von Neuengland kann in diesem Land des Roggens und des Maises all sein Brotgetreide selbst anbauen, ohne auf ferne und schwankende Märkte angewiesen zu sein. Doch wir haben uns von der Einfachheit und Unabhängigkeit so weit entfernt, daß in Concord frisches und süßes Mehl in den Läden kaum verkauft wird, und Maismehl oder Mais in noch gröberer Form werden kaum von jemandem verwendet. Größtenteils gibt der Farmer das Getreide, das er selbst produziert hat, seinem Rindvieh und seinen Schweinen und kauft im Laden teureres Mehl, das zumindest nicht gesünder ist. Ich sah, daß ich mühelos meine ein oder zwei Scheffel Roggen und Mais selbst anbauen konnte, denn Roggen wächst auf dem ärmsten Boden, und Mais braucht auch nicht das beste Land, und ich konnte beides in meiner Handmühle mahlen und so ohne Reis und Schweinefleisch auskommen, und wenn ich etwas ganz Süßes brauchte, konnte ich – so fand ich im praktischen Versuch heraus – einen sehr guten Sirup entweder aus Kürbis oder aus Rüben herstellen, und ich wußte, daß ich nur ein paar Ahornbäume zu pflanzen brauchte, um ihn noch einfacher zu gewinnen, und indes sie wuchsen, konnte ich neben den schon erwähnten noch andere Ersatzmittel nutzen. Denn, wie unsere Vorväter sangen:

›Wir brauen den Trank, so süß für den Mund,
von Kürbis, Pastinak und Walnußbaum rund.‹

Und was schließlich das Salz, das gröbste aller Lebensmittel, anlangt, so wäre es zu bekommen ein geeigneter Anlaß, die Küste des Ozeans zu besuchen, oder käme ich völlig ohne Salz aus, würde ich vermutlich weniger Wasser trinken. Ich habe nie gehört, daß die Indianer sich je um Salz bemüht hätten.

So konnte ich allen Handels- und Tauschgeschäften aus dem Wege gehen, soweit es sich um meine Ernährung handelte; und da ich schon eine Unterkunft hatte, blieb mir nur noch übrig, mir Kleidung und Brennmaterial zu besorgen. Die Hosen, die ich jetzt trage, wurden in einer Farmerfamilie gewebt – Gott sei Dank gibt es unter den Menschen noch solche Tugenden; denn meiner Meinung nach ist der Abstieg vom Farmer zum Arbeiter genausogroß und denkwürdig wie der vom Manne zum Farmer –, und Brennmaterial ist in einem neuen Land nur eine Belastung. Wenn mir das Siedeln nicht mehr erlaubt würde, könnte ich mir einen Morgen als Wohnplatz kaufen, und zwar zu demselben Preis, zu dem das von mir bebaute Land verkauft worden war – nämlich acht Dollar und acht Cent. Doch wie die Dinge lagen, war ich der Meinung, daß ich durch meine Siedlertätigkeit den Wert des Landes erhöhte.

Es gibt eine gewisse Klasse von Ungläubigen, die mir manchmal Fragen wie die stellen, ob ich wohl glaube, allein von vegetarischer Nahrung leben zu können; und um der Sache gleich an die Wurzel zu gehen – denn die Wurzel ist die Frage nach dem Glauben –, pflege ich damit zu antworten, daß ich auch von Dielennägeln leben könnte. Wenn sie das nicht verstehen können, dann verstehen sie nicht viel von dem, was ich zu sagen habe. Ich für mein Teil höre gern von derartigen Versuchen, die durchgeführt worden sind; so, daß ein junger Mann zwei Wochen lang von hartem, rohem Mais vom Kolben zu leben versuchte, nichts als seine Zähne als Mörser benutzend; der Stamm der Eichhörnchen versuchte übrigens dasselbe und hatte Erfolg. Das Menschengeschlecht ist an diesen Versuchen interessiert, wenn sich auch vielleicht ein paar alte Weiber, die dazu nicht mehr fähig sind oder die Anteile an Mühlen besitzen, darüber aufregen.

Meine Einrichtung, die ich zum Teil selbst anfertigte – und der Rest kostete mich nichts, was ich nicht in die Abrechnung aufgenommen hätte –, bestand aus einem Bett, einem Tisch, einem Pult, drei Stühlen, einem Spiegel von drei Zoll Durchmesser, einer Kohlenzange mit Kaminbock, einem Kessel, einer Bratpfanne, einem Tiegel, einem Schöpflöffel, einer Waschschüssel, zwei Messern und Gabeln, drei Tellern, einem Becher, einem Löffel, einem Ölkrug, einem Sirupkrug und einer lackierten Lampe. Niemand ist so arm, daß er auf einem Kürbis sitzen muß. Das ist Hilflosigkeit. Stühle, wie ich sie am liebsten habe, gibt es massenhaft, und sie sind für nichts als das Wegtragen zu haben. Mobiliar! Gott sei Dank kann ich sitzen und stehen, ohne auf den Beistand eines Möbelgeschäfts angewiesen zu sein. Welcher Mensch, er sei denn Philosoph, würde sich nicht schämen, wenn seine Einrichtung auf einen Karren gepackt und durch das Land geführt wird, dem Licht des Himmels und den

Augen der Menschen preisgegeben, eine bettelhafte Menge leerer Kästen? Das sind Spauldings Möbel. Wenn ich mir eine solche Ladung ansah, konnte ich nie sagen, ob sie einem sogenannten Reichen oder einem Armen gehörte; immer wirkte der Eigentümer verarmt. Es ist wirklich so: Je mehr du von solchen Dingen hast, desto ärmer bist du. Jede solche Ladung sieht aus, als bestünde sie aus dem Inhalt von einem Dutzend Elendshütten; und ist eine solche Hütte schon arm, so ist dies dann ein dutzendmal Armut. Ich bitte euch, weswegen müssen wir überhaupt *umziehen* als dazu, unsere Einrichtung, unsere *alte Haut*, loszuwerden, um schließlich von unserer Welt in eine andere, neu eingerichtete, zu gehen, so daß alles, was wir zurücklassen, verbrannt werden kann? Es ist so, als wäre all dieser Krempel dem Menschen an den Gürtel geschnallt und er könnte sich nicht über dieses rauhe Land bewegen, worauf unsere Schatten geworfen sind, ohne sie mitzuschleppen – seine Falle mitzuschleppen. Das war ein glücklicher Fuchs, der seinen Schwanz in der Falle ließ. Die Bisamratte nagt sich sogar ein Bein ab, um freizukommen. Kein Wunder, der Mensch hat seine Elastizität eingebüßt. Wie oft hat er sich völlig festgefahren! ›Mein Herr, wenn ich so frei sein darf, was meinen Sie mit ‚völlig festgefahren'?‹ Wenn du ein Seher bist, wirst du immer, wenn du einem Menschen begegnest, sehen, daß er alles, was er besitzt, ach, auch vieles, was er angeblich nicht besitzt, hinter sich herschleppt, selbst seine Kücheneinrichtung und all den Plunder, den er aufhebt und nicht verbrennen mag; du wirst den Eindruck haben, daß er davorgespannt ist und so viel Fahrt macht, wie er damit vermag. Ich meine, daß sich jemand festgefahren hat, wenn er in einen Engpaß oder einen Torweg geraten ist, wo ihm seine Schlittenladung an Einrichtungsgegenständen nicht folgen kann. Ich kann nichts anderes als Mitleid empfinden, wenn ich einen kräftigen, stämmigen, rüstigen und geschickten, scheinbar freien Mann von seiner ›Einrichtung‹ reden höre, ob sie versichert ist oder nicht: ›Aber was soll ich denn nun mit meiner Einrichtung tun?‹

Mein bunter Schmetterling hat sich also in einem Spinnennetz verfangen. Selbst bei jenen, die lange Zeit nichts zu besitzen schienen, wird man bei näherer Nachfrage feststellen, daß sie etwas in irgend jemandes Scheune gespeichert haben. Ich sehe England heute wie einen alten Gentleman, der mit großem Gepäck reist, mit Krempel, wie er sich in einem alten Haushalt angesammelt hat und den zu verbrennen er nicht den Mut hat: Großer Koffer, kleiner Koffer, Hutschachtel und Bündel. Soll er doch wenigstens die drei ersten Stücke wegwerfen! Es überstiege heutzutage die Kräfte eines gesunden Mannes, sein Bett zu nehmen und fortzugehen, und ich würde einem kranken Menschen sicherlich empfehlen, sein Bett liegenzulassen und fortzulaufen. Wenn ich einem Einwanderer begegnet bin, der unter einem Bündel dahinwankte, das seine gesamte Habe enthielt – wie eine riesige Geschwulst, die ihm im Nacken wuchs –, habe ich ihn bedauert; nicht, weil das seine ganze Habe war, sondern weil er das alles tragen mußte. Wenn ich schon meine Falle hinter mir herziehen muß, dann werde ich dafür sorgen, daß sie möglichst leicht ist und mich nicht in einen lebenswichtigen Teil kneift. Doch vielleicht wäre es das klügste, seine Pfote nie hineinzustecken.

Übrigens möchte ich beiläufig bemerken, daß ich keine Ausgaben für Vorhänge hatte, denn ich habe keine Gaffer auszuschließen, es sei denn die Sonne und den Mond, und die lasse ich gern hereinschauen. Der Mond läßt mir die Milch nicht sauer werden und bräunt mir nicht die Haut, noch wird die Sonne mir die Einrichtung beschädigen oder meinen Teppich ausbleichen; und wenn sie gelegentlich eine warme Freundin ist, dann finde ich es immer noch ökonomischer, mich hinter einen Vorhang zurückzuziehen, den die Natur bietet, als meinen Haushalt auch nur um ein einziges Stück zu vergrößern. Eine Dame bot mir einmal eine Matte an, aber da ich dafür weder Platz im Haus hatte noch Zeit, sie drinnen oder draußen auszuschütteln, lehnte ich das Angebot ab und zog es vor, mir meine Füße auf dem

Gras vor der Tür abzustreifen. Es ist am besten, schon den Anfängen des Übels zu wehren.

Vor nicht allzu langer Zeit war ich auf einer Auktion der Hinterlassenschaften eines Geistlichen, dessen Leben nicht fruchtlos war: –

›Was Menschen Übles tun,
das überlebt sie.‹

Wie üblich war ein großer Teil davon Krempel, der sich seit seines Vaters Tagen angesammelt hatte. Zu dem Rest gehörte ein getrockneter Bandwurm. Und nun, nachdem sie ein halbes Jahrhundert in seiner Dachkammer oder irgendeiner sonstigen Müllgrube gelegen hatten, wurden diese Dinge nicht etwa verbrannt; statt eines *Freudenfeuers*, ihrer reinigenden Vernichtung, gab es eine *Auktion*, ihre Vermehrung. Die Nachbarn kamen eifrig zusammen, um sie sich anzusehen, kauften sie alle und brachten sie vorsichtig in ihre Dachkammern und Staubwinkel, damit sie dort lagern, bis eines Tages wiederum Nachlaß geordnet wird und diese Sachen erneut in Bewegung geraten. Wenn ein Mensch stirbt, dann wirbelt er Staub auf.

Vielleicht könnten wir die Bräuche einiger wilder Völker zu unserem Vorteil nachahmen, denn sie erwecken zumindest den Anschein, daß sie jedes Jahr einmal ihre Haut abstreifen; sie haben zumindest eine Vorstellung davon, ob das nun Realität bei ihnen ist oder nicht. Wäre es nicht gut, wenn auch wir ein solches ›Busk‹ oder ›Fest der Erstlinge‹ feierten, wie es nach Bartrams Bericht bei den Mucclasse-Indianern Sitte war? ›Wenn eine Stadt das ‚Busk' feierte‹, so berichtet er, ›haben sie sich vorher mit neuen Kleidern, neuen Töpfen, Pfannen und anderen Haushalts- und Einrichtungsgegenständen versorgt; dann sammeln sie alle abgetragenen Kleider und sonstige wertlose Dinge, fegen und reinigen ihre Häuser, Plätze und die ganze Stadt von allem Unrat, den sie zusammen mit dem übriggebliebenen Getreide und sonstigem alten Vorrat auf einen gemeinsamen Haufen werfen, alles dem Feuer überantwortend. Nachdem sie Medizin eingenommen und drei Tage gefastet haben, werden alle Feuer in der Stadt gelöscht. Während dieser Fastenzeit enthalten sie sich der Befriedigung jedweden Appetits und aller anderen Leidenschaften. Eine allgemeine Amnestie wird verkündet, alle Übeltäter können in ihre Stadt zurückkehren.

Am vierten Morgen reibt der Hohepriester dann auf dem Marktplatz trockenes Holz gegeneinander und erzeugt damit neues Feuer, von dem aus jede Behausung in der Stadt mit der neuen und reinen Flamme versorgt wird.

Danach feiern sie das neue Getreide und die neuen Früchte, tanzen und singen drei Tage lang; an den vier folgenden Tagen empfangen sie Besuche und feiern zusammen mit ihren Freunden aus den Nachbarstädten, die sich auf die gleiche Weise gereinigt und vorbereitet haben.‹

Die Mexikaner praktizierten eine ähnliche Reinigung am Ende jedes zweiundfünfzigsten Jahres, in dem Glauben, die Zeit für das Ende der Welt sei gekommen.

Ich habe kaum je von einem wahrhaftigeren Sakrament gehört, einem ›äußeren und sichtbaren Zeichen einer inneren und geistlichen Gnade‹ – wie es das Lexikon definiert –, und ich habe keinen Zweifel, daß sie ursprünglich direkt vom Himmel zu diesen Handlungen inspiriert wurden, obwohl sie über keinen biblischen Bericht von dieser Offenbarung verfügen.

Mehr als fünf Jahre lebte ich so allein von meiner Hände Arbeit, und ich stellte fest, daß ich alle Ausgaben für meinen Lebensunterhalt bestreiten konnte, wenn ich ungefähr sechs Wochen im Jahr arbeitete. Den ganzen Winter und den größten Teil des Sommers hatte ich für meine Studien frei zur Verfügung. Ich habe in allem Ernst versucht, Schule zu halten, und habe festgestellt, daß meine Ausgaben meinem Einkommen entsprachen, oder eher nicht entsprachen, denn ich war genötigt, mich zu kleiden und zu üben, vom Denken und Glauben ganz zu schweigen, und ich vergeudete meine Zeit obendrein. Da ich nicht zum Besten meiner Mitmenschen lehrte, sondern einfach um meines Lebensunterhalts willen, war das ein Fehlschlag. Auch mit dem Handel habe ich es probiert; aber ich stellte fest, zehn Jahre würden vergehen, bis ich mich durchgesetzt hätte, und dann wäre ich vermutlich schon auf dem Weg zum Teufel. Ich hatte wirklich Angst, ich würde in dieser Zeit das machen, was man ›gute Geschäfte‹ nennt. Als ich mich früher danach umschaute, was ich für meinen Lebensunterhalt tun könnte, waren mir noch einige trübe Erfahrungen frisch in Erinnerung, die ich in dem Bestreben gemacht hatte, den Wünschen meiner Freunde zu entsprechen, und stellten meine Erfindungsgabe auf eine harte Probe. Ich dachte oft und in allem Ernst daran, Heidelbeeren zu sammeln; das könnte ich sicherlich tun, und der geringe Ertrag würde vielleicht reichen – denn meine größte Kunst lag darin, nur wenig zu brauchen –, so wenig Kapital erforderte das, so wenig Abweichung von meiner gewohnten Lebensweise, glaubte ich Narr. Während sich meine Bekannten, ohne zu zögern, dem Handel oder anderen Berufen zuwandten, betrachtete ich eine solche Beschäftigung fast wie die ihrige: den ganzen Sommer die Hügel zu durchstreifen, um die Beeren zu pflücken, die ich unterwegs fand, und sie anschließend mühelos abzusetzen; so die Herden des Admetus zu weiden. Ich träumte auch davon, wilde Kräuter zu sammeln oder den Dorfbewohnern, die gern an den Wald erinnert wurden, Immergrün zu bringen, ja es mit einem Heuwagen in die Stadt zu schaffen. Doch habe ich inzwischen gelernt, daß der Handel ein Fluch für alles ist, womit er sich befaßt; selbst wenn man mit Botschaften vom Himmel handeln würde, hinge der ganze Fluch des Handels auch an diesem Geschäft.

Da ich bestimmte Dinge anderen vorzog und speziell meine Freiheit schätzte, da ich karg leben und dennoch erfolgreich sein konnte, wollte ich meine Zeit nicht damit verbringen, kostbare Teppiche oder sonstigen schönen Hausrat oder delikates Essen oder ein Haus in griechischem oder gotischem Stil oder so etwas zu verdienen. Wenn es Menschen gibt, für die es keine Störung bedeutet, sich um den Erwerb solcher Dinge zu kümmern, und die mit den erworbenen Dingen umzugehen verstehen, mögen sie ruhig danach trachten. Manche sind ›fleißig‹ und scheinen die Arbeit um ihrer selbst willen zu lieben oder vielleicht deswegen, weil sie noch größeres Übel von ihnen fernhält; denen habe ich gegenwärtig nichts zu sagen. Denjenigen, die mit mehr Freizeit, als sie jetzt schon haben, nichts anzufangen wüßten, möchte ich empfehlen, doppelt so hart zu arbeiten wie bisher – zu arbeiten, bis sie sich freigekauft und ihren Freibrief bekommen. Was mich angeht, so stellte ich fest, daß die Beschäftigung als Tagelöhner die unabhängigste von allen ist, zumal man nur dreißig oder vierzig Tage im Jahr zu arbeiten braucht, um sich den Lebensunterhalt zu sichern. Der Tag des Arbeiters endet, wenn die Sonne untergeht, und dann ist er frei, sich einer von ihm selbst gewählten Beschäftigung zu widmen, unabhängig von seiner eigentlichen Arbeit; aber der ihn beschäftigt und der von Monat zu Monat spekuliert, hat von einem Jahresende zum anderen keine Mußestunde.

Kurz gesagt, sowohl durch den Glauben als auch durch die Erfahrung bin ich überzeugt worden: Sich auf dieser Erde zu erhalten ist für den Menschen keine Mühsal, sondern ein Zeitvertreib, wenn wir nur einfach und weise leben, denn die Arbeiten der einfachen Nationen sind noch immer der Sport der höher entwickelten. Es ist nicht nötig, daß sich der Mensch seinen Lebensunterhalt im Schweiße seines Angesichts verdient, es sei denn, er schwitzt leichter als ich.

Ein junger Mann aus meinem Bekanntenkreis, der ein paar Morgen geerbt hat, sagte mir, daß er so leben würde wie ich, *wenn er nur die Mittel dafür hätte.* Ich möchte nicht, daß einer auf jeden Fall *meinen* Lebensstil übernimmt, denn abgesehen davon, daß ich möglicherweise, bevor er ihn einigermaßen erlernt hat, schon einen anderen gefunden habe, wünschte ich mir, daß es in der Welt so viel unterschiedliche Personen gibt wie nur möglich; doch sollte jeder ernstlich bemüht sein, *seinen eigenen Weg* zu finden und zu gehen, nicht den seines Vaters, seiner Mutter oder seines Nachbarn. Mag der Jüngling bauen oder pflanzen oder zur See fahren – man hindere ihn nur nicht daran, das zu tun, was er (wie er mir sagt) gern tun möchte. Nur mit Hilfe eines festen mathematischen Punktes sind wir weise, so wie der Seemann oder der flüchtige Sklave den Polarstern im Auge behält; doch das ist dann ein ausreichender Leitstern für das ganze Leben. Es kann sein, daß wir unseren Hafen nicht innerhalb einer berechneten Frist erreichen, aber wir möchten doch den richtigen Kurs halten.

Zweifellos ist in diesem Fall das, was für den einen wahr ist, für tausend Menschen noch wahrer, so wie ein großes Haus nicht im Verhältnis teurer ist als ein kleines, denn es wird nur von einem Dach bedeckt und ist auf nur einen Keller gegründet, eine einzige Wand trennt mehrere Wohnungen. Doch ich für mein Teil zog es vor, für mich zu wohnen. Außerdem ist es gewöhnlich billiger, das Ganze selbst zu bauen, als einen anderen von dem Vorteil einer gemeinsamen Wand zu überzeugen; und wenn man das getan hat, muß die gemeinsame Trennwand aus Sparsamkeitsgründen dünn sein; der andere kann sich aber als ein schlechter Nachbar erweisen und auch seine Seite nicht instandhalten. Die einzige Zusammenarbeit, die sich gemeinhin als möglich erweist, ist äußerst partiell und flüchtig; und das bißchen echte Zusammenarbeit, das es dort gibt, ist – wenn es überhaupt existiert – eine Harmonie, die kein menschliches Ohr erreicht! Wenn ein Mensch Glauben hat, wird er überall mit Menschen des gleichen Glaubens zusammenwirken; hat er jedoch keinen Glauben, wird er weiterhin wie der Rest der Welt leben, welcher Gemeinschaft er sich auch zugesellt. Im höchsten wie im niedrigsten Sinn bedeutet Zusammenarbeit, daß wir *unsere Leben miteinander verbinden.*

Unlängst hörte ich den Vorschlag, zwei junge Männer sollten gemeinsam um die Welt reisen, der eine ohne Geld, sich unterwegs vor dem Mast und hinter dem Pflug seinen Lebensunterhalt verdienend, während der andere seinen Wechsel in der Tasche hatte. Es war leicht zu sehen: lange würden sie nicht Gefährten bleiben und zusammenarbeiten, weil einer von ihnen überhaupt nicht arbeiten würde. Bei der ersten wichtigen Krise bei ihrem Abenteuer würden sie sich trennen. Vor allem aber kann, wie ich sagte, der Mann, der allein loszieht, sofort aufbrechen, während derjenige, der mit einem anderen reist, immer warten muß, bis der andere fertig ist, und es könnte lange dauern, bis sie fortkommen.

Aber das alles sei doch sehr selbstsüchtig, hörte ich einige meiner Mitbürger sagen. Ich bekenne, daß ich mich bisher nur sehr wenig philanthropischen Unternehmungen hingegeben habe. Ich habe dem Pflichtgefühl manches Opfer gebracht und habe unter anderem auch dieses Vergnügen geopfert. Es gab Menschen, die all ihre Künste aufboten, mich zu überreden, die Unterstützung irgendeiner armen Familie in der Stadt zu übernehmen; und wenn ich nichts zu tun hätte – doch der Teufel findet selbst für einen Müßiggänger eine Beschäftigung –, könnte ich solch einen Zeitvertreib aufzunehmen versuchen. Als ich jedoch daran dachte, mich auf so etwas einzulassen und, um mir den Himmel zu verpflichten, gewisse arme Personen in jeder Beziehung mit demselben Komfort zu unterhalten, wie ich mich selbst unterhalte, und so weit ging, ihnen ein entsprechendes Angebot zu machen, haben sie es ohne zu zögern ein für allemal vorgezogen, arm zu bleiben. Da meine Mitbürger und ihre Frauen sich auf so vielfältige Weise Bestrebungen widmen, ihren Nächsten Gutes zu tun, vertraue ich darauf, daß zumindest einer für andere und weniger humane Bestrebungen übrigbleibt. Man muß für die Wohltätigkeit wie für alles andere eine spezielle Begabung haben. Gutes zu tun, das ist ein überfüllter Beruf. Immerhin habe ich es ehrlich versucht, bin aber, so seltsam das auch klingt, ganz froh, daß es nicht zu meiner Natur paßt. Wahrscheinlich würde ich meine spezielle Berufung um der Wohltätigkeit willen, die die Gesellschaft von mir erwartet, niemals bewußt und freiwillig aufgeben, selbst wenn dadurch das Universum vor der Vernichtung gerettet werden könnte; und ich glaube, daß es eine ähnliche, jedoch unendlich größere Standfestigkeit ist, was die Welt heute zusammenhält. Doch möchte ich mich nicht zwischen irgend jemand und seinen Genius stellen, dem, der der Arbeit, die ich zurückgewiesen habe, von ganzem Herzen und mit ganzer Seele sein Leben widmet, möchte ich sagen: Halte durch, selbst wenn die Welt behaupten sollte, daß du Übles tust, wie es dir sehr leicht passieren kann.

Ich bin weit davon entfernt anzunehmen, meine Situation wäre ein Einzelfall, zweifellos würden sich viele meiner Leser ähnlich verteidigen. Wenn ich etwas tue – ich erhebe keinen Anspruch darauf, daß meine Nachbarn es gut nennen –, habe ich keine Hemmungen zu sagen, daß ich ein famoser Kerl bin, wenn man mich anstellen will; doch was das im einzelnen ist, muß derjenige feststellen, der mich anstellt. Was ich im üblichen Sinne des Wortes *Gutes* tue, muß abseits von meinem Weg liegen und größtenteils unbeabsichtigt geschehen. Praktisch sagen die Menschen: ›Fange an, wo du bist und wie du bist; ohne wesentlich darauf abzuzielen, dadurch an Wert zu gewinnen, sollst du mit vorbedachter Güte hingehen, Gutes zu tun.‹ Wenn ich überhaupt auf diesem Gebiet zu predigen hätte, so würde ich eher sagen: ›Fange an, gut zu sein!‹ Als wenn die Sonne in ihrem Lauf innehielte, wenn sie ihr Feuer nur bis zur Leuchtkraft eines Mondes oder eines Sternes der sechsten Größe entflammen würde, um wie ein guter Kobold umherzuschleichen, ins Fenster einer jeden Hütte spähend, Mondsüchtige erleuchtend, Fleisch verderbend und die Dunkelheit aufhellend, anstatt ihre wunderbare Glut und Wohltätigkeit zu steigern, bis sie einen solchen Glanz erreicht, daß ihr kein Sterblicher mehr ins Antlitz schauen kann, und währenddessen die Welt auf ihrer eigenen Bahn zu umkreisen und ihr wohlzutun, oder vielmehr würde die Welt, wie es eine richtigere Philosophie entdeckt hat, um sie kreisen und ihre Wohltaten empfangen. Als Phaethon in der Absicht, durch seine Wohltätigkeit seine himmlische Herkunft zu beweisen, auch nur einen Tag den Sonnenwagen fuhr, kam er aus dem Geleise, verbrannte in den niedrigeren Straßen des Himmels mehrere Häuserviertel und versengte die Oberfläche der Erde, trocknete alle Quellen aus und ließ die große Wüste Sahara entstehen, bis ihn schließlich Jupiter mit seinem Blitzstrahl kopfüber auf die Erde schleuderte, und die Sonne, tiefbekümmert über seinen Tod, ein ganzes Jahr nicht schien.

Es gibt keinen so üblen Geruch wie den Pesthauch, der von infizierter Güte ausgeht. Das ist menschliches, ja göttliches Aas. Wüßte ich sicher, daß jemand mit dem Vorsatz zu mir kommen will, mir Gutes zu tun, würde ich um mein Leben rennen wie vor dem trockenen und sengend heißen Wind in den afrikanischen Wüsten, Samum genannt, der einem Mund, Nase, Ohren und Augen bis zum Ersticken mit Sand füllt, aus lauter Angst, etwas von seinem Wohltun abzubekommen – daß sich etwas von diesem Bazillus mit meinem Blut vermischen könnte. Nein – in diesem Fall würde ich lieber das Üble auf natürliche Weise erleiden. Ein Mensch wird für mich nicht zum *guten Menschen*, weil er mich ernährt, wenn ich zu verhungern drohe, oder mich wärmt, wenn ich friere, oder mich aus dem Graben zieht, sollte ich je in einen fallen. Ich kann euch einen Neufundländer bringen, der das auch tun würde. Philanthropie ist nicht die Liebe zum Mitmenschen im umfassenden Sinn. Howard war zweifellos auf seine Art ein äußerst freundlicher und ehrenwerter Mann und hat dafür auch seine Belohnung empfangen; doch was nützen *uns*, vergleichsweise gesprochen, hundert Howards, wenn *uns* ihre Philanthropie nicht dann hilft, wenn wir uns in der besten Verfassung befinden, wenn wir der Hilfe am würdigsten sind? Ich habe nie von einer philanthropischen Versammlung gehört, auf der ernsthaft vorgeschlagen wurde, mir oder meinesgleichen eine Wohltat zu erweisen.

Die Jesuiten waren völlig verblüfft über jene Indianer, die im Feuer auf dem Scheiterhaufen standen und ihren

Peinigern neue Folterqualen vorschlugen. Dem körperlichen Leiden überlegen, schienen sie manchmal auch jedem Trost überlegen, den ihnen die Missionare bieten konnten, und das Gebot, anderen nur das anzutun, von dem man möchte, daß es einem selbst getan wird, erreichte mit geringer Überzeugungskraft die Ohren derjenigen, die sich nicht darum scherten, was ihnen angetan wurde, die ihre Feinde auf neue Weise liebten und nahe daran waren, ihnen offen alles zu vergeben, was sie taten.

Sei sicher, den Armen jede Hilfe zu geben, die sie am meisten brauchen, wenn auch dein Beispiel sie weit zurückläßt. Gibst du Geld, dann mach dir die Mühe, es ihnen einfach zu überlassen. Manchmal machen wir seltsame Fehler. Oft friert und hungert der Arme nicht so sehr, wie er schmutzig, zerlumpt und roh ist. Zum Teil ist es seine Neigung, weniger sein Unglück. Gibst du ihm Geld, dann kauft er sich vielleicht noch mehr Lumpen damit. Mir taten immer die plumpen irischen Arbeiter leid, die in so schäbigen zerlumpten Sachen auf dem Teich Eis hackten, während ich schon in meinen sauberen ordentlichen und modernen Kleidern fröstelte. Bis dann an einem bitterkalten Tag einer von ihnen, der ins Wasser gefallen war, in mein Haus kam, um sich wieder aufzuwärmen. Ich sah ihn drei Hosen und zwei Paar Strümpfe abstreifen, bevor er auf seine Haut kam, wenngleich seine Sachen schmutzig und zerlumpt genug waren, das ist wahr; er konnte es sich leisten, die *Überkleider* abzulehnen, die ich ihm anbot, da er so viele *Unterkleider* anhatte. Jenes kalte Bad war genau das, was er gebraucht hatte. Dann fing ich an, mich selbst zu bedauern, und ich begriff, es wäre eine größere Wohltätigkeit gewesen, mir ein Flanellhemd zu schenken als ihm einen ganzen Kleiderladen. Es gibt tausend Leute, die an den Zweigen des Übels herumhacken, gegen einen, der ihm an die Wurzel geht, und es kann sein, daß derjenige, der die meiste Zeit und das meiste Geld für Bedürftige aufwendet, durch seine Lebensweise das meiste tut, jenes Elend zu schaffen, das er vergeblich zu lindern sucht. Es ist der fromme Sklavenhalter, der den Ertrag jedes zehnten Sklaven dafür benutzt, dem Rest seiner Sklaven den freien Sonntag zu erkaufen. Manche zeigen ihre Freundlichkeit gegenüber den Armen, indem sie sie in ihren Küchen beschäftigen. Wäre es nicht noch freundlicher, wenn sie sich selbst dort betätigten? Du brüstest dich damit, daß du den zehnten Teil deines Einkommens für wohltätige Zwecke spendest; vielleicht solltest du dafür neun Zehntel spenden, und damit gut. Die Gesellschaft erhält so nur den zehnten Teil ihres Vermögens zurück. Verdankt sie das der Großzügigkeit dessen, in dessen Besitz es sich befindet, oder der Nachlässigkeit der Hüter der Gerechtigkeit?

Die Philanthropie ist fast die einzige Tugend, die von der Menschheit ausreichend geachtet wird. Nein, sie wird sogar erheblich überschätzt; und es ist unsere Selbstsucht, die sie überschätzt. An einem sonnigen Tag pries mir hier in Concord ein kräftiger Armer einen Mitbürger, weil er, wie er sagte, freundlich zu den Armen sei, womit er sich selbst meinte. Die freundlichen Onkel und Tanten unseres Geschlechts werden mehr geschätzt als seine echten geistigen Väter und Mütter. Ich hörte einst einen geistlichen Dozenten über England sprechen, einen gebildeten und klugen Mann. Nachdem er die wissenschaftlichen, literarischen und politischen Größen des Landes aufgezählt hatte – Shakespeare, Bacon, Cromwell, Milton, Newton und andere –, kam er auf seine christlichen Helden zu sprechen, die er, als erfordere das sein Beruf, weit über alle anderen erhob als die Allergrößten der Großen. Es waren Penn, Howard und Mrs. Fry. Jeder muß die Falschheit und Scheinheiligkeit herausfühlen. Diese waren nicht Englands beste Männer und Frauen, nur, vielleicht, seine besten Philanthropen.

Ich möchte nichts von dem Lob abziehen, das der Philanthropie gebührt, sondern nur Gerechtigkeit für alle fordern, die durch ihr Leben und ihre Arbeit zum Segen der Menschheit geworden sind. Ich werte nicht in erster Linie die Rechtschaffenheit und Güte eines Menschen, die sozusagen sein Stamm und seine Blätter sind. Jene Pflanzen, aus deren verwelktem Grün wir Kräutertee für Kranke herstellen, dienen nur einem niederen Zweck und werden meist von Quacksalbern benutzt. Ich begehre die Blüte und die Frucht eines Menschen, daß etwas von seinem Duft zu mir herüberweht und daß eine gewisse Reife unseren Umgang würzt. Seine Güte soll keine partielle und vorübergehende Handlung sein, sondern ein ständiges Überfließen, das ihn nichts kostet und ihm nicht bewußt ist. Das ist eine Nächstenliebe, die eine Menge Sünden wettmacht. Der Philanthrop hüllt die Menschheit allzuoft in die Erinnerung an eigene, überwundene Beschwerden wie in eine Atmosphäre ein und nennt das dann Mitleid. Wir sollten dem anderen unseren Mut und nicht unsere Verzweiflung mitteilen, unsere Gesundheit und unser Wohlgefühl, nicht unser Unbehagen, und wir sollten Sorge tragen, daß es sich nicht durch Ansteckung ausbreitet. Aus welchen südlichen Gegenden kommt die Stimme des Jammers? In welchen Breiten wohnen die Heiden, denen wir das Licht bringen wollten? Wer ist jener unbeherrschte und rohe Mensch, den wir erlösen wollten? Wenn etwas einen Mann schmerzt, so daß er seine Funktionen nicht ausüben kann, wenn er gar Schmerzen im Bauch hat – denn dort ist der Sitz des Mitleids –, macht er sich sogleich daran, die Welt zu reformieren. Selbst ein Mikrokosmos, entdeckt er – und er ist der Mann für eine solche Entdeckung –, daß die Welt unreife Äpfel gegessen hat. In seinen Augen ist der Erdball in der Tat ein riesiger unreifer Apfel, und er ist – schrecklich zu denken! – in Gefahr, daß die Menschenkinder ihn benagen, bevor er reif ist; und geradewegs stürzt sich der drastische Philanthrop auf die Eskimos und die Indianer Patagoniens und umarmt die volkreichen Dörfer Indiens und Chinas, und so wird er nach ein paar Jahren philanthropischer Geschäftigkeit, während ihn die Mächtigen inzwischen zweifellos zu ihren eigenen Zwecken benutzen, seine Verdauungsstörung geheilt haben, der Erdball rötet sich auf einer oder auf beiden Wangen, als wenn er zu reifen begänne, und das Leben verliert seine Grausamkeit und ist wieder süß und gut. Ich habe nie von einer größeren Ungeheuerlichkeit geträumt als von der, die ich selber begangen habe. Ich habe nie einen schlechteren Menschen gekannt als mich, und ich werde auch keinen kennenlernen.

Ich glaube, was das Gemüt des Weltverbesserers verdüstert, ist nicht sein Mitgefühl für die notleidende Menschheit, sondern ist – und wäre es auch Gottes heiligster Sohn – ein ganz privates eigenes Weh. Laßt ihn damit zurechtkommen, laßt den Frühling zu ihm kommen, den Morgen über seinem Lager aufgehen, und er wird seinen hochherzigen Gefährten Valet sagen, ohne sich zu rechtfertigen. Meine Begründung dafür, daß ich keine Vorträge gegen den Tabak halte, ist, daß ich ihn nie gekaut habe – daß das eine Buße ist, die bekehrte Tabakkauer leisten sollten –, wiewohl es genug andere Dinge gibt, die ich gekaut habe und gegen die ich Vorträge halten könnte. Sollte man dich je zu einer dieser Philanthropien verleiten, so laß die Linke nicht wissen, was die Rechte tut, denn es lohnt sich nicht, das zu wissen. Rette den Ertrinkenden und binde deine Schuhriemen fester. Nimm dir Zeit und schaffe etwas in Freiheit.

Unsere Sitten sind durch den Verkehr mit den Heiligen verdorben worden. Unsere Gesangbücher hallen melodienreich wider von Gottes Fluch und davon, daß wir ihn ewig ertragen müssen. Man könnte sagen, daß selbst die Propheten und Erlöser eher den verängstigten Menschen getröstet als seine Hoffnungen gestärkt haben. Nirgendwo kommt eine einfache und nicht zu unterdrückende Zufriedenheit mit der Gabe des Lebens zum Ausdruck, irgendein Gedenken an Gottes Lob und Preis. Gesundes und Erfolgreiches tut mir immer gut, so entfernt und unbedeutend es auch scheinen mag; Krankes und Erfolgloses deprimiert mich und schadet mir, wieviel Mitleid ich auch habe oder mir entgegengebracht wird. Wenn wir also die Menschheit durch echt indianische, botanische, magnetische oder natürliche Mittel heilen wollten, laßt uns zuerst so einfach und gesund wie die Natur sein, die Wolken über unserer eigenen Stirn vertreiben und mit unseren Poren ein bißchen Leben aufnehmen. Bleibe nicht dabei stehen, ein Betreuer der Armen zu sein, sondern versuche, einer der Würdigsten dieser Welt zu werden.

Ich lese im Golestân oder Rosengarten des Scheichs Sa'di von Schiras: ›Man fragte einen Weisen: Von den vielen berühmten Bäumen, die Gott der Allerhöchste hochragend und schattenspendend geschaffen hat, nennt man keinen ‚azad' oder frei, außer der Zypresse, die keine Früchte trägt; was für ein Geheimnis birgt das? Er antwortete: Jeder Baum bringt seinen angemessenen Ertrag und hat seine bestimmte Jahreszeit, während der er frisch ist und blüht, außerhalb derer er aber dürr ist und welkt. Keinem dieser Stadien ist die Zypresse unterworfen, sondern sie grünt immer, und von solchen Wesen sind die Azads, die religiös Unabhängigen. – Hänge dein Herz nicht an das, was vergänglich ist; denn der Dijlah oder Tigris wird noch immer durch Bagdad fließen, wenn das Geschlecht der Kalifen ausgestorben ist. Wenn du viel hast, so sei freigebig wie der Dattelbaum. Doch wenn du nichts zu verschenken hast, sei ein Azad, ein freier Mann, wie die Zypresse.‹

Vom Gehen

(Zuerst erschienen 1862 im ›Atlantic Monthly‹, Boston, einen Monat nach Thoreaus Tod)

Ich möchte ein Wort einlegen für die Natur, für absolute Freiheit und Wildheit, im Gegensatz zu einer nur zivilisierten Freiheit und Kultur – ich möchte den Menschen eher als einen Bewohner oder wesentlichen Bestandteil der Natur betrachten denn als ein Mitglied der Gesellschaft. Ich möchte radikal sein in meiner Aussage, um ihr dadurch Nachdruck zu verleihen, denn die Zivilisation hat Fürsprecher genug: Der Pfarrer und der Schulausschuß und jeder von euch kümmert sich darum.

Ich habe im Laufe meines Lebens nur ein oder zwei Menschen getroffen, die sich auf die Kunst des Gehens verstanden, das heißt, auf die Kunst, Spaziergänge zu machen – die sozusagen eine natürliche Begabung für das *sauntering* hatten, ein Wort, das sich in schöner Weise herleitet ›von müßigen Leuten, die im Mittelalter das Land durchstreiften und um Almosen baten unter dem Vorwand, sie gingen *à la Sainte Terre*‹, nach dem Heiligen Land, bis die Kinder ausriefen: »Da geht ein *Sainte-Terrer*«, ein Saunterer, einer, der nach dem Heiligen Land geht. Diejenigen, die auf ihren Gängen niemals, wie sie vorgeben, nach dem Heiligen Land gehen, sind tatsächlich bloße Müßiggänger und Landstreicher; aber diejenigen, die wirklich dorthin gehen, sind Saunterer in dem guten Sinn, den ich meine. Manche jedoch möchten das Wort von *sans terre*, ohne Land oder Zuhause, ableiten, was daher im guten Sinne bedeutet, ohne eigenes Zuhause, aber überall gleichermaßen zu Hause. Denn das ist das Geheimnis erfolgreichen Gehens. Wer die ganze Zeit in einem Haus stillsitzt, kann der größte Vagabund von allen sein; aber der Saunterer im guten Sinn des Wortes hat nicht mehr von einem Vagabunden als der sich schlängelnde Fluß, der dennoch beharrlich den kürzesten Weg zum Meer sucht. Doch ich ziehe die erste Ableitung vor, die tatsächlich die wahrscheinlichste ist. Denn jeder Gang ist eine Art Kreuzzug, den irgendein Peter der Einsiedler in uns predigt, auf daß wir ausziehen und dieses Heilige Land aus den Händen der Ungläubigen zurückerobern.

Es ist wahr, wir sind nur kleinmütige Kreuzfahrer, selbst die Spaziergänger heutzutage, die keine ausdauernden, endlosen Unternehmungen wagen. Unsere Expeditionen sind nur Ausflüge und führen am Abend zu dem alten Platz am Herd zurück, von dem wir aufgebrochen sind. Der halbe Spaziergang besteht lediglich darin, daß wir unseren eigenen Weg zurückgehen. Wir sollten vielleicht auch zum kürzesten Gang ausziehen im Geist unvergänglichen Abenteuers, um nie zurückzukehren – bereit, nur unsere einbalsamierten Herzen als Reliquien in unsere verlassenen Königreiche zurückzuschicken. Wenn du bereit bist, Vater und Mutter und Bruder und Schwester und Frau und Kind und Freunde zu verlassen und sie nie mehr wiederzusehen – wenn du deine Schulden bezahlt und dein Testament gemacht und alle deine Angelegenheiten geregelt hast und ein freier Mann bist, dann bist du bereit zu einem Gang.

Um auf meine eigene Erfahrung zu kommen: Mein Begleiter und ich – denn manchmal habe ich einen Begleiter – finden Vergnügen daran, uns als Ritter eines neuen oder vielmehr alten Ordens zu denken – nicht als Equestres oder Chevaliers, nicht als Ritter oder Reiter, sondern als Fußreisende, eine noch ältere und ehrenwertere Klasse, wie ich glaube. Der ritterliche und heroische Geist, der einst dem Reiter eignete, scheint heute im Spaziergänger zu wohnen oder sich vielleicht in ihn gesenkt zu haben – nicht in den fahrenden Ritter, sondern den Spaziergänger. Er ist eine Art vierter Stand außerhalb von Kirche, Staat und Volk.

Wir haben bemerkt, daß wir in dieser Gegend fast allein diese edle Kunst übten; obwohl, um die Wahrheit zu sagen, die meisten meiner Mitbürger, wenigstens wenn man ihren eigenen Versicherungen glauben darf, gern manchmal so gehen würden wie ich, doch sie können es nicht. Kein Reichtum kann die erforderliche Muße, Freiheit und Unabhängigkeit kaufen, die das Kapital in diesem Beruf sind. Es kommt nur aus der Gnade Gottes. Ein direkter Dispens vom Himmel ist nötig, um ein Spaziergänger zu werden. Man muß in die Familie der Spaziergänger geboren werden. *Ambulator nascitur, non fit.* Einige meiner Mitbürger können sich freilich an ein paar Gänge erinnern – und sie haben sie mir beschrieben –, die sie vor zehn Jahren gemacht haben und auf denen sie so glücklich waren, sich für eine halbe Stunde im Wald zu verlieren; aber ich weiß sehr wohl, daß sie sich seither stets auf die Landstraße beschränkt haben, sosehr sie auch beanspruchen mögen, zu dieser exklusiven Klasse zu gehören. Zweifellos waren sie für einen Augenblick erhoben, gleichsam wie durch die Erinnerung an ein früheres Dasein, als auch sie Waldbewohner und Geächtete waren.

›Als er kam zum grünen Wald
  In der Morgenstunde
Brachten Vogelstimmen ihm
  Innig süße Kunde.

Es ist lange her, sagt Robin,
  Daß ich einst war hier;
Den Lauf will richten ich mit Lust
  Auf das braune Tier.‹

Ich glaube, ich kann meine Gesundheit und meine Lebensgeister nicht erhalten, wenn ich nicht wenigstens vier Stunden täglich – und gewöhnlich sind es noch mehr – damit zubringe, durch die Wälder und über die Hügel und Felder zu gehen, vollkommen frei von allen weltlichen Verpflichtungen. Ihr mögt fragen: Woran denkt er denn eigentlich dabei? Wenn ich manchmal daran erinnert werde, daß die Handwerker und Krämer nicht nur den ganzen Vormittag, sondern auch den ganzen Nachmittag in ihren Läden bleiben, wo ihrer so viele mit übergeschlagenen Beinen dasitzen – als wären die Beine zum Sitzen geschaffen und nicht zum Stehen oder Gehen –, dann meine ich, daß sie einige Anerkennung verdienen, weil sie alle nicht schon längst Selbstmord begangen haben.

Ich, der ich nicht einen einzigen Tag in meinem Zimmer bleiben kann, ohne einigen Rost anzusetzen, und wenn ich mich manchmal erst um die elfte Stunde zu einem Gang davongestohlen habe oder um vier Uhr nachmittags, zu spät, um den Tag zu retten, da die Schatten der Nacht schon begannen, sich mit dem Tageslicht zu vermischen, dann war mir, als hätte ich eine Sünde begangen, die ich sühnen müsse – ich bekenne, daß ich erstaunt bin über die Ausdauer, ganz zu schweigen von der inneren Unempfindlichkeit meiner Nachbarn, die sich Wochen und Monate, ja, Jahre hindurch den ganzen Tag an Läden und Büros fesseln. Ich weiß nicht, aus welchem Stoff sie sind – daß sie jetzt, um drei Uhr nachmittags, dort sitzen, als ob es drei Uhr morgens wäre. Bonaparte mag von dem Drei-Uhr-Morgens-Mut sprechen, aber der ist nichts gegen den Mut, der zu dieser Stunde des Nachmittags fröhlich das eigene Ich belagern kann, mit dem man schon den ganzen Vormittag zugebracht hat, um eine Garnison auszuhungern, an die man durch solch starke Bande der Zuneigung gefesselt ist. Ich wundere mich, daß um diese Zeit, oder sagen wir, zwischen vier und fünf Uhr nachmittags, zu spät für die Morgen- und zu früh für die Abendzeitungen, nicht überall auf der Straße eine Explosion zu hören ist, die eine Legion überholter und hausbackener Ansichten und Launen in alle vier Winde zerstreut zum Auslüften – und das Übel sich so selbst heilt.

Wie die Frauen, die noch mehr ans Haus gefesselt sind als die Männer, das überstehen, weiß ich nicht; aber ich habe Grund zu der Annahme, daß es die meisten überhaupt nicht über*stehen.* Wenn wir uns früh an einem Sommernachmittag den Staub des Dorfes vom Saum unserer Kleider schütteln, um die Häuser rasch hinter uns zu lassen mit den rein dorischen oder gotischen Fassaden, um die so eine Atmosphäre der Stille ist, dann flüstert mein Begleiter, daß die Bewohner um diese Zeit vielleicht alle zu Bett gegangen seien. Das ist die Zeit, da ich empfänglich bin für die Schönheit und Pracht der Architektur, die sich selbst nie hinlegt, sondern stets sich heraushebt und aufrecht steht, über die Schläfer wachend.

Ohne Zweifel hat das Temperament und vor allem das Alter ziemlich viel damit zu tun. Wenn ein Mensch älter wird, wächst seine Fähigkeit, stillzusitzen und Beschäftigungen im Hause nachzugehen. Er wird abendlich in seinen Gewohnheiten, da der Abend des Lebens naht, bis er schließlich nur noch kurz vor Sonnenuntergang herauskommt und ihm für den Gang, den er braucht, eine halbe Stunde genügt.

Doch das Gehen, von dem ich spreche, hat nichts zu tun damit, daß man sich, wie es heißt, Bewegung macht, so, wie die Kranken zu festgesetzten Stunden Medizin einnehmen, wie man Hanteln oder Stühle schwingt, sondern ist selbst das Unternehmen und Abenteuer des Tages. Wenn ihr Bewegung haben wollt, so geht auf die Suche nach den Quellen des Lebens. Wenn man sich vorstellt, daß jemand um seiner Gesundheit willen Hanteln schwingt, während jene Quellen auf weit entfernten Weiden sprudeln, die er nicht sucht!

Außerdem müßt ihr gehen wie ein Kamel, das das einzige Tier sein soll, das im Gehen wiederkäut. Als ein Reisender Wordsworth' Dienerin bat, ihm das Studierzimmer ihres Herrn zu zeigen, antwortete sie: ›Hier ist seine Bibliothek, aber sein Studierzimmer ist im Freien.‹

Lebt man viel im Freien, in Sonne und Wind, so bringt das ohne Zweifel eine gewisse Rauheit des Charakters hervor – es läßt eine dicke Oberhaut wachsen über einige der feineren Eigenschaften unserer Natur, wie im Gesicht und an den Händen, oder wie schwere manuelle Arbeit den Händen etwas von ihrem zarten Tastsinn raubt. So kann andererseits das Verweilen im Hause eine Weichheit und Glätte, um nicht zu sagen Feinheit der Haut erzeugen, begleitet von einer erhöhten Sensibilität für bestimmte Eindrücke. Vielleicht wären wir empfänglicher für gewisse Einflüsse, die für unser geistiges und moralisches Wachstum wichtig sind, wenn die Sonne etwas weniger auf uns geschienen, wenn der Wind uns etwas weniger umweht hätte; und zweifellos ist es eine schöne Sache, die dicke und die dünne Haut in das richtige Verhältnis zueinander zu bringen. Doch mir scheint, das ist ein Schorf, der schnell genug abfallen wird – daß das natürliche Heilmittel in dem Verhältnis zu finden ist, das die Nacht zum Tage hat, der Winter zum Sommer, der Gedanke zur Erfahrung. Um soviel mehr Luft und Sonnenschein wird es in unseren Gedanken geben. Die schwieligen Handflächen des Arbeiters sind vertraut mit feineren Geweben von Selbstachtung und Heldentum, deren Berührung das Herz erbeben läßt, als die schlaffen Finger des Müßiggangs. Das ist bloße Rührseligkeit, was da bei Tag im Bett liegt und sich weiß vorkommt, fern von der Bräune und den Schwielen der Erfahrung.

Wenn wir spazierengehen, gehen wir natürlich in die Felder und Wälder: Was würde aus uns werden, ergingen wir uns nur in einem Garten oder auf einer Promenade? Selbst einige Schulen von Philosophen haben die Notwendigkeit gefühlt, sich den Wald nahezubringen, da sie nicht in den Wald gingen. ›Sie pflanzten Haine und Alleen von Platanen‹ in offenen Säulengängen, wo sie *subdiales ambulationes* unternahmen. Natürlich hat es keinen Zweck, unsere Schritte in den Wald zu lenken, wenn sie uns nicht dorthin tragen. Es beunruhigt mich, wenn es vorkommt, daß ich mit dem Körper eine Meile in den Wald gegangen bin, ohne im Geist dorthin zu kommen. Auf meinem nachmittäglichen Gang möchte ich gern alle meine morgendlichen Beschäftigungen und meine Verpflichtungen gegenüber der Gesellschaft vergessen. Doch manchmal kommt es vor, daß ich das Dorf nicht ohne weiteres abschütteln kann. Der Gedanke an eine bestimmte Arbeit geht mir im Kopf herum, und ich bin nicht, wo mein Körper ist – ich bin von Sinnen. Auf meinen Wanderungen möchte ich gern zu meinen Sinnen zurückkehren. Was habe ich im Wald verloren, wenn ich an etwas außerhalb des Waldes denke? Ich beargwöhne mich und kann mich eines Schauders nicht erwehren, wenn ich mich so hineingezogen sehe in sogenannte gute Werke – denn das kann gelegentlich geschehen.

Meine nähere Umgebung bietet viele gute Spazierwege; und obwohl ich seit so vielen Jahren fast jeden Tag spazierengehe, und manchmal gleich mehrere Tage lang, habe ich sie noch nicht erschöpft. Eine völlig neue Aussicht ist ein großes Glück, und das kann ich noch immer jeden Nachmittag haben. Ein Gang von zwei oder drei Stunden bringt mich in ein Land, das mir so unbekannt ist, wie ich es irgend zu sehen erwarte. Ein einsames Bauernhaus, das ich zuvor nicht gesehen hatte, ist manchmal ebensogut wie die Ländereien des Königs von Dahomey. Es gibt wirklich eine Art Harmonie zu entdecken zwischen den Möglichkeiten der Landschaft in einem Umkreis von zehn Meilen oder den Grenzen eines Nachmittagsspazierganges und den siebzig Jahren des menschlichen Lebens. Sie wird euch niemals ganz vertraut werden.

Beinahe alle sogenannten Verbesserungen der Menschen, wie das Bauen von Häusern und das Abholzen des Waldes, das Fällen aller großen Bäume, verunstalten heutzutage nur die Landschaft und machen sie immer zahmer und wertloser. Wollte doch ein Volk damit beginnen, die Zäune zu verbrennen, und den Wald stehenlassen! Ich sah die Zäune halb zerstört, ihre Enden verloren mitten in der Prärie, und irgendein habgieriger Mensch suchte zusammen mit einem Landvermesser nach seinen Grenzsteinen, während sich rings um ihn der Himmel ereignet hatte, und er sah nicht die Engel auf und ab gehen, sondern hielt inmitten des Paradieses Ausschau nach einem alten Pfostenloch. Ich blickte noch einmal hin und sah ihn mitten in einem morastigen stygischen Sumpf stehen, umringt von Teufeln, und er hatte ohne Zweifel seine Grenzsteine gefunden, drei kleine Steine, bei denen ein Pfahl eingetrieben worden war; und als ich genauer hinsah, sah ich, daß der Fürst der Finsternis sein Landvermesser war.

Ich kann von meiner eigenen Tür aus leicht zehn, fünfzehn, zwanzig, ja, beliebig viele Meilen gehen, ohne an einem Haus vorüberzukommen, ohne an anderer Stelle als der Fuchs und der Mink eine Straße zu kreuzen: zuerst den Fluß entlang, dann den Bach, dann die Wiese und den Waldrand. Es gibt auf Quadratmeilen in meiner näheren Umgebung nicht einen einzigen Bewohner. Von manchem Hügel kann ich von fern die Zivilisation und die Wohnungen der Menschen sehen. Die Farmer und ihre Werke sind kaum deutlicher sichtbar als Murmeltiere und ihre Höhlen. Der Mensch und seine Geschäfte, Kirche und Staat und Schule, Handel und Verkehr und Fabriken und Landwirtschaft, selbst die Politik, das beunruhigendste Geschäft von allen – ich sehe mit Freude, wie wenig Raum sie in der Landschaft einnehmen. Die Politik ist nur ein schmales Feld, und jene noch schmalere Landstraße dort führt zu ihr. Ich weise manchmal den Reisenden dorthin. Wenn ihr zur politischen Welt gehen möchtet, so folgt der großen Straße – folgt dem Marktbesucher, behaltet seinen Staub im Auge, und der wird euch geradewegs hinführen; denn auch sie hat nur ihren Ort und nimmt nicht den ganzen Raum ein. Ich gehe von ihr wie von einem Bohnenfeld in den Wald, und sie ist vergessen. In einer halben Stunde kann ich davongehen zu einem Teil der Erdoberfläche, wo von einem Ende des Jahres zum anderen kein Mensch hinkommt, und dort ist folglich keine Politik, denn sie ist nichts als der Zigarrenrauch eines Mannes.

Das Dorf (village) ist der Ort, zu dem die Wege hinführen, eine Art Erweiterung der Landstraße, wie ein Fluß sich zu einem See erweitert. Es ist der Körper, und die Straßen sind seine Arme und Beine – ein trivialer oder quadrivialer Ort, ein Ort der drei oder vier Wege, die Durchgangsstraße und das Wirtshaus der Reisenden. Das Wort kommt vom lateinischen *villa*, das Varro zusammen mit *via*, Weg, oder, älter, *ved* und *vella*, von *veho*, bringen, tragen, befördern, herleitet, weil das Landgut mit dem Landhaus (villa) der Ort ist, von dem Dinge fort- und zu dem Dinge hingebracht werden. Von denen, die sich ihren Unterhalt durch Gespannfahren verdienten, hieß es *vellaturam facere.* Daher auch das lateinische Wort *vilis* und unser *vile* (gemein, verächtlich, wertlos) sowie *villain* (Schurke). Das deutet darauf hin, welcher Entartung Dorfbewohner (villagers) unterliegen. Sie sind zermürbt vom Reisen, das an ihnen vorbei- und über sie hinweggeht, ohne daß sie selbst reisen.

Manche gehen überhaupt nicht, andere gehen auf den Landstraßen; wenige gehen querfeldein. Straßen sind für Pferde und Geschäftsleute gemacht. Ich benutze sie verhältnismäßig wenig, weil ich es nicht eilig habe, zu einem Wirtshaus oder Kramladen oder Mietstall oder Bahnhof zu kommen, zu dem sie führen. Ich bin zwar ein gutes Pferd zum Reisen, aber nicht gern ein Reisepferd. Der Landschaftsmaler benutzt die Gestalten von Menschen, um eine Straße zu markieren. Er würde diesen Gebrauch von meiner Gestalt nicht machen. Ich gehe hinaus in eine Natur ähnlich der, in der die alten Propheten und Dichter, Menu, Moses, Homer, Chaucer sich ergingen. Ihr könnt sie Amerika nennen, aber sie ist nicht Amerika; weder Amerigo Vespucci noch Kolumbus noch die übrigen waren ihre Entdecker. Es gibt einen getreueren Bericht davon in der Mythologie als in irgendeiner sogenannten Geschichte Amerikas, die ich gesehen habe.

Es gibt jedoch ein paar alte Straßen, die mit Gewinn betreten werden können, so, als ob sie irgendwohin führten, nun, da sie fast aufgegeben sind. Da ist die Old Marlborough Road, die, wie mir scheint, nun nicht mehr nach Marlborough geht, es sei denn, daß Marlborough dort liegt, wohin sie mich führt. Ich wage um so eher, hier davon zu sprechen, als ich annehme, daß es in jeder Stadt ein oder zwei solcher Straßen gibt.

Die Old Marlborough Road

Wo man grub einst nach Geld,
Keins fand auf dem Feld;
Wo manchmal Martial Miles
Allein geht jeweils,
Und Elijah Wood,
Da sei auf der Hut:
Kein andrer Mann,
Nur Elisha Dugan, –
Wilder Mann, willst fassen
Rebhühner und Hasen,
Hast keine Sorgen,
Legst nur Schlingen verborgen,
Du lebst ganz allein,
Hart scheint's zu sein,
Und wo das Leben am süßesten ist,
Du ständig ißt.
Reizt der Frühling mein Blut
Und treibt mich durchs Land,
Find ich genug Sand
Auf der Old Marlborough Road.
Niemand bessert sie aus,
Niemand fährt dort hinaus;
Es ist ein lebendiger Weg
Wie der Christ zu sagen pflegt.
Nicht viele gibt es
Die gehen dorthin,
Nur die Gäste des
Iren Quin.
Was ist es, was ist es
Andres als ein Weg also
Und die bloße Möglichkeit
Zu gehn nach irgendwo?
Wegweiser aus Stein,
Doch Reisende – nein;
Kenotaphs, die tragen
Der Städte Namen.
Es lohnt sich zu sehn

Wohin du *könntst* gehn.
Welch' King
Gemacht das Ding
Auf Antwort ich dring;
Vom Magistrat welcher Mann
Es gebaut wie oder wann,
Gourgas oder Lee,
Clark oder Darby?
Sie sind sehr bestrebt
Was zu sein, das fortlebt;
Leere Tafeln aus Stein,
Wo ein Reisender stöhnt,
Und in einem Satz
Ritzt alles Wissen dort ein;
Was ein andrer dann liest,
Wenn in Bedrängnis er ist.
Ich weiß ein oder zwei
Zeil'n – zweifelsfrei
Literatur von Bestand
Fürs ganze Land,
Die ein Mann könnt' behalten
Bis zum Dezember, dem kalten,
Sie wieder anzuschau'n
Im Frühjahr nach dem Tau'n.
Wenn phantasiebeseelt
Du verläßt deinen Ort
Kannst du gehn um die Welt
Auf der Old Marlborough Road.

Im Augenblick ist in dieser Gegend der beste Teil des Landes kein privates Eigentum; die Landschaft gehört niemandem, und der Spaziergänger erfreut sich relativer Freiheit. Doch möglicherweise wird der Tag kommen, da sie in sogenannte Lustgärten aufgeteilt werden wird, in denen wenige nur einem beschränkten und exklusiven Vergnügen nachgehen werden – da man Zäune in großer Zahl errichten und Fußangeln und andere Mittel erfinden wird, um die Menschen auf die *öffentliche* Straße zu beschränken, während das Gehen auf der Oberfläche von Gottes Erde als widerrechtliches Betreten des Geländes irgendeines Gentlemans ausgelegt werden wird. Eine Sache ausschließlich genießen heißt für gewöhnlich sich von ihrem wahren Genuß ausschließen. Nutzen wir also unsere Möglichkeiten, ehe diese bösen Tage kommen.

Was macht es manchmal so schwer zu entscheiden, wohin wir gehen wollen? Ich glaube, daß es in der Natur einen feinen Magnetismus gibt, der uns richtig leitet, wenn wir ihm unbewußt nachgeben. Es ist für uns nicht gleichgültig, welchen Weg wir gehen. Es gibt einen richtigen Weg; doch wir neigen aus Unachtsamkeit und Beschränktheit leicht dazu, den falschen einzuschlagen. Wir möchten gern den Gang machen, den wir bisher noch nie gemacht haben durch diese wirkliche Welt und der vollkommen symbolisch ist für den Weg, auf dem wir so gern reisen in der inneren und idealen Welt; und manchmal ist es für uns zweifellos schwer, unsere Richtung zu wählen, weil sie in unserer Vorstellung noch nicht deutlich existiert.

Wenn ich das Haus verlasse, um einen Gang zu tun, noch ungewiß, wohin ich meine Schritte lenken werde, und die Entscheidung meinem Instinkt überlasse, so merke ich, so eigenartig und absonderlich es scheinen mag, daß ich mich schließlich zwangsläufig nach Südwesten wende, nach einem Wald, nach einer Wiese oder verlassenen Weide oder nach einem Hügel in jener Richtung. Meine Nadel kommt nur langsam zum Stillstand, weicht um ein paar Grad ab und zeigt freilich nicht immer genau nach Südwesten, und sie hat guten Grund für diese Abweichung, aber stets kommt sie zwischen West und Südsüdwest zum Stillstand. In dieser Richtung liegt für mich die Zukunft, und die Erde scheint auf dieser Seite unerschöpfter und reicher zu sein. Die Umrißlinie, die meine Spaziergänge begrenzt, wäre kein Kreis, sondern eine Parabel, oder gliche vielmehr einer jener Kometenbahnen, die man sich als nicht zurücklaufende Kurven denkt – in diesem Fall wäre sie nach Westen offen, mein Haus nähme in ihr den Platz der Sonne ein. Ich drehe mich manchmal eine Viertelstunde lang immer wieder um mich selbst, bis ich mich zum tausendsten Mal entschließe, nach Südwesten oder Westen zu gehen. Ostwärts gehe ich nur unter Zwang, aber westwärts gehe ich frei. Dorthin führt mich kein Geschäft. Es fällt mir schwer zu glauben, daß ich hinter dem östlichen Horizont schöne Landschaften oder genügend Wildheit und Freiheit finden werde. Mich reizt die Aussicht auf einen Spaziergang dorthin nicht; aber ich glaube, daß der Wald, den ich am westlichen Horizont sehe, sich ununterbrochen nach Sonnenuntergang erstreckt, und es gibt darin keine Gemeinden oder Städte, die bedeutend genug wären, mich zu beunruhigen. Laßt mich leben, wo ich will, auf dieser Seite ist die Stadt, auf jener die Wildnis, und mehr und mehr bin ich dabei, die Stadt zu verlassen und mich in die Wildnis zurückzuziehen. Ich würde diese Tatsache nicht so sehr betonen, wenn ich nicht glaubte, daß etwas Ähnliches die vorherrschende Tendenz unter meinen Landsleuten sei. Ich muß in Richtung Oregon gehen und nicht in Richtung Europa. Und in diese Richtung bewegt sich die Nation, und ich darf sagen, daß die Menschheit von Ost nach West fortschreitet. Wir konnten innerhalb von wenigen Jahren das Phänomen einer Wanderung in südöstlicher Richtung erleben, als Australien besiedelt wurde; aber das erscheint uns als eine rückwärts gewandte Bewegung, und es hat sich, nach dem moralischen und physischen Charakter der ersten Generation von Australiern zu urteilen, noch nicht als ein erfolgreiches Experiment erwiesen. Die Osttataren glauben, daß es westlich von Tibet nichts mehr gäbe. ›Dort endet die Welt‹, sagen sie, ›dahinter ist nichts als ein uferloses Meer.‹ Es ist tiefster Osten, wo sie leben.

Wir gehen ostwärts, um die Geschichte zu begreifen und die Werke von Kunst und Literatur zu studieren, indem wir den Weg der Menschheit zurückverfolgen; wir gehen westwärts wie in die Zukunft, mit Unternehmungs- und Abenteuergeist. Der Atlantik ist ein Lethestrom, bei dessen Überquerung wir die Möglichkeit hatten, die Alte Welt und ihre Institutionen zu vergessen. Wenn es uns diesmal nicht gelingt, bleibt der Menschheit vielleicht noch eine weitere Gelegenheit, bevor sie an den Ufern des Styx ankommt, nämlich in der Lethe des Pazifik, der dreimal so breit ist.

Ich weiß nicht, wie bedeutsam es ist oder inwieweit es ein Zeugnis besonderer Veranlagung ist, daß ein einzelner auf seinem kleinsten Spaziergang so mit der allgemeinen Bewegung der Menschheit übereinstimmt; aber ich weiß, daß so etwas wie der Wandertrieb bei Vögeln und Vierfüßern – von dem man in einigen Fällen weiß, daß er die Gattung der Eichhörnchen ergriffen und sie zu einer allgemeinen und rätselhaften Bewegung getrieben hat, bei der man sie, wie einige sagen, die breitesten Flüsse überqueren sah, jedes auf seinem eigenen Span, den Schwanz als Segel aufgerichtet und schmalere Wasserläufe mit ihren Toten überbrückend –, daß so etwas wie der *Furor*, der das Hausvieh im Frühling ergreift und den man auf einen Wurm in ihren Schwänzen zurückführt, Nationen wie Individuen ergreift, entweder fortwährend oder von Zeit zu Zeit. Nicht eine Schar von Wildgänsen schnattert über unsere Stadt, ohne hier den Wert von Immobilien einigermaßen ins Wanken zu bringen, und wenn ich Makler wäre, würde ich diese Störung wahrscheinlich in Rechnung stellen.

›Dann treibt die Menschen stark die
Wallfahrtslust,
Und Pilger ziehn nach manchem fremden Strande.‹

Jeder Sonnenuntergang, den ich erlebe, erfüllt mich mit dem Wunsch, nach einem Westen zu gehen, der so fern und so schön ist wie der, in dem die Sonne versinkt. Sie scheint täglich westwärts zu wandern und uns zu locken, ihr zu folgen. Sie ist der Große Pionier des Westens, dem die Nationen folgen. Wir träumen die ganze Nacht von den Gebirgsketten am Horizont, die zuletzt von ihren Strahlen vergoldet waren, mochten sie auch nur aus Dunst bestehen. Die Insel Atlantis und die Inseln und Gärten der Hesperiden, eine Art irdischen Paradieses, scheinen der Große Westen der Alten gewesen zu sein, eingehüllt in Geheimnis und Poesie. Wer hat nicht schon, wenn er in den Abendhimmel blickte, in seiner Phantasie die Gärten der Hesperiden und den Ursprung all dieser Mythen gesehen?

Kolumbus spürte den Drang nach Westen stärker als irgendeiner zuvor. Er gehorchte ihm und fand für Kastilien und León eine neue Welt. Die Herde der Menschen witterte in jenen Tagen von weitem frisches Weideland.

›Da die Sonne durchmessen die Hügel all,
Da sie versunken in der westlichen Bucht,
Stand er auf nun und nahm den Mantel blau:
Morgen zu neuem Wald, zu frischer Au.‹

Wo auf dem Erdball kann man ein Gebiet finden, so ausgedehnt wie das der Mehrzahl unserer Staaten, so fruchtbar und so reich und mannigfaltig in seinen Schöpfungen und gleichzeitig so bewohnbar für den Europäer wie dieses? Michaux, der nur einen Teil davon kannte, sagt, daß ›die Arten großer Bäume in Nordamerika viel zahlreicher sind als in Europa; in den Vereinigten Staaten gibt es über einhundertvierzig Arten, die höher sind als dreißig Fuß; in Frankreich gibt es nur dreißig, die diese Größe erreichen.‹ Spätere Botaniker haben seine Beobachtungen mehr als bestätigt. Humboldt kam nach Amerika, um seinen Jugendträumen von einer tropischen Vegetation nachzugehen, und er sah sie in ihrer größten Vollkommenheit in den Urwäldern des Amazonas, der gewaltigsten Wildnis auf Erden, die er so beredt beschrieben hat. Der Geograph Guyot, selbst Europäer, geht weiter – weiter, als ich ihm zu folgen bereit bin; außer, wenn er sagt: ›Wie die Pflanze gemacht ist für das Tier, wie die Pflanzenwelt gemacht ist für die Tierwelt, so ist Amerika gemacht für den Menschen der Alten Welt … Der Mensch der Alten Welt macht sich auf den Weg. Das Hochland von Asien verlassend, steigt er Stufe um Stufe herunter nach Europa. Jeder seiner Schritte ist gekennzeichnet durch eine neue, der vorangegangenen überlegene Zivilisation, durch eine größere Kraft der Entwicklung. Angekommen am Atlantik, hält er inne an den Ufern dieses unbekannten Ozeans, dessen Grenzen er nicht kennt, und dreht sich für einen Moment in seinen Fußtapfen herum.‹ Als er den reichen Boden Europas erschöpft und sich gestärkt hat, ›nimmt er seinen abenteuerlichen Weg nach Westen wieder auf wie in den frühesten Zeiten‹. Soweit Guyot.

Aus diesem Drang nach Westen, der in Berührung kam mit der Barriere des Atlantik, entsprangen der Handel und der Unternehmungsgeist der Neuzeit. Der jüngere Michaux sagt in seinen ›Reisen westlich der Alleghenies im Jahre 1802‹, daß im neu besiedelten Westen die häufigste Frage lautete: ›Aus welchem Teil der Welt kommen Sie?‹ ›So, als wären diese riesigen und fruchtbaren Gebiete von Natur aus der Sammelplatz und das gemeinsame Land aller Bewohner des Erdballs.‹

Um ein abgenutztes lateinisches Wort zu gebrauchen, könnte ich sagen: *Ex Oriente lux; ex Occidente FRUX.* Aus dem Osten das Licht; aus dem Westen die Frucht.

Sir Francis Head, englischer Reisender und Generalgouverneur von Kanada, sagt uns, daß ›sowohl in der nördlichen wie in der südlichen Hemisphäre der Neuen Welt die Natur ihre Werke nicht nur in einem größeren Maßstab entworfen, sondern das ganze Bild mit helleren und prächtigeren Farben gemalt hat, als sie beim Skizzieren und Ausschmücken der Alten Welt benutzte … Das Firmament Amerikas erscheint unendlich höher, der Himmel blauer, die Luft ist frischer, die Kälte ist intensiver, der Mond sieht größer aus, die Sterne sind strahlender, der Donner ist lauter, der Blitz ist greller, der Wind ist stärker, der Regen ist heftiger, die Berge sind höher, die Flüsse länger, die Wälder größer, die Ebenen weiter.‹ Diese Darstellung wird zumindest genügen als Entgegnung auf Buffons Beschreibung dieses Teils der Welt und ihrer Schöpfungen.

Linné sagte vor langer Zeit: ›Nescio quae facies laeta, glabra plantis Americanis‹ (Ich weiß nicht, was am Aussehen amerikanischer Pflanzen so erfreulich und so glatt ist); und ich glaube, daß es in diesem Land keine oder höchstens sehr wenige *Africanae bestiae* gibt, afrikanische Tiere, wie die Römer sie nannten, und daß es sich auch in dieser Hinsicht besonders dazu eignet, vom Menschen bewohnt zu werden. Wir hören, daß in einer Entfernung von nur drei Meilen vom Zentrum der ostindischen Stadt Singapore alljährlich ein paar Einwohner von Tigern fortgeschleppt werden; aber fast überall in Nordamerika kann sich der Reisende ohne Furcht vor wilden Tieren nachts in den Wäldern niederlegen.

Das sind ermutigende Zeugnisse. Wenn hier der Mond größer aussieht als in Europa, dann sieht vielleicht auch die Sonne größer aus. Wenn Amerikas Firmament unendlich höher erscheint und die Sterne strahlender sind, so hoffe ich, daß diese Tatsachen symbolisch sind für die Höhe, zu der die Philosophie und die Poesie und die Religion seiner Bewohner sich eines Tages emporschwingen mögen. Schließlich wird vielleicht der immaterielle Himmel dem amerikanischen Geist um ebenso vieles höher erscheinen und die Zeichen, die ihn bestirnen, um ebenso vieles strahlender. Denn ich glaube, daß das Klima derart auf den Menschen wirkt – wie es in der Bergluft etwas gibt, was den Geist nährt und was inspiriert. Wird nicht der Mensch unter diesen Einflüssen geistig wie körperlich zu größerer Vollkommenheit gedeihen? Oder ist es unwichtig, wie viele Nebeltage es in seinem Leben gibt? Ich hoffe, daß wir phantasiereicher sein, daß unsere Gedanken klarer, frischer und ätherischer sein werden, wie unser Himmel, – unser Verstand umfassender und weiter, wie unsere Ebenen, – unser Intellekt ganz allgemein von größerem Maßstab, wie unser Donner und unser Blitz, unsere Flüsse und Berge und Wälder, – und unsere Herzen gar sollen in Breite und Tiefe und Erhabenheit unseren Binnenmeeren entsprechen. Vielleicht wird sich dem Reisenden etwas unsagbar Frohes und Heiteres, *laeta* und *glabra*, in unseren Gesichtern zeigen. Zu welchem Zweck geht sonst die Welt weiter, und wozu wurde Amerika entdeckt?

Amerikanern brauche ich kaum zu sagen:

›Westwärts zieht seine Bahn
der Stern des Reichs.‹

Als echter Patriot würde ich mich schämen zu denken, daß Adam im Paradies im ganzen in einer günstigeren Lage war als der Hinterwäldler in diesem Land.

Unsere Sympathien in Massachusetts sind nicht auf Neuengland beschränkt; obwohl wir dem Süden entfremdet sein mögen, sympathisieren wir mit dem Westen. Dort ist die Heimat der jüngeren Söhne, die bei den Skandinaviern zur See gingen, um ihr Erbe zu übernehmen. Es ist zu spät, Hebräisch zu studieren; es ist wichtiger, den Slang von heute zu verstehen.

Vor einigen Monaten sah ich mir ein Panorama des Rheins an. Es war wie ein Traum vom Mittelalter. Ich trieb in etwas, das mehr war als Phantasie, den historischen Strom hinab, unter Brücken hindurch, gebaut von den Römern und ausgebessert von späteren Helden, vorbei an Städten und Burgen, deren bloße Namen Musik in meinen Ohren waren und deren jede Gegenstand einer Sage war. Da waren Ehrenbreitstein und Rolandseck und Koblenz, die ich nur aus der Geschichte kannte. Es waren die Ruinen, die mich hauptsächlich interessierten. Von den Wassern und den rebenbedeckten Hügeln und Tälern schien eine gedämpfte Musik aufzusteigen, wie von Kreuzfahrern, die aufbrechen nach dem Heiligen Land. Ich trieb dahin unter dem Bann eines Zaubers, als sei ich in ein heroisches Zeitalter versetzt, als atmete ich die Luft von Rittertum.

Bald darauf sah ich mir ein Panorama des Mississippi an, und da ich mich im Licht von heute den Fluß hinaufarbeitete und die Dampfboote Brennholz nehmen sah, die aufstrebenden Städte zählte, die neuen Ruinen von Nauvoo bestaunte, die Indianer über den Strom nach Westen ziehen sah und nun den Ohio und den Missouri hinaufblickte, wie ich zuvor die Mosel hinaufgeblickt hatte, und die Legenden von Dubuque und Wenona's Cliff hörte – noch immer mehr an die Zukunft denkend als an die Vergangenheit oder an die Gegenwart –, begriff ich, daß dies ein Rheinstrom anderer Art war; daß die Fundamente der Burgen erst noch zu legen und die berühmten Brücken erst noch über den Strom zu schlagen waren; und ich spürte, daß *dies das eigentliche heroische Zeitalter* war, obwohl wir es nicht erkennen, denn der Held ist für gewöhnlich der einfachste und unbekannteste der Menschen.

Der Westen, von dem ich spreche, ist nur eine andere Bezeichnung für die Wildnis; und worauf ich hinauswill, ist, daß in der Wildheit die Rettung der Welt liegt. Jeder Baum schickt seine Fasern aus auf der Suche nach der Wildnis. Die Städte importieren sie um jeden Preis. Die Menschen pflügen und segeln um ihretwillen. Aus Wald und Wildnis kommen die Tonika und Rinden, die die Menschen stärken. Unsere Vorfahren waren Wilde. Die Geschichte von Romulus und Remus, die von einer Wölfin gesäugt wurden, ist keine bedeutungslose Legende. Die Gründer eines jeden Staates, der zu Ruhm und Ansehen gelangt ist, haben ihre Nahrung und ihre Kraft aus einer ähnlichen wilden Quelle gesogen. Da die Kinder des Imperiums nicht von der Wölfin gesäugt wurden wie noch die Kinder der nördlichen Wälder, wurden sie von diesen bezwungen und vertrieben.

Ich glaube an den Wald und an die Wiese und an die Nacht, in der das Korn wächst. Wir brauchen einen Aufguß der Hemlocktanne oder des Lebensbaums in unserem Tee. Es macht einen Unterschied, ob man ißt und trinkt, um sich zu stärken, oder aus reiner Gefräßigkeit. Die Hottentotten verschlingen gierig das Mark des Kudus und anderer Antilopen, natürlich roh. Einige unserer Indianer im Norden essen das Mark des arktischen Rens roh, wie auch verschiedene andere Teile, einschließlich der Geweihenden, solange sie weich sind. Und damit laufen sie vielleicht den Köchen von Paris den Rang ab. Sie essen, was normalerweise ins Feuer geworfen wird. Das eignet sich vermutlich besser dazu, einen Menschen daraus zu erschaffen, als Rindfleisch aus der Stallmast und Schweinefleisch aus dem Schlachthaus. Gebt mir eine Wildheit, deren Anblick keine Zivilisation ertragen kann – so als lebten wir vom Mark roh verschlungener Kudus.

Es gibt einige Täler, wo die Walddrossel singt und in die ich gern ziehen würde – wilde Landstriche, wo sich noch kein Siedler niedergelassen hat; an die ich, so glaube ich, bereits gewöhnt bin.

Der afrikanische Jäger Cumming erzählt uns, daß das Fell der Elenantilope – wie das der meisten anderen Antilopen –, wenn sie eben getötet ist, den köstlichsten Duft von Bäumen und Gras ausströmt. Ich wollte, jeder Mensch gliche so sehr einer wilden Antilope und wäre so sehr Teil der Natur, daß seine Person unseren Sinnen auf so süße Weise seine Gegenwart anzeigte und uns an jene Gegenden der Natur erinnerte, die er am häufigsten aufsucht. Ich verspüre keine Neigung zum Spott, wenn der Mantel des Trappers den Geruch der Bisamratte ausströmt; für mich ist dieser Geruch lieblicher als der, der gewöhnlich den Kleidern des Kaufmanns oder des Gelehrten entströmt. Wenn ich in ihre Kleiderkammern gehe und ihre Gewänder anfasse, werde ich nicht an grasreiche Ebenen und Wiesen voller Blumen erinnert, sondern vielmehr an staubige Handelsbörsen und Bibliotheken.

Eine gebräunte Haut ist etwas überaus Achtbares, und vielleicht ist Olivgrün eine Farbe, die besser zu einem Mann paßt als Weiß – zu einem Bewohner der Wälder. ›Der blasse weiße Mann!‹ Mich wundert nicht, daß der Afrikaner ihn bedauerte. Darwin, der Naturforscher, sagt: ›Ein weißer Mann, der neben einem Tahitier badete, glich einer durch die Kunst des Gärtners gebleichten Pflanze neben einer edlen dunkelgrünen, die kraftvoll auf offenem Feld wuchs.‹

Ben Jonson ruft aus:

›Wie nah dem Guten ist, was schön!‹

So möchte ich sagen:

›Wie nah dem Guten ist, was *wild!*‹

Zum Leben gehört Wildheit. Das Lebendigste ist das Wildeste. Dem Menschen noch nicht unterworfen, erquickt ihn seine Gegenwart. Wer unaufhörlich vorwärts drängte und nie von seinen Mühen ausruhte, wer schnell wüchse und unbegrenzte Forderungen an das

Leben stellte, fände sich stets in einem neuen Land oder in einer Wildnis, umgeben vom Rohstoff des Lebens. Er würde über die umgestürzten Stämme von Urwaldbäumen klettern.

Hoffnung und Zukunft liegen für mich nicht in Rasenflächen und bestellten Feldern, nicht in Ortschaften und Städten, sondern in den unwegsamen und bebenden Sümpfen. Früher, wenn ich meine Vorliebe für irgendeine Farm, an deren Kauf ich gedacht hatte, genau untersuchte, habe ich oftmals gefunden, daß mich einzig ein paar Quadratruten undurchdringlichen und unergründlichen Morasts interessierten – ein natürlicher Pfuhl in einem Winkel des Anwesens. Das war das Juwel, das mich blendete. Ich schöpfe für mein Dasein mehr aus dem Sumpfland, das meinen Heimatort umgibt, als aus den gepflegten Gärten im Dorf. Es gibt für meine Augen keine reicheren Anlagen als die dichtbewachsenen Flächen der Zwerggränke *(cassandra calyculata)*, die diese zarten Stellen auf der Erdoberfläche bedecken. Die Botanik kann nicht mehr tun, als mir die Namen der Sträucher zu nennen, die dort wachsen – die hohe Blaubeere, die Rispengränke, die Lorbeerrose, die Azalee und die kanadische Alpenrose – die alle in dem bebenden Torfmoos stehen. Ich denke oft, daß ich gern mein Haus mit seiner Front nach dieser Ansammlung dunkelroter Büsche liegen sähe und auf andere Blumenecken und -rabatten, auf umgepflanzte Fichten und gepflegten Buchs und auf glatte Kieswege verzichten würde, um diesen fruchtbaren Flecken unter meinen Fenstern zu haben, und nicht nur ein paar Karrenladungen Erde, nur herbeigeschafft, um damit den beim Ausschachten des Kellers herausgeworfenen Sand zu bedekken. Warum sollte ich mein Haus, mein Wohnzimmer nicht hinter diesem Flecken haben statt hinter jener kläglichen Ansammlung von Raritäten, jenem kümmerlichen Ersatz für Natur und Kunst, den ich meinen Vorgarten nenne? Es ist ein Versuch, aufzuräumen und für einen ordentlichen Anblick zu sorgen, sobald der Zimmermann und der Maurer gegangen sind, der freilich ebensosehr auf den Vorübergehenden wie auf den Bewohner des Hauses berechnet ist. Auch der geschmackvollste Vorgartenzaun ist für mich nie ein erfreuliches Studienobjekt gewesen; die ausgefeiltesten Verzierungen, Eichelkuppen oder was nicht alles, hatte ich bald satt, und sie widerten mich an. Bringt also eure Schwellen dicht an den Rand des Sumpfs (wenn das auch nicht der beste Ort für einen trockenen Keller sein mag), damit die Leute auf dieser Seite keinen Zugang haben. Vorgärten sind nicht dazu da, daß man darin spazierengeht, sondern höchstens zum Durchgehen, und ihr könnt auch von hinten hineingehen.

Ja, wenn ihr mich auch für wunderlich halten mögt: Wenn man mir vorschlüge, entweder in der Nachbarschaft eines der schönsten Gärten zu wohnen, den menschliche Kunst je ersann, oder in der Nähe eines Dismal Swamp, so würde ich mich gewiß für den Sumpf entscheiden. Wie vergeblich sind also all eure Mühen, ihr Bürger, für mich gewesen!

Meine Stimmung steigt unfehlbar mit der äußeren Öde. Gebt mir den Ozean, die Wüste oder die Wildnis! In der Wüste entschädigen reine Luft und Einsamkeit für den Mangel an Feuchtigkeit und Fruchtbarkeit. Der Reisende Burton sagt darüber: ›Deine *sittliche Kraft* wächst; du wirst freimütig und freundlich, aufgeschlossen und zielstrebig … In der Wüste erregen alkoholische Getränke nur Widerwillen. Man findet lebhaftes Vergnügen an einem rein tierhaften Dasein.‹ Leute, die lange durch die Steppen der Tartarei gereist sind, sagen: ›Als wir wieder in gesittete Gegenden kamen, bedrückte und erstickte uns die Aufregung, Verwirrung und Unruhe der Zivilisation; die Luft schien uns auszugehen, und wir hatten jeden Augenblick das Gefühl, als seien wir im Begriff, an Asphyxie zu sterben.‹ Wenn ich mich erholen möchte, suche ich den dunkelsten Wald, den dichtesten, endlosesten und für den Bürger trostlosesten Sumpf auf. Ich betrete einen Sumpf wie einen geweihten Ort, ein *sanctum sanctorum.* Dort ist die Kraft, das Mark der Natur. Der Urwald bedeckt den jungfräulichen

Boden, und dieselbe Erde ist gut für Menschen und für Bäume. Eines Menschen Gesundheit braucht ebensoviel Morgen Wiesenland, auf das er blicken kann, wie seine Farm Düngerfuhren. Dort sind die kräftigen Speisen, von denen er sich nährt. Eine Stadt verdankt ihre Erhaltung den rechtschaffenen Männern in ihr nicht mehr als den Wäldern und Sümpfen, die sie umgeben. Ein Ort, über dem ein Urwald rauscht, während ein anderer Urwald unten verrottet – ein solcher Ort ist geeignet, nicht nur Mais und Kartoffeln zu ziehen, sondern auch Dichter und Philosophen für die kommenden Generationen. Auf solchem Boden wuchsen Homer und Konfuzius und die übrigen, und aus solcher Wildnis kommt der Reformator, der Heuschrecken ißt und wilden Honig.

Wilde Tiere zu erhalten bedeutet im allgemeinen auch, einen Wald zu schaffen, in dem sie leben oder Zuflucht suchen können. Ebenso ist es mit dem Menschen. Vor hundert Jahren verkaufte man in unseren Straßen Rinde, geschält in unseren eigenen Wäldern. Im Anblick dieser rohen Urwaldbäume lag, scheint mir, ein gerbender Grundsatz, der die Fasern des menschlichen Denkens härtete und festigte. Ah! schon schaudert mich vor diesen ziemlich verkommenen Tagen in meinem Heimatdorf, da man keine Fuhre Rinde von anständiger Dicke mehr bekommen kann und wir keinen Teer und kein Terpentin mehr herstellen.

Die zivilisierten Nationen – Griechenland, Rom, England – sind von diesen Urwäldern erhalten worden, die einst verrotteten, wo sie jetzt sind. Sie leben weiter, solange der Boden nicht erschöpft ist. Für die menschliche Kultur ist leider von einer Nation wenig zu erwarten, wenn der pflanzliche Boden erschöpft und sie gezwungen ist, aus den Gebeinen ihrer Väter Dünger zu machen. Da ernährt sich der Dichter nur von seinem eigenen überflüssigen Fett, und der Philosoph greift zurück auf das Mark seiner Knochen.

Es heißt, daß es die Aufgabe des Amerikaners sei, ›den jungfräulichen Boden zu bearbeiten‹, und daß ›die Landwirtschaft hier bereits Ausmaße annimmt, die überall sonst unbekannt sind‹. Ich glaube, daß der Farmer den Indianer auch deshalb verdrängt, weil er sumpfige Wiesen trockenlegt und dadurch stärker und in mancher Hinsicht natürlicher wird. Ich habe neulich für jemanden eine einhundertzweiunddreißig Ruten lange gerade Strecke durch einen Sumpf vermessen, an dessen Eingang das Wort hätte stehen können, das Dante über dem Eingang zu den Regionen der Hölle las: ›Laßt, die ihr eingeht, alle Hoffnung fahren!‹ – das heißt die Hoffnung, je wieder herauszukommen; wo ich meinen Auftraggeber einmal tatsächlich bis zum Hals in seinem Besitz stecken und um sein Leben schwimmen sah, obwohl es noch Winter war. Er hatte noch ein ähnliches Stück Sumpfland, das ich überhaupt nicht vermessen konnte, weil es vollkommen unter Wasser stand, und trotzdem sagte er zu mir, seinen Instinkten getreu, in bezug auf einen dritten Sumpf, den ich aus einiger Entfernung *vermaß*, er würde ihn wegen des Schlamms, den er enthielt, unter keinen Umständen verkaufen. Und dieser Mann beabsichtigt, im Verlauf von vierzig Monaten um das Ganze einen Graben zu ziehen und es so durch die Zauberkraft seines Spatens trockenzulegen. Ich erwähne ihn nur als den typischen Vertreter einer Klasse.

Die Waffen, mit denen wir unsere wichtigsten Siege errungen haben und die als Erbstücke vom Vater an den Sohn weitergegeben werden sollten, sind nicht das Schwert und die Lanze, sondern das Buschmesser, der Rasenstecher, der Spaten und die Hacke, rostig vom Blut mancher Wiese und verschmutzt vom Staub manchen hart erkämpften Feldes. Die Winde selbst bliesen das Maisfeld des Indianers in die Wiese und zeigten den Weg, dem zu folgen er nicht die Fähigkeit hatte. Er hatte kein besseres Gerät, um sich in das Land einzugraben, als eine Muschelschale. Aber der Farmer ist mit Pflug und Spaten bewaffnet.

In der Literatur ist es nur das Wilde, das uns anzieht. Trägheit ist nur eine andere Bezeichnung für Zahmheit. Es ist das unzivilisierte freie und wilde Denken im ›Hamlet‹ und in der ›Ilias‹, in all den Schriften und Mythologien, die man nicht aus der Schule kennt, was uns entzückt. Wie die Wildente flinker und schöner ist als die zahme, so ist es auch der wilde Gedanke – der wilde Enterich –, der sich im fallenden Tau über das Sumpfland schwingt. Ein wirklich gutes Buch ist etwas so Natürliches und so unerwartet und unerklärlich Schönes und Vollkommenes wie eine wilde Blume, die man entdeckt in den Prärien des Westens oder in den Dschungeln des Ostens. Genie ist ein Licht, das die Dunkelheit erhellt wie der Blitzstrahl, der vielleicht den Tempel des Wissens zerschmettert – keine Wachskerze, entzündet am Herd der menschlichen Rasse, die verblaßt vor dem Licht des gewöhnlichen Tages.

Die englische Literatur von den Tagen der Minstrels bis zu den Lake Poets – Chaucer und Spenser und Milton und selbst Shakespeare eingeschlossen – verrät keinen ganz frischen und, in diesem Sinne, wilden Ton. Sie ist im wesentlichen eine zahme und zivilisierte Literatur, in der sich Griechenland und Rom widerspiegeln. Ihre Wildnis ist ein grüner Wald, ihr Wilder ein Robin Hood. Da ist viel von inniger Liebe zur Natur, aber nicht so viel von der Natur selbst. Deren Chroniken teilen uns mit, wann ihre wilden Tiere ausstarben, nicht aber, wann der wilde Mensch in ihr ausstarb.

Die Wissenschaft Humboldts ist eine Sache, Dichtung ist eine andere. Der Dichter von heute genießt trotz aller Entdeckungen der Wissenschaft und trotz des angehäuften Wissens der Menschheit keinen Vorteil gegenüber Homer.

Wo ist die Literatur, die der Natur Ausdruck gibt? Der wäre ein Dichter, der die Winde und Ströme in seinen Dienst zwingen könnte, daß sie für ihn sprechen; der Worte auf ihre ursprüngliche Bedeutung festnagelte, wie die Bauern im Frühjahr Pfähle einschlagen, die der Frost gehoben hat; der seine Worte ableitete, sooft er sie benutzt – sie auf sein Blatt verpflanzte mit der Erde, die an ihren Wurzeln haftet; dessen Worte so wahr und frisch und natürlich wären, daß es schiene, als brächen sie auf wie die Knospen beim Nahen des Frühlings, obwohl sie halb erstickt zwischen zwei modrigen Blättern in einer Bibliothek lagen, ja, als blühten sie und trügen dort alljährlich auf ihre Art Frucht für den treuen Leser im Einklang mit der umgebenden Natur.

Ich weiß keine Dichtung zu nennen, die diese Sehnsucht nach der Wildnis angemessen ausdrückte. Von dieser Seite betrachtet, ist auch die beste Dichtung zahm. Ich weiß nicht, wo ich in der Literatur – sie sei alt oder modern – eine befriedigende Beschreibung dieser Natur, mit der selbst ich vertraut bin, finden könnte. Ihr versteht, daß ich etwas fordere, was kein Augusteisches oder Elisabethanisches Zeitalter, was, kurz gesagt, keine *Kultur* zu geben vermag. Die Mythologie kommt dem näher als alles andere. In einer wieviel fruchtbareren Natur als die englische Literatur hat zumindest die griechische Mythologie ihre Wurzeln! Die Mythologie ist die Frucht, die die Alte Welt trug, ehe ihr Boden erschöpft war, ehe Phantasie und Einbildungskraft von Zerstörung ergriffen waren; und die sie noch immer trägt, wo immer ihre ursprüngliche Lebenskraft unvermindert ist. Alle anderen Literaturen dauern nur wie die Ulmen, die unsere Häuser überschatten; sie aber ist wie der große Drachenbaum der Western Isles so alt wie die Menschheit, und sie wird ebenso lange dauern, gleichgültig, ob jener dauert oder nicht; denn der Niedergang anderer Literaturen ergibt den Boden, auf dem sie gedeiht.

Der Westen schickt sich an, seine Sagen denen des Ostens hinzuzufügen. Nachdem die Täler des Ganges, des Nils und des Rheins ihre Frucht getragen haben, bleibt abzuwarten, was die Täler des Amazonas, des Rio de la Plata, des Orinoco, des Sankt-Lorenz-Stroms und des Mississippi hervorbringen werden. Vielleicht werden die Dichter der Welt, wenn im Laufe von Generationen die amerikanische Freiheit zu einer Fiktion der Vergangenheit geworden ist – so, wie sie in gewissem Maße eine Fiktion der Gegenwart ist –, von amerikanischer Mythologie inspiriert werden.

Selbst die wildesten Träume von Wilden sind wahr, obgleich sie sich nicht jenem Verstand empfehlen mögen, der heute unter Engländern und Amerikanern allgemein verbreitet ist. Nicht jede Wahrheit empfiehlt sich dem gesunden Menschenverstand. Die Natur hat einen Platz für die wilde Klematis ebenso wie für den Kohl. Einige Ausdrucksformen der Wahrheit sind rückwärtsgewandt, andere sind bloß *vernünftig*, wie man das nennt, andere prophetisch. Selbst einige Formen von Krankheit mögen Formen von Gesundheit prophezeien. Geologen haben entdeckt, daß die Gestalten von Schlangen, Geiern, fliegenden Drachen und andere seltsame heraldische Verzierungen ihre Urbilder in den Formen fossiler Spezies haben, die bereits ausgestorben waren, ehe der Mensch erschaffen wurde, und die daher ›ein schwaches und unbestimmtes Wissen von einem früheren Zustand organischen Lebens anzeigen‹. Die Hindus träumten, daß die Erde auf einem Elefanten ruhte und der Elefant auf einer Schildkröte und die Schildkröte auf einer Schlange; und obwohl es vielleicht ein unwichtiges Zusammentreffen sein mag, wird es hier nicht fehl am Platz sein, festzustellen, daß in Asien kürzlich die Versteinerung einer Schildkröte entdeckt wurde, groß genug, um einen Elefanten zu tragen. Ich gestehe, daß ich eine Vorliebe habe für diese wilden Vorstellungen, die die Ordnung der Zeit und der Entwicklung überschreiten. Sie sind die großartigste Erfrischung des Intellekts. Das Rebhuhn liebt Erbsen, aber nicht die, die mit ihm in den Topf kommen.

Kurz, alle guten Dinge sind wild und frei. Es gibt etwas in einer Melodie, ganz gleich, ob sie von einem Instrument oder von der menschlichen Stimme erzeugt ist – nehmt zum Beispiel den Klang eines Jagdhorns in einer Sommernacht –, was mich, ohne Ironie gesagt, in seiner Wildheit an die Schreie erinnert, die von wilden Tieren in ihren heimischen Wäldern ausgestoßen werden. Es ist gerade ihre Wildheit, die ich begreifen kann. Gebt mir als Freunde und Nachbarn wilde Männer, nicht zahme. Die Wildheit des Wilden ist nur ein schwaches Symbol der entsetzlichen Wildheit, mit der sich redliche Männer und Liebende begegnen.

Ich sehe auch gern Haustiere ihre natürlichen Rechte wieder geltend machen – irgendein Beweis, daß sie ihre ursprünglichen wilden Gewohnheiten, ihre ursprüngliche Lebenskraft nicht völlig verloren haben; wenn zum Beispiel die Kuh meines Nachbarn im zeitigen Frühjahr aus ihrer Weide ausbricht und mutig durch den Fluß schwimmt, durch eine kalte, graue Flut, fünfundzwanzig oder dreißig Ruten breit, angeschwollen durch den geschmolzenen Schnee. Das ist der Bison, der den Mississippi überquert. Diese Tat verleiht in meinen Augen der – ohnehin ausgezeichneten – Herde einige Würde. Das Samenkorn des Instinkts wird unter dem dicken Fell der Rinder und Pferde auf unbegrenzte Zeit bewahrt wie Samen in der Erde.

Verspieltheit bei Rindern ist etwas Unerwartetes. Ich sah eines Tages eine Herde von einem Dutzend Ochsen und Kühen in unbeholfenem Spiel herumlaufen und springen wie gewaltige Ratten oder gar wie junge Katzen. Sie schüttelten die Köpfe, hoben die Schwänze und rasten einen Hügel hinauf und hinab, und ich erkannte sowohl an ihren Hörnern als auch an ihrem Treiben ihre Verwandtschaft mit der Familie der Hirsche. Aber ach! ein plötzliches lautes *Brr!* hätte ihre Leidenschaft sogleich gedämpft, sie vom Wild zum Rind erniedrigt und ihre Flanken und Sehnen steif werden lassen wie die Lokomotive. Wer anders als der Böse hat der Menschheit ›Brr!‹ zugerufen? Wirklich, das Leben des Rindviehs wie das vieler Menschen ist nur eine Art Beweglichkeit; sie bewegen jeweils ihre Flanken, und der Mensch mit seiner Maschinerie trifft sich mit dem Pferd und dem Ochsen auf halbem Wege. Alles, was die Peitsche berührt hat, ist fortan gelähmt. Wer dächte je an eine *Seite* irgendeines Tieres aus der geschmeidigen Familie der Katzen, so, wie wir von einer *Seite* des Rinds sprechen?

Ich freue mich, daß Pferde und Stiere gezähmt werden müssen, ehe sie zu Sklaven der Menschen gemacht werden können, und daß die Menschen selbst noch ein paar Hörner haben, die sie sich abstoßen können, bevor sie willfährige Mitglieder der Gesellschaft werden. Zweifellos sind die Menschen nicht alle in gleicher Weise als Zivilisationsobjekte geeignet; und da die Mehrheit gleich Hunden und Schafen zahm ist durch ererbte Veranlagung, gibt es keinen Grund, daß die anderen ihre Natur zähmen lassen sollten, damit sie auf das gleiche Niveau erniedrigt werden können. Die Menschen sind größtenteils gleich, aber sie wurden voneinander geschieden, damit sie verschiedenartig sein können. Soll einem niedrigen Zweck gedient werden, ist der eine fast so gut oder genauso gut wie ein anderer; geht es um einen hohen, ist persönliche Vortrefflichkeit gefragt. Jedermann kann ein Loch stopfen, um den Wind fernzuhalten, aber kein anderer könnte einem so seltenen Zweck dienen wie der Verfasser dieser Erklärung. Konfuzius sagt: ›Wenn die Felle des Tigers und des Leoparden gegerbt sind, gleichen sie den gegerbten Fellen des Hundes und des Schafs.‹ Aber Tiger zu zähmen ist ebensowenig die Sache wahrer Kultur, wie es ihre Sache ist, Schafe wild zu machen; und ihr Fell zu gerben, um Schuhe zu machen, ist nicht die beste Verwendung für sie.

Wenn ich eine Liste mit Namen von Leuten in einer fremden Sprache durchsehe, wie zum Beispiel von Offizieren oder von Autoren, die über einen bestimmten Gegenstand geschrieben haben, fällt mir wieder ein, daß ein Name nichts besagt. Der Name Menschikow zum Beispiel hat für meine Ohren nichts, das menschlicher wäre als ein Barthaar, und er könnte einer Ratte gehören. Wie die Namen der Polen und Russen auf uns wirken, so wirken unsere auf sie. Es ist, als wären sie nach Kindergeplapper benannt: Ieri wieri itscheri wenn, tittel-tol-tän. Ich sehe in Gedanken eine Herde wilder Geschöpfe über die Erde schwärmen, und einem jeden hat der Hirte einen barbarischen Laut in seinem eigenen Dialekt beigelegt. Die Namen der Menschen sind natürlich genauso wert- und sinnlos wie *Bose* und *Tray* als Namen von Hunden.

Mir scheint, es wäre von einigem Vorteil für die Philosophie, wenn die Menschen nur in ihrer Gesamtheit benannt würden, wie man sie kennt. Man müßte nur die Gattung und vielleicht die Rasse oder Varietät kennen, um den einzelnen zu kennen. Wir sind nicht bereit zu glauben, daß jeder gemeine Soldat in einer römischen Armee einen eigenen Namen hatte – weil wir nicht annehmen, daß er einen eigenen Charakter besaß.

Zur Zeit sind unsere einzigen echten Namen Spitznamen. Ich kannte einen Jungen, der wegen seiner besonderen Energie von seinen Spielkameraden ›Buster‹ genannt wurde, und dieser Name ersetzte zu Recht seinen Taufnamen. Einige Reisende berichten uns, daß ein Indianer zunächst keinen Namen erhielt, sondern ihn sich erwarb, und daß sein Name sein Ruf war; und daß er bei manchen Stämmen mit jeder neuen Tat einen neuen Namen bekam. Es ist jämmerlich, wenn ein Mensch einen Namen nur aus praktischen Gründen trägt, ohne daß er sich einen Namen oder einen Ruf erworben hat.

Ich werde nicht zulassen, daß bloße Namen für mich Unterschiede machen, sondern sehe noch immer die Menschen in Herden – trotz der vielen Namen. Ein vertrauter Name kann mir einen Menschen nicht weniger fremd machen. Er wird vielleicht einem Wilden gegeben, der insgeheim seine eigene wilde, in den Wäldern erworbene Bezeichnung behält. Wir haben einen Wilden in uns, und der Name eines Wilden ist vielleicht irgendwo als der unsere festgehalten. Ich sehe, daß mein Nachbar, der den vertrauten Beinamen William oder Edwin trägt, diesen mit seiner Jacke ablegt. Er haftet nicht an ihm, wenn er schläft oder in Zorn ist oder erregt von einer Leidenschaft oder Eingebung. Mir ist, als hörte ich bei solchen Gelegenheiten von einigen seiner Verwandten seinen ursprünglichen wilden Namen gesprochen in einer zungenbrecherischen oder melodischen Sprache.

Hier ist die Natur, diese unsere große, wilde, gewaltige Mutter rings um uns in solcher Schönheit und mit solcher Liebe für ihre Kinder wie die Leopardin; und doch werden wir so früh ihrer Brust entwöhnt, so früh gewöhnt an die Gesellschaft, an jene Kultur, die ausschließlich eine Wechselwirkung von Mensch zu Mensch ist – eine Art Inzucht, die höchstens einen rein englischen Adel erzeugt, eine Zivilisation, bestimmt zu einem baldigen Ende.

In der Gesellschaft, in den besten Institutionen der Menschen, ist leicht eine gewisse Frühreife zu entdekken. Wenn wir noch heranwachsende Kinder sein sollten, sind wir schon kleine Erwachsene. Gebt mir eine Kultur, die viel Sumpferde von den Wiesen herbeischafft und den Boden verbessert – nicht jene, die nur vertraut auf Düngemittel und verbesserte Geräte und Anbaumethoden!

Manch ein armer Student mit entzündeten Augen, von dem ich gehört habe, würde geistig und körperlich schneller wachsen, wenn er, statt noch so lange aufzubleiben, rechtschaffen schlummerte, wie es einem Narren zusteht.

Es gibt vielleicht sogar einen Überfluß an belebendem Licht. Niepce, ein Franzose, entdeckte die ›Aktinität‹, jene Kraft in den Sonnenstrahlen, die eine chemische Wirkung hervorruft; er fand, daß auf Granitfelsen und Steinbauten und Statuen aus Metall ›während der sonnigen Stunden in gleicher Weise zersetzend eingewirkt wird und daß sie, gäbe es nicht Vorkehrungen der Natur, die nicht weniger wunderbar sind, bald dahinschwinden würden unter der zarten Berührung der flüchtigsten der Wirkungen des Universums‹. Aber er bemerkte, daß ›jene Körper, die diese Veränderung bei Tageslicht durchmachten, die Fähigkeit besaßen, sich während der Nachtstunden, da diese Reizung sie nicht mehr beeinflußte, in ihren ursprünglichen Zustand zurückzuversetzen‹. Daraus hat man geschlossen, daß ›die Stunden der Dunkelheit für die anorganische Schöpfung ebenso nötig sind wie Nacht und Schlaf, wie wir wissen, für das organische Reich‹. Nicht einmal der Mond scheint jede Nacht, auch er gibt der Dunkelheit Raum.

Ich möchte nicht jeden Menschen noch jeden Teil irgendeines Menschen kultiviert sehen, ebensowenig wie ich jeden einzelnen Morgen Erde kultiviert sehen möchte: ein Teil wird Ackerland sein, aber der größere Teil wird Wiese und Wald sein und nicht nur einem unmittelbaren Zweck dienen, sondern durch die alljährliche Zersetzung der Vegetation, die er trägt, einen Boden bereiten für eine ferne Zukunft.

Es gibt andere Buchstaben, die das Kind lernen sollte, als jene, die Cadmus ersann. Die Spanier haben einen guten Ausdruck für dieses wilde und dunkle Wissen, *gramática parda*, gelbbraune Grammatik, eine Art von Mutterwitz, abgeleitet von demselben Leoparden, den ich schon erwähnt habe.

Wir haben von einer Gesellschaft zur Verbreitung nützlichen Wissens gehört. Es heißt, daß Wissen Macht ist und dergleichen. Mir scheint, es gibt ein gleiches Bedürfnis nach einer Gesellschaft zur Verbreitung nützlichen Unwissens, wir wollen es ›Schönes Wissen‹ nennen, ein in einem höheren Sinn nützliches Wissen: denn was ist das meiste von unserem gepriesenen sogenannten Wissen anderes als die Einbildung, daß wir etwas wüßten, die uns des Vorteils unseres tatsächlichen Unwissens beraubt? Was wir Wissen nennen, ist oft unsere positive Unwissenheit; Unwissenheit unser negatives Wissen. Durch lange Jahre geduldigen Fleißes und Zeitunglesens – denn was sind die Bibliotheken der Wissenschaft anderes als Zeitungsarchive? – häuft ein Mensch eine Myriade von Fakten an, bewahrt sie in seinem Gedächtnis, und wenn er dann in irgendeinem Frühling seines Lebens hinausschlendert auf die Großen Felder des Denkens, geht er sozusagen auf die Weide wie ein Pferd und läßt sein ganzes Geschirr im Stall zurück. Ich möchte zur Gesellschaft zur Verbreitung nützlichen Wissens manchmal sagen: Geht auf die Weide. Ihr habt lange genug Heu gefressen. Der Frühling ist da mit seinem Grünfutter. Selbst die Kühe werden vor Ende Mai auf ihre Weiden getrieben; wenn ich auch von einem absonderlichen Farmer gehört habe, der seine Kuh im Stall behielt und sie das ganze Jahr hindurch mit Heu fütterte. So behandelt die Gesellschaft zur Verbreitung nützlichen Wissens oft ihr Vieh.

Das Unwissen eines Menschen ist manchmal nicht nur nützlich, sondern auch schön – während sein sogenanntes Wissen oftmals schlimmer als unnütz ist und außerdem häßlich. Mit welchem Menschen kann man am besten umgehen – mit dem, der über eine Sache nichts weiß und, was äußerst selten ist, der weiß, daß er nichts weiß, oder mit dem, der wirklich etwas darüber weiß, jedoch glaubt, daß er alles weiß?

Mein Verlangen nach Wissen kennt Unterbrechungen, doch mein Verlangen, meinen Kopf in Atmosphären zu baden, die meinen Füßen unbekannt sind, ist anhaltend und beständig. Das Höchste, was wir erlangen können, ist nicht Wissen, sondern Einssein mit der Intuition. Ich weiß nicht, ob dieses höhere Wissen auf etwas Bestimmteres hinausläuft als auf eine neue und große Überraschung über die plötzliche Offenbarung der Unzulänglichkeit all dessen, was wir zuvor Wissen nannten – eine Entdeckung, daß es mehr Dinge gibt im Himmel und auf Erden, als unsere Schulweisheit sich träumen läßt. Es ist ein Lichtstrahl, der den Nebel durchdringt. Der Mensch kann nicht *wissen* in irgendeinem höheren Sinn als diesem, genausowenig wie er ruhig und ungestraft ins Angesicht der Sonne blicken kann: Ὡς τὶ νοῶν, οὐ κεῖνον νοήσεις ›Du wirst das nicht begreifen, was du nicht als ein Besonderes begreifst‹, sagt das chaldäische Orakel.

Es ist etwas Knechtisches in der Angewohnheit, nach einem Gesetz zu suchen, das wir befolgen können. Wir mögen die Gesetze der Materie nach Belieben und zu unserem Nutzen studieren, aber ein erfolgreiches Leben kennt kein Gesetz. Es ist bestimmt eine unglückselige Entdeckung, die Entdeckung eines Gesetzes, das uns bindet, wo wir vorher nicht wußten, daß wir gebunden waren. Lebe frei, Kind des Nebels – und was das Wissen angeht, sind wir alle Kinder des Nebels. Der Mensch, der sich die Freiheit nimmt zu leben, ist allen Gesetzen überlegen kraft seiner Beziehung zum Gesetzgeber. ›Das ist echte Pflicht‹, sagt das Vishnu-Purana, ›was nicht unserer Knechtschaft dient; das ist Wissen, was unserer Befreiung dient: alle andere Pflicht fördert nur die Ermüdung; alles andere Wissen ist nichts als die Geschicklichkeit eines Artisten.‹

Es ist bemerkenswert, wie wenige Ereignisse oder Krisen es gibt in unserem Werdegang, wie wenig wir geübt worden sind in unserem Denken, wie wenige Erfahrungen wir gemacht haben. Ich wäre gern überzeugt, daß ich schnell und üppig wachse, wenn auch eben dieses Wachstum den trägen Gleichmut stören mag – wenn es auch Kampf bedeutet durch lange, dunkle, schwüle Nächte oder Zeiten der Düsternis. Es wäre gut, wenn alle unsere Leben eine göttliche Tragödie wären und nicht diese banale Komödie oder Farce. Dante, Bunyan und andere scheinen in ihrem Denken geübter gewesen zu sein als wir: sie waren einer Art von Bildung unterworfen, wie sie unsere Bezirksschulen und Colleges nicht in Betracht ziehen. Selbst Mohammed – wenn auch viele bei seinem Namen zetern mögen – hatte sehr viel mehr, wofür er leben und sogar sterben konnte, als sie gewöhnlich haben.

Wenn einen in großen Abständen ein Gedanke heimsucht, während man vielleicht eine Bahnlinie entlangläuft, dann fahren tatsächlich die Wagen vorüber, ohne daß man sie hört. Aber bald, durch ein unerbittliches Gesetz, fährt unser Leben vorüber und die Wagen kommen zurück.

›Sanfter Wind, du wanderst verborgen,
Und krümmest die Disteln um Loira im Sturm,
Streichest durch das windige Tal,
Warum spür ich dich nimmermehr?‹

Während fast alle Menschen eine Kraft verspüren, die sie zur Gesellschaft hinzieht, werden wenige stark zur Natur hingezogen. In ihrer Reaktion auf die Natur scheinen mir die Menschen trotz ihrer Künste größtenteils noch unter den Tieren zu stehen. Es ist nicht oft eine schöne Beziehung wie im Falle der Tiere. Wie wenig Empfänglichkeit für die Schönheit der Landschaft es bei uns gibt! Man muß uns erklären, daß die Griechen die Welt κόσμος, ›Schönheit‹ oder ›Ordnung‹, nannten, aber wir sehen nicht deutlich, weshalb, und wir halten es bestenfalls für eine merkwürdige philologische Tatsache.

Ich für mein Teil finde, daß ich, was die Natur betrifft, eine Art Randexistenz führe, am Rande einer Welt, in die ich nur gelegentliche und vorübergehende Raubzüge unternehme, und mein Patriotismus und meine Ergebenheit gegenüber dem Staat, auf dessen Territorium ich mich zurückzuziehen scheine, entsprechen denen eines Wegelagerers. Zu einem Leben, das ich natürlich nenne, würde ich gern auch einem Irrlicht durch unvorstellbare Moore und Sümpfe folgen, aber kein Mond und kein Glühwurm haben mir den Dammweg dorthin gezeigt. Die Natur ist eine Persönlichkeit, so unermeßlich und so allumfassend, daß wir noch nie einen ihrer Charakterzüge gesehen haben. Der Spaziergänger auf den vertrauten Feldern, die sich rings um meine Heimatstadt erstrecken, findet sich manchmal in einem anderen Land als in dem in den Urkunden ihrer Besitzer beschriebenen, sozusagen auf einem weit entfernten Feld am Rande des eigentlichen Concord, wo dessen Gerichtsbarkeit aufhört und wo die Idee, die das Wort Concord erweckt, nicht mehr erweckt wird. Diese Farmen, die ich selbst vermessen habe, diese Grenzen, die ich gezogen habe, erscheinen undeutlich wie durch einen Nebel; aber sie haben keine Chemie, sie zu fixieren; sie verschwinden von der Oberfläche des Glases, und das Bild, das der Maler gemalt hat, hebt sich darunter undeutlich ab. Die Welt, mit der wir gemeinhin bekannt sind, hinterläßt keine Spuren, und sie wird keinen Jahrestag haben.

Neulich machte ich nachmittags einen Spaziergang auf Spauldings Farm. Ich sah, wie die untergehende Sonne die Rückseite eines stattlichen Kiefernwaldes beleuchtete. Ihre goldenen Strahlen drangen in die Schneisen des Waldes wie in einen prächtigen Saal. Mir schien, als hätte sich eine alte, vortreffliche und glänzende Familie niedergelassen in diesem Teil des Landes, genannt Concord, ohne daß ich davon wußte – deren Dienerin die Sonne war –, die nicht ins Dorf gegangen war in Gesellschaft, die niemand besucht hatte. Ich sah ihren Park, ihren Lustgarten drüben hinterm Wald, auf Spauldings Moosbeerenwiese. Die heranwachsenden Kiefern gaben für sie die Giebel ab. Ihr Haus war nicht deutlich zu sehen; die Bäume wuchsen hindurch. Ich weiß nicht, ob ich die Laute verhaltener Fröhlichkeit hörte oder nicht. Sie schienen sich auf den Sonnenstrahlen zurückzulehnen. Sie haben Söhne und Töchter. Es geht ihnen gut. Der Karrenweg des Farmers, der mitten durch ihren Saal führt, stört sie nicht im geringsten, wie auch der schlammige Grund eines Tümpels manchmal durch den sich spiegelnden Himmel zu sehen ist. Sie haben noch nie von Spaulding gehört und wissen nicht, daß er ihr Nachbar ist – obgleich ich ihn pfeifen hörte, als er mit seinem Gespann durch das Haus fuhr. Nichts kommt der heiteren Ruhe ihres Lebens gleich. Ihr Wappen ist nichts als eine Flechte. Ich sah es auf die Kiefern und Eichen gemalt. Ihre Dachstuben waren in den Kronen der Bäume. Sie haben nichts mit Politik zu tun. Es gab keinen Arbeitslärm. Ich bemerkte nicht, daß sie webten oder spannen. Doch als der Wind sich legte und es still war, vernahm ich ein unvorstellbar zartes Summen süßer Musik – wie von einem fernen Bienenschwarm im Mai –, vielleicht das Geräusch ihres Denkens. Sie hatten keine müßigen Gedanken, und niemand draußen konnte ihre Arbeit sehen, denn ihr Fleiß war nicht in Knoten und Auswüchsen festgehalten.

Aber es fällt mir schwer, mich an sie zu erinnern. Sie schwinden selbst jetzt, während ich spreche und versuche, sie zurückzurufen und mich zu besinnen, unwiderruflich aus meinem Gedächtnis. Es geschieht erst nach langer und ernsthafter Bemühung, mich auf meine besten Gedanken zu besinnen, daß mir ihre Gegenwart wieder bewußt wird. Wenn es nicht Familien gäbe wie diese, würde ich wohl aus Concord fortziehen.

Wir pflegen in Neuengland zu sagen, daß uns jedes Jahr immer weniger Tauben besuchen. Unsere Wälder bieten ihnen kein Futter. Ebenso könnte es scheinen, daß einen jeden heranwachsenden Menschen von Jahr zu Jahr immer weniger Gedanken besuchen, denn der Hain in unseren Köpfen ist verwüstet – verkauft, um unnötige Feuer des Ehrgeizes zu nähren, oder zum Sägewerk geschickt –, und es ist kaum ein Zweig übrig, auf dem sie sitzen könnten. Sie bauen und brüten nicht mehr bei uns. Vielleicht huscht in einer etwas freundlicheren Jahreszeit ein schwacher Schatten durch die Landschaft unseres Geistes, geworfen von den *Flügeln* eines Gedankens auf seiner Frühlings- oder Herbstwanderung, doch sind wir, aufblickend, unfähig, die Substanz des Gedankens selbst zu ergründen. Unsere beflügelten Gedanken werden in Geflügel verwandelt. Sie schwingen sich nicht mehr hoch empor, und sie erreichen nur Shanghai- und Kotschinchina-Größe. Diese *groooßen Gedanken*, diese *groooßen Männer*, von denen man hört!

Wir klammern uns an die Erde – wie selten steigen wir empor! Mir scheint, wir sollten uns selbst etwas mehr erhöhen. Wir könnten wenigstens auf einen Baum klettern. Ich habe einmal davon profitiert, daß ich auf einen Baum kletterte. Es war eine große Weymouthskiefer, oben auf einem Hügel; und obwohl ich tüchtig hin- und herschwankte, wurde ich ordentlich dafür belohnt, denn ich entdeckte neue Berge am Horizont, die ich noch nie zuvor gesehen hatte – ich entdeckte soviel mehr von der Erde und vom Himmel. Ich hätte siebzig Jahre lang um den Fuß des Stammes laufen können und ich hätte sie doch gewiß nie gesehen. Aber vor allem entdeckte ich um mich her – es war gegen Ende Juni – nur an den Enden der obersten Zweige ein paar winzige und zarte rote kegelähnliche Blüten, die fruchtbare, himmelwärts blikkende Blüte der Weymouthskiefer. Ich trug den Wipfel sogleich ins Dorf und zeigte ihn unbewanderteren Geschworenen, die durch die Straßen gingen – denn es war Gerichtswoche –, und Farmern und Holzhändlern und Holzfällern und Jägern, und nicht einer hatte dergleichen zuvor gesehen, und sie staunten wie über einen herabgefallenen Stern. Man spricht von alten Architekten, die ihre Arbeiten am oberen Ende von Säulen ebenso vollkommen ausführten wie an den besser sichtbaren Teilen weiter unten! Die Natur hat von Anfang an die winzigen Blüten des Waldes nur nach dem Himmel ausgestreckt, über den Köpfen der Menschen und von ihnen unbeobachtet. Wir sehen nur die Blüten, die unter unseren Füßen auf den Wiesen sind. Die Kiefern entfalten ihre zarten Blüten schon seit ewigen Zeiten jeden Sommer auf den höchsten Zweigen des Waldes wie über den Köpfen der roten und der weißen Kinder der Natur, doch kaum ein Farmer oder Jäger im Land hat sie je gesehen.

Vor allem können wir es uns nicht leisten, nicht in der Gegenwart zu leben. Der ist gesegnet vor allen Sterblichen, der keinen Moment des flüchtigen Lebens damit verliert, daß er sich der Vergangenheit erinnert. Wenn unsere Philosophie nicht den Hahn krähen hört in jedem Scheunenhof innerhalb unseres Gesichtskreises, ist sie überholt. Dieser Laut erinnert uns gemeinhin daran, daß wir in unseren Tätigkeiten und Denkgewohnheiten rosten und altern. Seine Philosophie befaßt sich mit einer neueren Zeit als unsere. Sie weist auf etwas hin, das ein neueres Testament ist – das Evangelium dieses Augenblicks. Er ist nicht zurückgeblieben; er ist früh aufgestanden und früh aufgeblieben, und dort zu sein, wo er ist, heißt, auf der Höhe der Zeit zu sein, in der vordersten Reihe der Zeit. Es ist ein Ausdruck der Gesundheit der Natur, ein Gegenstand des Stolzes für die ganze Welt – Gesundheit wie von einer hervorsprudelnden Quelle, einer neuen Quelle der Musen, um diesen jüngsten Augenblick der Zeit zu feiern. Wo er lebt, werden keine Gesetze über flüchtige Sklaven angenommen. Wer hat nicht seinen Herrn viele Male verraten, seit er jenen Ton das letzte Mal hörte?

Das Verdienst der Melodie dieses Vogels liegt darin, daß sie frei ist von aller Wehmut. Ein Sänger kann uns leicht zu Tränen oder zum Lachen rühren, aber wo ist der, der in uns eine reine Morgenfreude wachrufen kann? Wenn ich, in Schwermut, die furchtbare Stille unseres hölzernen Gehwegs an einem Sonntag durchbrechend, oder vielleicht als Beobachter in dem Haus der Trauer, fern oder nah einen Hahn krähen höre, sage ich mir: ›Einem von uns geht es jedenfalls gut‹ – und plötzlich komme ich wieder zur Besinnung.

Wir hatten an einem Tag im vergangenen November einen ungewöhnlichen Sonnenuntergang. Ich ging über eine Wiese, wo ein kleiner Bach entspringt, als die Sonne schließlich, kurz bevor sie unterging nach einem kalten, grauen Tag, eine klare Schicht am Horizont erreichte, und das weichste, leuchtendste Morgensonnenlicht fiel auf das trockene Gras und auf die Stämme der Bäume am gegenüberliegenden Horizont und auf die Blätter der Zwergeichen am Hügelhang, während unsere Schatten sich lang über die Wiese ostwärts streckten, als seien wir die einzigen Stäubchen in ihren Strahlen. Es war ein solches Licht, wie wir es uns einen Augenblick zuvor nicht hätten vorstellen können, und auch die Luft war so warm und heiter, daß nichts fehlte, um aus dieser Wiese ein Paradies zu machen. Als wir darüber nachsannen, daß das nicht eine einmalige Erscheinung war, die nie wiederkehren sollte, sondern daß es sich immer und immer wieder ereignen würde, eine unendliche Zahl von Abenden, und noch das letzte Kind, das dort ginge, erfreuen und beruhigen würde, da war es noch herrlicher.

Die Sonne geht über irgendeiner abgelegenen Wiese unter, wo kein Haus zu sehen ist, mit all der Herrlichkeit und all dem Glanz, den sie auf Städte verschwendet, und vielleicht, wie sie noch nie zuvor untergegangen ist – wo es nur eine einsame Kornweihe gibt, die sich ihre Flügel von ihr vergolden läßt, oder nur eine Bisamratte, die aus ihrem Bau schaut, und wo es einen kleinen schwarzäderigen Bach gibt in der Mitte des Moors, der eben zu mäandern beginnt und sich langsam um einen verfaulenden Stumpf windet. Wir gingen in einem so reinen und hellen Licht, das die welken Gräser und Blätter vergoldete, so weich und klar, daß ich glaubte, ich hätte noch nie gebadet in solch einer goldenen Flut, ohne ein Kräuseln, ohne ein Murmeln darin. Die Westseite jedes Waldes und jeder Anhöhe schimmerte wie die Grenze zum Elysium, und die Sonne in unserem Rücken schien wie ein sanfter Hirt, der uns heimtrieb am Abend.

So wandern wir nach dem Heiligen Land, bis eines Tages die Sonne heller scheint als jemals zuvor, bis sie vielleicht in unsere Köpfe und Herzen scheint und unser ganzes Leben mit einem großen erweckenden Licht erhellt, so warm und heiter und golden wie an einem Uferhang im Herbst.

Nachwort

›Die Himmel sind so tief,
wie unsere Ansprüche hoch sind.‹

Die ›höheren Gesetze‹ des Lebens hat Henry David Thoreau stets beschworen, Praktikabilität war nicht sein Anliegen. Auch eine erste Lektüre seiner Schriften läßt wohl kaum erwarten, daß seinen Gedanken große direkte Folgen beschieden sein könnten. Doch dieser Eindruck täuscht. Es gibt nicht allzu viele Denker, deren poetische Essays so unmittelbar emanzipatorische Bewegungen stimuliert haben wie diejenigen Henry D. Thoreaus. Kein Geringerer als Mahatma Gandhi hat die Prinzipien des gewaltlosen Widerstands, die er zunächst in Südafrika und dann mit bahnbrechendem Ergebnis in Indien verwirklichte, zu einem Teil auf Thoreaus Theorien gegründet. In Hinblick auf die staatlich sanktionierte Sklaverei in den USA des vorigen Jahrhunderts hatte dieser dort festgestellt, daß es so etwas wie ungerechte Gesetze gebe und daß diese für einen Menschen von Gewissen keine Geltung hätten: ›... wenn es von dir fordert, Arm der Ungerechtigkeit an jemand anderem zu sein, dann brich das Gesetz‹. Das, was Thoreau in dem Zusammenhang eine ›friedliche Revolution‹ nannte, brachte nicht nur in Indien das Kolonialsystem zum Wanken, es beförderte auch in den fünfziger und sechziger Jahren unseres Säkulums die Befreiungsbewegung der Afroamerikaner unter dem Einfluß von Martin Luther King. Darüber hinaus wurde Thoreau in den sechziger Jahren zu einem heimlichen Idol der amerikanischen Jugendkultur, in den Kreisen besonders, die sich dem anti-puritanischen Stil der Counterculture verpflichteten. Aber auch alle die, denen die Rückkehr zur ›Simplicity‹, zur Natürlichkeit, zu einer vereinfachten Lebensweise notwendig erscheint, um die Natur, das Leben selbst zu erhalten, dürfen sich auf Thoreau berufen. Und nicht wenige Teilnehmer an Aktionen der gegenwärtigen Friedensbewegung in westlichen Ländern gewinnen aus seiner These, daß es ungerechte Gesetze gebe, die moralische Legitimation für diese oder jene Handlung gegen den bürgerlichen Staat. Thoreau hat also bis heute nachhaltige Wirkungen gehabt. Und das, obwohl er eigentlich nichts weiter unternahm, als die Ideologie seiner Nachbarn mit ihren Taten zu vergleichen. Freilich befand er sich in einer historisch prägnanten, in einer kulturgeschichtlich ›trächtigen‹ Situation, in der mit dem Übergang von einer vorrangig agrarischen zur industriellen Produktion Weichen bis in unser Jahrhundert hinein gestellt wurden.

Einer seiner Mitbürger in Concord (Massachusetts), wo sich Thoreau die meiste Zeit seines Lebens aufhielt, war eine Weile der berühmte Erzähler Nathaniel Hawthorne – ein bedeutender Vertreter der amerikanischen Romantik, der sich in dem Roman ›Der scharlachrote Buchstabe‹ (The Scarlet Letter) mit dem puritanischen Erbe und in ›Ein tragischer Sommer‹ (The Blithedale Romance) mit dem utopischen Klima seiner Zeit genauso auseinandersetzen sollte wie auf seine Weise Thoreau. In den ›American Notebooks‹ macht er für den 1. September 1842 eine Eintragung, in der er das höchst plastische Porträt eines gewissen ›Mr. Thorow‹, also Henry David Thoreaus, liefert. Hawthorne schreibt: ›Mr. Thorow war gestern bei uns zum Dinner. Er ist ein einzigartiger Charakter – ein junger Mann, in dem noch viel wilde, originale Natur verblieben ist; und soweit er kultiviert ist, ist er es auf eigene Art und nach eigenständiger Methode. Er ist häßlich wie die Sünde, hat eine lange Nase, einen verqueren Mund und hat linkische, irgendwie bäurische, obschon höfliche Manieren, die sehr gut zu einem solchen Äußeren passen. Aber seine Häßlichkeit ist von ehrlicher und angenehmer Fasson und steht ihm viel mehr als Schönheit. Seine Erziehung erhielt er in Cambridge, und er hat auch bereits hier in der Stadt Schulunterricht erteilt; doch vor zwei oder drei Jahren hat er alle regulären Typen des Lebenserwerbs verworfen, und er scheint geneigt, eine Art Indianerleben unter zivilisierten Menschen führen zu wollen – ein Indianerleben jedenfalls, was die Abwesenheit jeglichen systematischen Strebens nach einem Lebensunterhalt betrifft. Seit einiger Zeit ist er Hausgenosse von Mr. Emersons Familie; und als Gegenleistung arbeitet er im Garten und ergeht sich in anderen solchen Betätigungen ... Mr. Thorow ist ein eifriger und feinfühliger Naturbeobachter – ein wahrer Beobachter, der, wie ich glaube, fast ein ebenso seltener Charakter ist wie ein origineller Poet; und die Natur scheint ihn, im Gegenzug für seine Liebe, als ihr besonderes Kind zu adoptieren und zeigt ihm Geheimnisse, die wenige andere erspähen dürfen. Er ist bekannt mit Tier, Fisch, Vogel und Reptil, und er weiß merkwürdige Geschichten über Abenteuer und freundliche Begegnungen mit diesen niederen Brüdern der Sterblichkeit zu erzählen. Kraut und Blume ebenfalls, wo immer sie wachsen, ob im Garten oder im wilden Wald, sind seine nahen Freunde. Intim ist er auch mit den Wolken und kennt die Vorankünder von Gewittern. Ein charakteristischer Zug ist, daß er sich so sehr um das Andenken an die Indianerstämme kümmert, deren wildes Leben ihm so zugemessen gewesen wäre; und eigenartig, er geht selten über ein gepflügtes Feld, ohne Pfeil- und Speerspitze oder andere Relikte des roten Mannes aufzusammeln – als ob dessen Geist ihn zum Erben seines einfachen Reichtums bestimmt hätte.‹

Hawthorne schildert den Schriftsteller zu einem Zeitpunkt, da dieser bereits fünfundzwanzig Jahre alt ist, und da er für die ihm noch verbleibenden zwanzig Jahre wesentliche Entscheidungen gefällt hat. Henry David Thoreau wird 1817 geboren. Sein Vater ist ein typischer Vertreter der amerikanischen Mittelschichten, mobil und in allerlei Geschäften versiert. Mit einundzwanzig Jahren eröffnete er schon einen eigenen Laden, zwischenzeitlich trieb er Handel mit den Indianern, eine Haupteinnahmequelle freilich sollte der Familienbetrieb zur Herstellung von Bleistiften und Graphit werden. Der Sohn besucht von 1833 bis 1837 das Harvard College. Danach kommt er nach Concord zurück, um zunächst an der städtischen Schule zu unterrichten. Als dieser Versuch einer Existenzbegründung fehlschlägt, eröffnet er eine eigene Schuleinrichtung, an der ebenfalls sein Bruder John beteiligt ist. Aber auch damit hat er kein Glück. Die Ursache dafür dürfte nicht allein in der ersten großen Wirtschaftskrise der Vereinigten Staaten von 1837 zu suchen sein, sondern mehr noch in Thoreaus Idealismus. Sehr zur Bestürzung seiner Oberen lehnt er die Prügelstrafe ab. ›Ich möchte die Erziehung sowohl für den Lehrer als auch für den Lernenden zu einer vergnüglichen Angelegenheit machen‹, schreibt er. ›Diese Disziplin, der wir zubilligen, Lebenszweck zu sein, sollte nicht eine Sache in der Schulstube und eine ganz andere auf der Straße sein. Wir sollten zum Mitschüler werden, und wir sollten genauso vom Schüler wie mit ihm lernen ...‹ Aber die Einstellung zur ›Disziplin‹ beschränkt sich nicht auf den engen pädagogischen Rahmen, sondern inzwischen, wie Hawthorne so zielsicher sagt, auf ›die Abwesenheit jeglichen systematischen Strebens nach einem Lebensunterhalt‹.

Thoreau reagiert damit auf eine historische Situation, in der die alte protestantische – oder für amerikanische Verhältnisse kann man wohl auch sagen – ›puritanische‹ Arbeitsethik fragwürdig zu werden beginnt. Dies geschieht unter den ersten Vorzeichen der Industrialisierung, welche die Einwohner des ländlichen Concord von weitem in den Textilfabriken der großen Städte und von nahem beim Bau der Eisenbahn beobachten konnten. Es entsprach noch der älteren Tradition, daß der Arbeitstag nicht nur ausgefüllt zu sein habe, sondern daß in dem Umfang des materiellen Erfolgs zugleich das Maß eines höheren Lohns zu erblicken sei. Diese Verknüpfung von Materiellem und Ideellem beförderte wohl die Intensität der Arbeit, schloß aber einen gleichsam natürlichen Wechsel der Tätigkeiten überhaupt nicht aus. Das ändert sich radikal, da die puritanische Arbeitsethik im Rahmen der industrialisierten Produktion gewissermaßen technologisch institutionalisiert wird. Der Lohn verliert seine Aura einer göttlichen Gabe, und der maschinengleich regulierte Arbeitstag verfällt bis zum letzten der Ausfüllung, die aber keine Erfüllung mehr bringt. Damit ist die puritanische Ethik in eine tiefe Krise geraten. Sie gibt sich in den häufigen Klagen jener Zeit zu erkennen, daß die Beschäftigten an Arbeitstakt und Lebensweise, an die ›Disziplin‹ des neuen Fabriksystems so schwer zu gewöhnen seien. Für Thoreau folgt aus diesem Auseinanderdriften von höheren und praktischen Werten eine Umkehr der Tradition, denn nur so meint er, ihre positiven Inhalte noch retten zu können.

Bereits 1837, im Alter also von zwanzig Jahren, sieht er sich zu dem des öfteren wiederholten Spruch veranlaßt, daß seine Zeitgenossen besser daran täten, die Instruktion der Bibel auf den Kopf zu stellen: sechs Tage zu ruhen und nur einen zu arbeiten. Das freilich darf nicht als Aufforderung zur Faulheit mißverstanden werden, vielmehr ist es Ermunterung zur Kultivierung des eigenen Lebens. Thoreau jedenfalls, nachdem sich die Gründung einer beruflichen Existenz zerschlagen hat, nimmt nur noch vorübergehend feste Stellungen an. Er ist Hauslehrer bei den Emersons, er assistiert bei der Herausgabe der transzendentalistischen Zeitschrift ›The Dial‹, er hält Vorträge, publiziert ein paar Essays, hilft im väterlichen Bleistiftgeschäft, betätigt sich als Landvermesser, erwägt den Kauf einer Farm, baut dies und das und verkauft seine Arbeitskraft auch gegen Tagelohn. Vor allem aber veranstaltet er Exkursionen in die noch weitgehend unverbildete Natur der näheren oder ferneren Umgebung, ansonsten macht er regelmäßig jeden Nachmittag einen ausgedehnten Spaziergang. Ein Tagebuch, das er von 1837 bis wenige Monate vor seinem Tod im Mai 1862 führt, gibt seinen Unternehmungen einen zusätzlichen Sinn.

Außerdem will er Schriftsteller werden. Er hatte 1839 mit seinem wenige Jahre später gestorbenen Bruder John einen Ausflug auf zwei nahegelegenen Flüssen unternommen. Aus dem Bericht der Erlebnisse soll ein Buch werden. So baut er sich von März bis Juli 1845 eine Hütte am Waldensee bei Concord auf einem Waldgrundstück, das Emerson gehört – und bleibt dort zwei Jahre, um ungestört schreiben zu können. Er verfaßt tatsächlich seinen ersten Band ›Eine Woche auf dem Concord und Merrimack‹ (A Week on the Concord and Merrimack Rivers) und einen größeren Teil von ›Walden‹, seinem nächsten Buch, dessen erster Abschnitt ›Ökonomie des Lebens‹ heißt. Zugleich jedoch will er aber auch beweisen, daß man dem Joch einer tauschwertorientierten Produktion entgehen kann, wenn man sich auf das Lebensnotwendige beschränkt. Er glaubt zum Schluß, daß seine Utopie einer sich selbst versorgenden und individuelle Selbstkultur ermöglichenden Subsistenzwirtschaft funktioniert habe. In Wirklichkeit freilich hat er sich als Kleinfarmer am Rande eines staatlich und kapitalistisch organisierten Gemeinwesens niedergelassen, hat – trotz der Unterbrechungen – in beständiger Kommunikation mit ihm gelebt und sich im übrigen nicht gescheut, den gelegentlichen Mangel an Farmeinkünften, der trotz extremer Reduktion seiner Bedürfnisse auftrat, durch Arbeiten für Tagelohn auszugleichen. Aber natürlich ist nicht so sehr dieses Handeln, sondern sein Schreiben von Belang.

Wegen seiner schriftstellerischen Folgen ist auch ein Ereignis hervorzuheben, das in diese beiden Jahre fiel. Eines Tages im Juli 1846 begibt sich Thoreau auf den Weg zum Schuhmacher und wird verhaftet. Er hatte bereits einige Jahre bestimmte Steuern nicht bezahlt, weil er einer Regierung seine Unterstützung verweigerte, die Sklaverei zuließ. Insbesondere wollte er im Jahre 1846 nicht den Raubkrieg gegen Mexiko unterstützen, in dem die südstaatlichen Sklavenhalter ihr Territorium zu vergrößern trachteten. Er brauchte sich jedoch nur eine Nacht im Stadtgefängnis aufzuhalten, da jemand, vermutlich eine seiner Tanten, heimlich den Betrag für ihn entrichtete. Welchen begrenzten Protestwert sein symbolischer Akt der Steuerverweigerung auch immer gehabt haben mochte, er hatte sich damit erledigt. Im übrigen war Thoreau nicht der erste, der dieses Mittel anwandte. Unter anderem hatte bereits drei Jahre zuvor

Bronson Alcott, ein wortmächtiger Teilhaber an der transzendentalistischen Zunft von Concord, ähnlich gehandelt. Es gibt eine Anekdote, die vermutlich ins Reich der Legende gehört. Ralph Waldo Emerson, der führende transzendentalistische Denker, soll Thoreau besucht haben, und es soll zu folgender Unterhaltung gekommen sein: »Henry«, fragte Emerson, »warum bist du hier?« – »Waldo«, antwortete Thoreau, »warum bist du *nicht* hier?« Wenn auch nicht der Dialog, so ist doch die Moral dieser Geschichte authentisch. Thoreau hat sie dann 1848 in einem Vortrag unter dem Titel ›Die Rechte und Pflichten des Individuums in bezug auf die Regierung‹, den er im Concorder Lyceum hielt, ausführlich erörtert. Ein Jahr darauf wird daraus der Artikel ›Widerstand gegen die zivile Regierung‹ für die einmalige Ausgabe der Zeitschrift ›Aesthetic Papers‹, die Elizabeth Peabody, Schwägerin Hawthornes und bekannte Abolitionistin, ins Leben gerufen hatte. Und 1866, nach dem Tode Thoreaus, wird der Beitrag in einer Essay-Sammlung nachgedruckt – unter der endgültigen und zum Losungswort gewordenen Bezeichnung ›Ziviler Ungehorsam‹.

Die Aktion selbst trug wohl eher exzentrischen Charakter, zumal Thoreau sich den Formen des organisierten Abolitionismus, den Gesellschaften zur Abschaffung der Sklaverei, fernhielt. Das hat ihn und seine Familie jedoch nicht gehindert, sich an der sogenannten Underground Railroad zu beteiligen, die entflohenen Sklaven half, nach Kanada und damit in die Freiheit zu entkommen. Es gab Gesetze, die auch die Nordstaaten zur Rückführung der Sklaven verpflichteten, und diese sind nach 1850 entschieden verschärft worden. Ein Augenzeuge beschreibt eindringlich eine entsprechende Szene, die ein warmes Licht auf Thoreaus Charakter wirft: ›Als ich am nächsten Morgen ins Haus ging, fand ich sie alle (Thoreau lebte damals in seines Vaters Haus) in einem Zustand der Erregung wegen der Ankunft eines flüchtigen Negers aus dem Süden, der völlig entkräftet gegen Tagesanbruch an ihre Tür gekommen war und sich ihrer Barmherzigkeit überantwortet hatte. Thoreau brachte mich zu dem armen Teufel ... ich saß da und beobachtete die außerordentlich zärtliche und demütige Hingabe des Gelehrten an den Sklaven. Er mußte gespeist und seine geschwollenen Füße mußten gebadet werden, und er durfte an nichts als an Ruhe denken. Wieder und wieder wandte sich dieser so kühle und stille Mann an den zitternden Neger und bat ihn, sich zu Hause zu fühlen und keine Angst zu haben, daß irgendeine Macht ihm wieder Unrecht tun könnte.‹ Aber auch auf dem Gebiet liegt Thoreaus eigentliche Leistung weniger im Handeln als vielmehr in der Reflexion. So hat er 1854 seine Erfahrungen am vierten Juli (dem Nationalfeiertag) auf einer Anti-Sklaverei-Feier unter der Überschrift ›Sklaverei in Massachusetts‹ (Slavery in Massachusetts) in einer großen Ansprache verallgemeinert. Das war ein provokanter Titel, wenn man bedenkt, daß Thoreaus Heimatstaat Massachusetts zum angeblich freien Norden gehörte.

In jenen Jahren, unmittelbar vor dem amerikanischen Sezessionskrieg, wuchsen die Bemühungen zur Beseitigung der Sklaverei allenthalben an. Eine herausragende Persönlichkeit in diesen Auseinandersetzungen wurde John Brown, dessen großer Plan darin bestand, in einer Art Guerilla-Kampf, staatliche Gesetze also für illegitim erklärend, Sklaven zu befreien und nach Kanada zu bringen. Als er 1857 Neuengland bereist, um die nötigen Mittel für seine Ziele zu erbitten, hält er sich auch in Concord auf, speist bei den Thoreaus und spricht im Stadthaus. Emerson notiert unter anderem, Brown wäre der Ansicht, daß es allein die aufrechten Männer sind, die ›den Geschicken eines Staates eine dauerhafte Richtung geben‹. Im Mai 1859 hält John Brown wiederum in Concord eine Rede, die sich in der Erinnerung von Bronson Alcott so darstellt: ›Er schien irgendwelchen legalen Traditionen überlegen, fähig, selber zu denken; war ein Idealist, zumindest in Sachen des Staates, wenn auch nicht in allen Punkten seines religiösen Glaubens. Er hat nicht seinen Haß auf die Sklaverei verborgen und noch weniger seine Bereitschaft, im geeigneten Moment für die Freiheit loszuschlagen.‹ Ein solcher Augenblick scheint unter anderem auch am 16. Oktober 1859 gekommen, da John Brown mit seinen Leuten die militärisch wichtige Stadt Harpers Ferry im sklavenhaltenden Virginia, unmittelbar an der Grenze zu Maryland gelegen, angreift. Freilich kann er sich nur zwei Tage verteidigen, ihn erwartet das Todesurteil, das auch am zweiten Dezember vollstreckt wird. Als nach der Gefangennahme John Browns Tat in der amerikanischen Presse wenig Verständnis findet und bei den vorherrschenden Parteigängern der Sklaverei Verleumdungen hervorruft, fühlt sich Thoreau am 30. Oktober 1859 berufen, vor seinen Mitbürgern öffentlich und vehement für John Brown einzutreten. Zu ähnlich waren ihrer beider Anschauungen, daß Gesetze ohne moralische Legitimation eine Herausforderung an die Menschheit und Menschlichkeit sind. Seinen Vortrag ›Ein Plädoyer für Captain John Brown‹ (A Plea for Captain John Brown) mußte er noch einige Male wiederholen, unter anderem auch in Boston, und die örtliche Presse berichtete darüber ausführlich.

Wenn Thoreau beschlossen hatte, Schriftsteller zu werden und einen Lebenswandel der Selbstkultur unter Vermeidung von allzuviel und vor allem im Zeittakt gemessener Arbeit zu führen, so reflektierte er damit zwar die Krise der puritanischen Arbeitsethik. Aber er begab sich noch nicht – wie die amerikanischen Autoren überhaupt erst seit der Wende zum zwanzigsten Jahrhundert – in einen funktionalen Gegensatz zu seiner Gesellschaft. Wir haben es soeben gesehen, es sind ja häufig genug gerade öffentliche Anlässe, die ihn zum Schreiben bewegen. Sowohl mit seinen Aussagen zu einer utopischen Weltverbesserung wie mit seinen Aufrufen zur Abschaffung der Sklaverei steht er mitten in einem weiten sozialen Diskussionszusammenhang. In geradezu exemplarischer Weise scheint in jenen Gemeinden Neuenglands noch das klassische Modell einer bürgerlichen Öffentlichkeit zu funktionieren – in enger Verbindung der literarischen und politischen Aspekte derselben. Im Stadthaus versammeln sich die Bürger, voran die Honoratioren, um Probleme, die alle angehen, zu besprechen. Als Thoreaus späterer Biograph Franklin B. Sanborn, der John Brown organisatorisch behilflich gewesen war, von seinen Mitbürgern vor Verhör und Verhaftung bewahrt wird, treffen sich die Einwohner von Concord am folgenden Tag (dem vierten April 1860) im Rathaus. Zu den vielen Rednern gehört Thoreau, der hier erneut – so berichtet ein lokales Blatt – ›Widerstand selbst gegen das Gesetz, wenn es in Gegensatz zur Gerechtigkeit steht‹, fordert. Wie tief dann auch immer die Kritik des Schriftstellers an seiner Gesellschaft lotet, er spricht und schreibt aus ihrer Mitte, aus ihrer politischen Selbstvergewisserung heraus. Nicht weniger wichtig ist in diesem Kontext das ›Lyceum‹, das keine Schule, sondern eine Art Vortragsstätte war. In vielen Gemeinden und Städten Neuenglands fand sich im ›Lyceum‹ eine allgemein und literarisch interessierte Öffentlichkeit zusammen, um sich zwecks Bildung, Unterhaltung und Diskussion von einem Redner ein fast schon beliebiges Thema ausführen zu lassen. Die oratorischen Freiheiten des Vortragenden waren erheblich, wenn er nur seine Persönlichkeit in einen engen Bezug zur Versammlung zu bringen wußte. Ralph Waldo Emerson bemerkt dazu in einem Brief an Carlyle bissig: ›Du kannst lachen, weinen, räsonieren, singen, spotten oder beten, ganz wie es deinem Genie entspricht.‹ War Thoreau auch alles andere als ein glänzender Redner, so hat er doch seit 1838 beständig in Concord und später auch in weiteren Städten gesprochen. Die meisten seiner Essays verdanken ihr Entstehen überhaupt erst einem solchen Anlaß.

Bereits aber da gab es vorausgehende Arbeitsstufen. Thoreau pflegte seine Gedanken und Formulierungen seinem Tagebuch zu entnehmen. In der Regel führte er dieses so, daß er in einer ersten Notiz einen schnellen Bericht des jeweiligen Geschehens niederlegte. Danach, häufig am folgenden Tag, ergänzte er Übersehenes und verdichtete den Eintrag sprachlich, inhaltlich. Für eine

Rede exzerpierte er dann seine Ideen unter einem bestimmten Schwerpunkt und faßte sie zusammen. Schließlich gab er auf dieser Grundlage dem Ganzen eine essayistische Struktur. Sein Verfahren hat er mehrfach erläutert, einmal so: ›Von allen Strichen des Kompaß, von der Erde darunter und vom Himmel darüber, sind diese Inspirationen gekommen und ordentlich in der Reihenfolge ihrer Ankunft in das Tagebuch eingetragen worden. Danach, wenn die Zeit da war, wurden sie zu Vorträgen umgeschichtet und zu gehöriger Zeit wiederum von Vorträgen zu Essays.‹ Wenn man berücksichtigt, daß der geerbten Tradition nach ein seriöser Neuengländer mit literarischen Neigungen vorzüglich die Genres der oratorischen Rede, der Predigt, der Konversation, der respektablen Rezension und des Essays sowie des Gedichts zur Verfügung hatte, um seinen Ambitionen öffentlichen Ausdruck zu geben, so hat Thoreau mit seinem Herangehen (sehen wir von der Predigt ab) sich genau in diesem Rahmen bewegt. Natürlich wurden auch in Neuengland Romane geschrieben, und Thoreau selber hat durchaus Abenteuer- und Reisebücher gelesen, aber sie durften nur bedingt denselben hohen ideellen Wert beanspruchen wie die zuvor genannten Gattungen. Dennoch wurden diese Erzählformen gepflegt, und es gibt kaum einen bedeutenden Schriftsteller jener Jahre, der sich nicht im Reisebericht versucht hätte. Diese Konvention hat sich auch Thoreau zu eigen gemacht, wobei festzuhalten ist, daß sich die Reiseliteratur noch nicht zu einer ›Kunst‹ entwickelt hatte (wie dann etwa bei Henry James), sondern eine Position zwischen objektiver Präsentation der Fakten und künstlerisch verarbeiteter Darstellung markierte. Besonders lebendige Beispiele dafür sind in bezug auf den exakteren Report Richard Henry Danas ›Zwei Jahre vorm Mast‹ (Two Years before the Mast) und in bezug auf künstlerische Verallgemeinerung Herman Melvilles frühe Romane, so ›Taipi‹ (Typee) oder ›Omu‹ (Omoo). Ähnlich wie bei Konversation, Vortrag oder Essay handelt es sich dabei um eine offene, eine sozusagen enzyklopädische Form, die es gestattet, die ganze Welt, wie sie sich dem Schreiber darbot, dem Leser vorzuführen, sozusagen, mit Wittgenstein gesprochen, alles, ›was der Fall ist‹.

Sowohl vom sozialen Funktionsmechanismus als auch von den aufgegriffenen literarischen Konventionen her besaßen Thoreaus Texte mithin Öffentlichkeitsstatus. Es waren in der Regel ›Adressen‹, gerichtet an die Mitbürger von Concord und im Gespräch mit ihnen entwickelt, die daher gemeinsame Erfahrungswelten und einen gemeinsam ererbten (den puritanischen) Sprachcode voraussetzten. Allerdings löste sich Thoreau von den Konventionen, indem er von den publikumsgerichteten, phonozentrisch angelegten Äußerungen zum ›Text‹ voranschritt, von der Rede zur Schrift, wobei er von der Sprache der Leute und den an sie gebundenen Verständnismustern gezielt abstrahierte. ›Es ist genug, daß ich mich selber mit meinem Schreiben erfreue; dann bin ich auch eines Publikums gewiß‹, sagt er prononciert. Darin drückt sich neben der in seiner individuellen Arbeitsmethode begründeten Weise der Textualisierung auch das Bewußtsein aus, daß er von einem neuen allgemeinen Begriff von Literatur und Dichtertum geprägt ist, der jenen Öffentlichkeitsstatus bereits modifiziert.

Als Thoreau nämlich von Havard kommt, einer schriftstellerischen Existenz zusteuernd, ist in Neuengland (und Concord ist dessen ›Weimar‹) eine literarisch-philosophisch-theologisch-politische Bewegung im Erblühen, die sich Transzendentalismus nennt. Der Name deutet bereits auf Einflüsse des deutschen Idealismus, vor allem auf Kant. Andere ideelle Einwirkungen stammen aus England. Samuel Taylor Coleridge und Thomas Carlyle sind wesentliche Mittler.

Doch sollen uns nicht die geistesgeschichtlichen Voraussetzungen interessieren, vielmehr die amerikanischen Verhältnisse, in denen sich nicht nur jene philosophischen, sondern auch weitere mystische (zum Beispiel swedenborgianische) Vorstellungen ebenso eklektisch wie am Ende aufklärerisch zu bewähren hatten. Zu den Transzendentalisten gehörten Ralph Waldo Emerson, der als der bedeutendste Vertreter dieser literarischen Strömung angesehen werden kann, Bronson Alcott, Margaret Fuller-Ossoli, William Ellery Channing, George Ripley und eine ganze Reihe weiterer Intellektueller. Sie gaben von 1840 bis 1844 ›The Dial‹, ihre eigene Zeitschrift, heraus, an deren Redaktion auch Thoreau zeitweilig beteiligt war. Sie trug den Untertitel ›Zeitschrift für Literatur, Philosophie und Religion‹ (Magazine for Literature, Philosophy and Religion), und in diesen Stichworten manifestiert sich bereits der Quellgrund der literarischen Richtung. Sie entwickelt sich aus den Umschichtungen, die sich zu Beginn des neunzehnten Jahrhunderts in der Ideologie allgemein und auf theologischem Terrain insbesondere vollziehen. Den Anhängern eines orthodoxen Calvinismus stellen sich Liberale entgegen, die sich vor allem auf die ›unitarisch‹ genannte Abspaltung der Religion berufen. Nicht die theologische Differentia specifica (Ablehnung der Trinität) ist wichtig, sondern das neue, positive Verhältnis zur menschlichen Natur und insbesondere zur Kunst, die nicht länger eine verdammungswürdige Vergeudung und Abkehr von höheren Zielen ist. Vielmehr vermag sie nunmehr durchaus der moralischen Erhebung zu dienen, Kunst und Religion sind keineswegs mehr sich ausschließende Gegensätze, Schönheit und ›Wahrheit‹ jetzt untrennbar. Der ältere William Ellery Channing, einer dieser neuen Theologen, drückt es so aus: ›Es gibt keine nackte Wahrheit, jedenfalls soweit es um moralische Gegenstände geht‹; die Wahrheit trifft uns ›warm und lebendig mit den Eindrücken und Gefühlen, die sie in der Seele produziert hat, der sie entspringt‹. Nicht selten werden unter diesen Vorzeichen die Berufung des Dichters und des Priesters gleichgesetzt. Damit ist natürlich der Poet im gesellschaftlichen Ansehen entschieden aufgewertet und zugleich die öffentliche Verbindlichkeit seines Wirkens bestätigt.

Im Transzendentalismus freilich wird eine solche Gleichsetzung weitergetrieben, bis hin zu dem Punkt, wo sich schon die ersten Ansätze einer Autonomie des

›Sehers‹ abzeichnen. Das geschieht in dem Moment, da die Fähigkeit zur Offenbarung nicht mehr als eine Besonderheit (zum Beispiel der Bibel) aufgefaßt wird, sondern als eine allgemeine Eigenschaft der menschlichen Seele, die sich dann vorrangig im Dichter manifestiert. So sagt Emerson, ›was soll uns verbieten, Gottes Wirken zu universalisieren und zu glauben, daß das Wirken des Heiligen Geistes von derselben Art beim Propheten Jesaja wie beim Poeten Milton ist?‹ Der Dichter wird zum ›Poet-Priest‹, der seiner Inspiration zu folgen habe. Er steht wohl noch in der Öffentlichkeit, ist dieser aber nicht mehr verantwortlich. Ex negativo wird das 1838 in der Rezension von William Henry Channing, die sich auf eine der großen Reden Emersons bezieht, deutlich: ›Nicht als Gelehrter, nicht in Hinblick auf literarische Arbeit, nicht als Künstler sollte er unter die Menschen gehn – sondern als Menschenbruder.‹ Genau darin aber liegt das Problem der Transzendentalisten. Sie sind als inspirierte Seher nur noch sich selbst hörig, hören allein ihre eigene Stimme. ›To create‹, ›zu schaffen bedeutet den Beweis einer göttlichen Präsenz‹, notiert Emerson signifikant in sein Tagebuch. Thoreau jedenfalls sieht sich von vornherein in das Umfeld einer solchen Ästhetik gestellt.

Die Quittung hat ihm sein Publikum dann auch nicht versagt. Die Berichte der Lokalzeitungen über seine Vorträge sind aufschlußreich. Einerseits gibt es zwar Meinungen (wie im Salemer ›Observer‹ vom 28. Februar 1849), die genau die transzendentalistische Stimmungslage reflektieren: ›Wir gehen davon aus, daß das Ziel von Mr. T.s Vortrag die Erhellung der poetischen Lebenssicht gewesen ist – zu zeigen, wie das Leben poetisch gemacht werden kann, indem die umfassende Imagination alle Dinge in göttliche Formen kleidet und von ihnen eine göttliche Sprache erntet.‹ Andererseits, und das dürfte der Ansicht der Mehrheit entsprechen, haben sich nicht wenige veralbert gefühlt ob derartiger ›Narretei‹: ›Solche Philosophen illustrieren‹, heißt es im ›Palladium‹ von Worcester über den ›sylvanischen‹ Philosophen des Walden-Experiments, ›zu welchen Absurditäten das menschliche Hirn fähig ist. Wozu wäre ein Wald voll von ihnen gut? Nichts als Kuriositäten zum Anschauen für die Leute, wie sie auch ihren Shilling bezahlen, um eine Menagerie zu sehen.‹ Ganz unmißverständlich und grob geradezu wird hier verdeutlicht, daß der inspirierte Schriftsteller zwar noch unter und vor den Leuten agiert, aber doch eher als bestauntes ›wildes Tier‹. Seine Autorität kommt aus seiner Kuriosität und nicht mehr – wie bei den zu ihrer Zeit keineswegs weniger spekulativen Predigern puritanischer Tradition – aus dem Anschein einer wenigstens moralischen Praktikabilität. Thoreau hat diese seine prekäre Situation deutlich empfunden und auch entsprechende Schlußfolgerungen gezogen: ›Ich habe das Gefühl‹, sagt er, ›daß ich in Gefahr bin, mich selbst herabzusetzen, indem ich versuche, ein erfolgreicher Redner zu sein, das heißt meine Zuhörer zu interessieren … Ich habe das Gefühl, daß das Publikum einen durchschnittlichen Menschen fordert – durchschnittliche Gedanken und Umgangsformen, jedoch nicht Originalität, nicht einmal absolute Exzellenz. Man kann sie nicht interessieren, es sei denn, man wäre so wie sie und sympathisierte mit ihnen. Ich hätte lieber, daß mein Publikum zu mir kommt, als daß ich zu ihm gehe … das heißt, ich würde lieber Bücher als Vorträge schreiben.‹

Von dieser Aussage her läßt sich die Ästhetik von Thoreaus geschriebenen Texten näher kennzeichnen. In ›Ökonomie des Lebens‹ scheint sich zunächst voll der erwähnte Öffentlichkeitsstatus zu bestätigen. Der Schriftsteller begründet sein Buch mit den ›ganz speziellen Fragen meiner Mitbürger nach meiner Lebensweise‹. Er hat auch genau seine Leser vor Augen, ›sie, die sie diese Zeilen lesen, die sogenannten Einwohner von Neuengland‹. Ja, er redet die Leser so an, als wären sie Zuhörer, ›etwas über ihre Verhältnisse‹ will er sagen. Dieses Verfahren kann seine Herkunft aus Vortrag oder (noch weiter in der Tradition zurückliegend) Predigt nicht leugnen. Zugleich spielt der Autor auf das Genre der Reisebeschreibung an. Dann jedoch relativiert der Schriftsteller den angerufenen Öffentlichkeitsstatus auch wieder: ›In den meisten Büchern ist das *Ich*, also die erste Person, eliminiert, in diesem wird es beibehalten.‹ Ungeniert universalisiert er ›die Begrenztheit‹ seiner Erfahrungen, ganz so wie es nur einem inspirierten Seher zukommt. Der kann dann schon recht überheblich behaupten, weil er ›ein echtes Leben geführt hat‹, habe er in ›einem fernen Land‹ für seine Mitbürger gesiedelt, habe ihnen also etwas mit seiner Stimme aus einer besseren Welt mitzuteilen. Was ihm per ›Inspiration‹, sozusagen göttlich ›eingehaucht‹ worden ist, trägt er in eben dieser gottgleichen Unmittelbarkeit vor. Insoweit befindet sich Thoreau auf dem Boden der üblichen transzendentalistischen Ästhetik, die dem ›Poet-Priest‹ und seinem göttlichen Atem, dessen schaffendem Ich, eine, wie Emerson formulierte, ›göttliche Präsenz‹ zumaß. Oder in den freilich kritisch intendierten Worten des neueren französischen Philosophen Jacques Derrida: ›... absolute Nähe der Stimme zum Sein, der Stimme zum Sinn des Seins, der Stimme zur Idealität des Sinns‹. Diese Dichter sind – wie Emerson sie nennt – ›representative men‹, Repräsentanten nicht mehr schlechthin ihrer Mitbürger, sondern einer höheren Welt, der des Geistes, wo, so wiederum Derrida, ›das Subjekt vermöge des unauflöslichen Systems des Sich-im-Sprechen-Vernehmens sich selbst affiziert und sich im Element der Idealität auf sich selbst bezieht‹. Die Gefahr einer solchen Ästhetik ist leicht einsehbar. Was als Stimme der Vernunft daherkommt, ist zugleich beladen mit etwas anderem. Es ist mit einer Autorität versehen, die nicht von dieser Welt scheint und gerade darum Herrschaft begehrt, die Allmacht des Logischen. In dem Maße, wie sich jene Dichter von der nur noch instrumentellen Vernunft ihrer Mitbürger absondern müssen, entfalten sie einen alles und alle ausschließenden Prozeß der Sinnbildung: das Aussprechen, Vorsprechen, Oktroyieren ›höherer‹ Vernunft wird zum ungewollten, verdeckten Herrschaftsprozeß. Genauso wie sie gottgleich dem Publikum gegenüber stehen, steht auch ihr inspiriertes, ›behauchtes‹ Wort herrschaftlich aneignend den Dingen der Welt *gegenüber*, nicht *in* ihnen, nicht als Text zwischen Texten.

Natürlich wäre es unangemessen, die Literatur vergangener Zeit aus dem Blickwinkel eines allzu modernen, vielleicht sogar nur modischen Problembewußtseins heraus etwa fundamental kritisieren zu wollen. Aber unterschätzen wir nicht Thoreau. Für ihn gibt es, wie er unter der Überschrift ›Über das Lesen‹ (Reading) in seinem Buch ›Walden‹ sagt, ›ein denkwürdiges Intervall zwischen der gesprochenen und der geschriebenen Sprache‹. Er wertet den ›nebelhaften Atem‹ ab: ›Sosehr wir auch des Orators gelegentliche Ausbrüche an Eloquenz bewundern mögen, die edelsten geschriebenen Worte sind gemeinhin so weit hinter oder über der flüchtigen gesprochenen Sprache, wie das Firmament mit seinen Sternen hinter den Wolken ist.‹ Und diese blumige Wendung konkretisiert er signifikant: ›Ein geschriebenes Wort ... ist etwas sowohl mehr Intimes als auch mehr Universelles für uns als jedes andere Kunstwerk. Es ist das Kunstwerk, welches dem Leben am nächsten steht.‹ Der letzte Satz überrascht. Gilt nicht mit gutem Grund die mündliche Rede für lebensnäher? Zur Erläuterung dieser Erwägung stützen wir uns weniger auf Thoreaus nachfolgende Erklärungen, die den Problemimpuls wieder in eine andere Richtung weisen, sondern mehr auf seine Praxis. Für die Transzendentalisten allgemein besteht eine metaphysische Korrespondenz zwischen Natur und Geist, die Natur ist Zeichen des Geistes, ein Signifikant jenes transzendentalen Signifikats. Bei Thoreau freilich sieht es oft so aus, als ob er einen Schritt weiter ginge und als ob bei ihm der Unterschied zwischen dem ›Text‹ der Natur und einem jenseits davon gelegenen Sinn verschwindet. Weder also ist sein Text ›Repräsentation‹ der Natur, noch ist die Natur länger ›Repräsentation‹ eines (inspirierenden, leben-einhauchenden, folglich allmächtig herrschenden) Geistes, sondern er ist Text unter Texten, einer dem anderen gleichberechtigt eingeschrieben.

Lassen wir diesen etwas abstrakten Gedanken, der sich in Anlehnung an Derrida noch weiterspinnen ließe, fallen und fragen nach den Konsequenzen, welche die erörterten Implikationen für Thoreaus Art des Schreibens haben. Sosehr er vorgeblich sein Ich in den Vordergrund stellt, und sosehr das auf unterschiedliche Weise sowohl von der tradierten Konvention öffentlicher Diskurse als auch der neuen transzendentalistischen Ästhetik her sogar zwingend scheint, er hat es aber doch völlig textualisiert. Dasselbe gilt für die Ereignisse, zumeist persönlichen Charakters, über die er berichtet. Daß er Ausflüge in die noch wenig erschlossene Natur der näheren oder ferneren Umgegend gemacht hat; daß er sich in eine einsame Hütte zurückgezogen hat; ja selbst, daß er aus moralisch zu rechtfertigenden Gründen im Gefängnis eingesessen hat – all das sind Vorkommnisse, die im Kreis seiner Concorder Freunde keineswegs Anspruch auf Originalität besitzen. Zudem haben nicht alle Taten Thoreaus – im Tageslicht seiner eigenen Gegenwart gesehen – unbedingt heroische Dimensionen gehabt. Er hat weder am Waldensee, wie er behauptet, ›Tausch- und Handelsgeschäfte‹ beseitigt, noch entbehrte die Nacht im Gefängnis des Anstrichs der Komik. Und in jedem Fall waren beide Aktionen als Aktionen durchaus ›ereignislos‹, wenn man nach unmittelbaren öffentlichen oder gar geschichtlichen Folgen sucht. Eine entsprechende vor-textuale Ereignisauffassung war dann auch dafür verantwortlich, daß Thoreau zu Beginn seines Nachruhms vor allem als wissenschaftlich gar nicht zuverlässiger Naturkundler aufgefaßt wurde (diese oder jene Beobachtung stimmte ja nicht!). Nein, erst in dem Moment, wo das Ich, wo die persönlichen Begebenheiten, wo die Abläufe der Natur, die gesellschaftlichen Geschehnisse Text geworden waren, konnten sie auch Ereignis werden (zum Beispiel in Gandhis Bewegung).

Wie aber schreibt sich Thoreaus Text in den ›Text‹ unserer eigenen Geschichte ein? Man sollte zunächst bei aller Bewunderung mißtrauisch sein. In dem Essay ›Über das Gehen‹ (Walking) beschwört Thoreau den amerikanischen Pioniergeist, jenen Drang nach dem Wilden Westen, wo die Menschen, in wenig vermittelten Verhältnissen organisiert, innerhalb überschaubarer Kommunen gemäß den Regeln ziemlich direkter Demokratie zusammenlebten. Antike Utopien werden von Thoreau zum Vergleich beschworen: ›Die Insel Atlantis und die Inseln und Gärten der Hesperiden, eine Art irdischen Paradieses, scheinen der Große Westen der Alten gewesen zu sein, eingehüllt in Geheimnis und Poesie.‹ Doch wenn er sagt, ›wir gehen westwärts wie in die Zukunft‹, dann hat er das Schicksal der Indianer vergessen. Und wenn er eine passende Gedichtzeile zitiert, dann ist es ausgerechnet: ›Westwärts zieht seine Bahn der Stern des Reichs.‹ Des ›Empire‹? Und dann teilt Thoreau noch ausdrücklich mit, ›der Westen ... ist nur eine andere Bezeichnung für das wilde Leben‹. Die Utopie eines unbeschränkten Lebens, das, was er The Wild nennt, hat sich inzwischen nur allzu unbedenklich in Staatsform institutionalisiert und nicht allein Indianerland, sondern die ganze Welt zum Freiland ihrer Aneignung, zu ihrem ›Reich‹ erkoren. Ganz sicher täte man Thoreau Unrecht, ihn auf eine solche Ideologie zu reduzieren. Aber es gibt keine unschuldigen Utopien und in der modernen Geschichte keine Weltaneignung, die nicht zugleich Enteignung wäre.

Wenn man dies einmal berücksichtigt hat, kann man die Bedeutung der Thoreauschen Grundgedanken um so eher erfahren. Bei alldem bewegte Thoreau die Frage nach den Lebenswerten. Was ist Reichtum? Freiheit? Wahrheit? Was ist vernünftig? Wenn Thoreau von einem Leben ohne Grundsätze spricht, so tut er das als Mann von Grundsätzen. Sein Prinzip ist Absage an die Konventionen seiner Zeit, die alles Menschliche in ihr Gegenteil verkehren. Der Tauschwert ersetzt den Gebrauchswert. Um reich zu werden, verarmen die Menschen. Um die Natur zu beherrschen, werden sie Sklaven. ›Die Menschen sind die Werkzeuge ihrer Werkzeuge geworden‹, sagt er. Wenn er behauptet: ›Meiner Meinung nach ist der Abstieg vom Farmer zum Arbeiter genauso groß und denkwürdig wie der vom Manne zum Farmer‹, dann reflektiert er einen Vorgang, den Karl Marx fast zeitgleich in seinen Frühschriften als Entfremdung der Arbeit bezeichnet. Um die Teilungen der Arbeit zum Zwecke des Erwerbs und der Herrschaft stets noch weiter treiben zu können, organisieren sich die Menschen in ungeheuren Staatswesen. Die soziale Organisation, mit der sie ihr Leben begründen müssen, ist plötzlich eine feindliche Macht. Alles schlägt ins Gegenteil um. Wenn sie die Natur aneignen, berauben sie sich ihrer Lebensgrundlage. Wo ist da wirkende Vernunft? Oder muß Vernunft, so wie sie ist, so wirken? Der Teufel steckt für Thoreau in der gesellschaftlichen Vermittlung. Die Vernunft, die wirkt, hat die unaufhaltsame Intensivierung und Extensivierung der sozialen Vermittlung zu ihrem Gesetz. Damit die Individuation tiefer gehen kann, muß sie die Herrschaft der Vergesellschaftung vergrößern. Die Vernunft aber, die er anruft, ist eine Vernunft, die hochgradige Vermittlung ausschließt. Individuation, und die ist für Thoreau alles, aus der Selbstbeschränkung, Selbstverfügung, Selbstverantwortung.

Eine schuldanfällige Utopie? Sicherlich. Aber auch ein Richtwert. Richtwert ist das Überleben. Eine Vernunft, wie auch immer, ist zu finden, die das Überleben zu ihrem Gesetz hat und nicht die zerstörerische Perfektion einer Vergesellschaftung, die unter bürgerlichen Verhältnissen und mit einsetzender Industrialisierung zum Selbstzweck wird. Thoreau, in seiner unüberbietbaren Naivität, hat diese Wunde mit seiner Hand bedeckt. Doch ist sein Text erst noch Palimpsest, ganz unten befindet sich der Text jener Überlebensvernunft. Nur an dieser und jener Stelle tritt ein Bruchstück von ihm hervor. Die Aufgabe bleibt: ganze Schichten anderer Schrift, Texte der Historie, sind abzutragen, zu ›desedimentieren‹.

Utz Riese

5 *Schicksal von Nebraska:* Auf Betreiben des Senators von Illinois Stephen Arnold Douglas (1813–1861) wurde 1854 durch den Kansas-Nebraska-Act die Missouri-Regelung von 1820 (Begrenzung der Sklaverei südlich 36°30') offiziell widerrufen und festgelegt, daß die Bevölkerung in Kansas und Nebraska selbst über die Sklaverei entscheiden sollte. Danach bildete sich aus den Gegnern der Sklaverei die Anti-Nebraska-Front, aus der sich im Laufe des Jahres 1854 die Republikanische Partei formierte.
Lexington: Mit den Gefechten bei Lexington und Concord begann am 19. April 1775 der amerikanische Unabhängigkeitskrieg.
›Gesetz über flüchtige Sklaven‹: Fugitive Slave Law; ein Gesetz von 1793, das, 1850 vom amerikanischen Kongreß neu gefaßt, die Ergreifung und Verurteilung entflohener Sklaven ohne Gerichtsbeschluß vorsah.

6 *Mr. Lorings Entscheidung:* Der Jurist Ellis Gray Loring (1803–1858) gehörte zur gemäßigten Gruppe der Anti-Slavery-Society, die eine allmähliche Abschaffung (gradualism) der Sklaverei vertrat; er stimmte nicht der Forderung der sofortigen Abschaffung (immediate freedom) zu. Im Prozeß gegen den Sklaven Med argumentierte Loring, daß ein Sklave, der freiwillig von seinem Eigentümer nach Massachusetts gebracht worden sei, nicht gegen seinen Willen vom Staat zurückgeschickt werden könne.

7 *Commonwealth:* offizielle Bezeichnung für jeden der folgenden Staaten: Massachusetts, Pennsylvanien, Virginia und Kentucky.

11 *Webster*, Daniel (1782–1852): Jurist, berühmter Redner und skrupelloser Politiker; 1841–1843 und 1850–1852 amerikanischer Außenminister, als enthusiastischer Nationalist bekannt.

14 *›Liberator‹:* Die Wochenschrift ›The Liberator‹, erschienen 1831 bis 1865, trat für die Abschaffung der

Sklaverei ein, ohne jedoch ein konkretes Programm dafür anzubieten.

18 *Jefferson*, Thomas (1743–1826): 3. Präsident der Vereinigten Staaten (1801–1809); Hauptverfasser der Unabhängigkeitserklärung von 1776.

Adams, John (1735–1826): 2. Präsident der Vereinigten Staaten (1797–1801).

19 *Bostoner Teesturm:* Als im Dezember 1773 im Hafen von Boston englischer Tee entladen werden sollte, stürmten Kolonisten die Schiffe und warfen die Ladung ins Meer, um damit gegen die vom englischen Mutterland verfügte Teesteuer zu protestieren. Mit diesem Ereignis begann der Kampf der englischen Kolonien auf dem nordamerikanischen Kontinent um ihre Unabhängigkeit von England.

21 *wie Milton sie …:* Vgl. ›Das verlorene Paradies‹ (Paradise Lost, 1667), Vers 209/41, auch Vers 670/71 und 701.

23 *Nymphaea DOUGLASSII:* Douglas-Seerose; Anspielung auf Stephen Douglas. Siehe dazu Anmerkung zu Seite 5.

24 *John Brown* (1800–1859): amerikanischer Farmer und Abolitionist.

Krieg von 1812: Handelskrieg mit Großbritannien 1812–1814.

25 *Unruhen in Kansas:* Nachdem die Missouri-Regelung von 1820 im Jahre 1854 aufgehoben wurde (siehe dazu Anmerkung zu Seite 5), kam es in Kansas vor den Wahlen zum Bürgerkrieg, in dem Brown als Abolitionistenführer eine bedeutende Rolle spielte.

26 *Brücke von Concord … Lexington Common … Bunker Hill:* Gefechte im April 1775 zu Beginn des amerikanischen Unabhängigkeitskrieges.

Ethan Allen (1738–1789): amerikanischer General und Grenzer, der sich u. a. im Unabhängigkeitskrieg durch seine militärischen Fähigkeiten hervortat.

Stark, John (1728–1822): amerikanischer General im Unabhängigkeitskrieg.

27 *Buford*, Abraham (1820–1884): in der Kriegsschule in

West Point ausgebildeter, in Kansas Dienst tuender Offizier der Konföderierten.

30 *Vallandigham*, Clement Laird (1820–1871): 1858 und 1859 als Abgeordneter aus Ohio im amerikanischen Repräsentantenhaus; er hatte den verwundeten John Brown verhört, was von den republikanischen Zeitungen mißbilligt wurde. 1863 wurde er von Präsident Lincoln in die Südstaaten ausgewiesen.

32 *Angriff von Balaklawa:* Im Krimkrieg, am 25. Oktober 1854, vereitelten englische Truppen, die die Stadt Balaklawa besetzt hielten, einen russischen Rückeroberungsversuch. Die als ›Totenritt von Balaklawa‹ bekannte Schlacht wird in Tennysons Ballade ›Sturm der Reiterbrigade‹ (Charge of the Light Brigade) beschrieben. Von 673 Kavalleristen überlebten 196.

33 *Heldentat von Putnam:* Israel Putnam (1718–1790), amerikanischer Offizier aus Massachusetts; berühmt für seinen Mut, den er u.a. dadurch bewies, daß er einer Wölfin in ihr Lager folgte und sie mit bloßen Händen tötete.

35 *Wilson*, Henry (1812–1885): amerikanischer Senator und Vizepräsident (1873), der als Gegner der Sklaverei für deren Abschaffung eintrat.

38 *Walker*, David (1785–1830): Afroamerikaner, dessen Flugschrift ›Aufruf ... an die farbigen Bürger der Welt ...‹ (Appeal ... to the Colored Citizens of the World ..., 1829) die Sklaven aufrief, für ihre Freiheit zu kämpfen. Diese Schrift ist eines der radikalsten Zeugnisse der Anti-Sklaverei-Bewegung.

40 *Mason*, James Murray (1798–1871): Senator und Diplomat der Konföderierten.

41 *›New York Herald‹:* Tageszeitung (von 1835–1966 erschienen), die bis zum Bürgerkrieg für die Sklaverei eintrat. Sie war berühmt für ihre ausführliche Berichterstattung.

Gouverneur Wise: Henry Alexander Wise (1806–1876); Gouverneur von Virginia (1856–1860) und General der Konföderierten; Verteidiger der Sklaverei.

42 *Plug-Uglies:* Mitglieder einer Bande von Unruhestif-

tern, die politischen Druck ausübt und mit den Mitteln der Einschüchterung arbeitet.

45 *Underground Railroad:* Ein in den amerikanischen Nordstaaten existierendes System, das vor dem Bürgerkrieg eingerichtet wurde, um geflohenen Sklaven aus dem Süden mit Hilfe von sympathisierenden Nordamerikanern die Flucht in den Norden der Vereinigten Staaten bzw. nach Kanada zu ermöglichen. Die Aktivitäten fanden im geheimen, in der Dunkelheit, in Verkleidung statt; bei ihrer Durchführung wurden Bezeichnungen aus dem Eisenbahnwesen verwendet (Helfer – Konduktor, Gepäck – Fracht). Etwa 40000 bis 100000 Sklaven gelangten auf diesem Weg in die Freiheit.

53 *Das wiederzugewinnende Paradies:* Der Titel wurde in Anlehnung an das Epos ›Das wiedergewonnene Paradies‹ (Paradise Regained, 1671) des englischen Dichters John Milton (1608–1674) gewählt.

eine zweite englische Auflage: ›Das Paradies, erreichbar für alle Menschen, ohne Arbeit, durch die Kräfte der Natur und der Technik – Aufruf an alle intelligenten Menschen. In zwei Teilen, von J. A. Etzler. Erster Teil. Zweite englische Auflage. London 1842‹ (The Paradise within the Reach of all Men, without Labor, by Powers of Nature and Machinery. An Address to all intelligent Men. In Two Parts, by J. A. Etzler. Part First, Second English Edition. London 1842).

Fouriers Lehren: Charles Fourier (1772–1837), Vertreter des utopischen Sozialismus; hatte ein Modell für eine Gesellschaft entworfen, das von der Voraussetzung der Harmonie zwischen dem Organischen und dem Anorganischen, zwischen Mensch und Gott, Mensch und Welt, Welt und Universum ausgeht.

57 *Hymettus:* südöstlich von Athen gelegener Berg, der durch den dort gewonnenen Honig berühmt ist.

Hybla: Stadt auf Sizilien.

Columella, L. Junius Moderatus (Mitte des 1. Jh. v. u. Z.): der bedeutendste Ackerbauschriftsteller des

Altertums. Sein Hauptwerk ›De re rustica‹, in 12 Büchern, gibt ein umfassendes Bild des gesamten Wissens seiner Zeit vom Landbau.

59 *›Mechanisches System‹:* ›Die Neue Welt: oder Mechanisches System zur Verrichtung der Arbeiten von Mensch und Tier ... mit Kupferstichen‹. Von J. A. Etzler, als eine Fortsetzung zu seinem ›Paradies‹. Philadelphia 1841.‹ (The New World: or Mechanical System to Perform the Labors of Man and Beast ... with Plates. By J. A. Etzler, as a sequel of his Paradise. Philadelphia 1841).

Dobbin: im Englischen gebräuchlicher Rufname für Pferde (›Hans‹).

61 *point d' appui:* frz., Stützpunkt.

66 *George Fox* (1624–1691): englischer Prediger, Begründer der Quäker. Sein Ledergewand spielt in der Geschichte der Quäker eine fast legendäre Rolle. Fox selbst erwähnt in seinem Tagebuch 1651 seine ›ledernen Hosen‹. In biographischen Berichten wird von einem ganzen Gewand aus Leder gesprochen, wobei ein Zusammenhang mit Fox' früherem Umgang mit Leder als Schuhmacher geleugnet wird.

71 *Odd-Fellows:* eine den Freimaurern ähnliche, wohltätige Vereinigung; Wortspiel mit engl. ›odd fellows‹ in der Bedeutung von ›sonderbare Kerle‹.

74 *Vishnu:* Vishnu bildet zusammen mit Siva und Brahma die nachvedische Göttertrias in der indischen Religion; er stellt als der ›Durchdringer‹ das belebende Prinzip des Weltalls dar.

79 *Timothy, Dexter* (1743–1806): Händler, der durch Geschäfte mit ausländischen Münzen ein Vermögen erwarb. Verlieh sich selbst den Titel ›Lord‹. Er baute eine ›Barock-Villa‹ in Newburyport, Massachusetts, und legte einen Park an, in dem er die Statuen berühmter Männer (einschließlich seiner eigenen) aufstellen ließ.

84 *Ansturm auf Kalifornien:* Nach der Entdeckung reicher Goldvorkommen in Kalifornien im Jahre 1848,

setzte eine große Einwanderungswelle in diesen Staat ein.

85 *Howitts Bericht:* Alfred Howitt (1830–1908), englisch-australischer Anthropologe und Forschungsreisender.

86 *Ballarat ... Bendigo:* Namen zweier australischer Städte, die durch ihre Goldlagerfunde im 19. Jh. Berühmtheit erlangten.

89 *Dr. Kane:* Elisha Kent Kane (1820–1857), Schiffsarzt und Polarforscher, begleitete 1850–1852 die Grinnell-Expedition zur Auffindung J. Franklins.

Sir John Franklin (1786–1847): Britischer Seeoffizier und Polarforscher; auf der Suche nach der Nord-West-Passage verschollen.

D. D.s: engl., Doctor of Divinity, Doktor der Theologie; im Original Wortspiel der Begriffe D. D.s und chickadee-dees.

91 *Kossuth ...:* Lajos Kossuth (1802–1894), Führer der ungarischen Befreiungsbewegung 1848/49; emigrierte nach der Niederlage in die Türkei, später nach England und Amerika.

92 *thallus:* lat., nicht in Wurzel und Sproß gegliederter Pflanzenkörper.

93 *Hypäthraltempel:* dachloser Tempel.

95 *Times:* Wortspiel der Begriffe engl. time, die Zeit, und ›Times‹ berühmte englische Tageszeitung.

96 *Jonathan:* scherzhafte Bezeichnung für Nordamerikaner.

97 *Decker*, Jeremias de (1609–1666): holländischer Dichter.

Numa, Lycurgus und Solon: Gesetzgeber aus Rom, Sparta und Athen.

98 *Leutnant Herndon:* William Lewis Herndon (1813–1857), amerikanischer Marineoffizier, der 1851 mit der Erforschung des Amazonasgebietes betraut wurde; sein Bericht wurde am 26.1.1853 dem Kongreß vorgelegt und unter dem Titel ›Erforschung des Amazonastals‹ (Exploration of the Valley of the Amazon, 2 vols., 1853 bis 1854) veröffentlicht.

104 *Iolaus:* in der griechischen Mythologie Neffe und Waffengefährte des Herakles, der diesem bei der zweiten der zwölf ihm auferlegten Arbeiten half.

105 *Deukalion und Pyrrha:* Gestalten aus der griechischen Mythologie, die als einziges Paar aus der großen Flut gerettet wurden, mit der Zeus die Menschheit strafte.

107 *Wilberforce*, William (1759–1833): englischer Philanthrop und Politiker; Gegner der Negersklaverei, dem es 1807 gelang, die Aufhebung des Sklavenhandels zu erwirken.

109 *Evelyn*, John (1620–1706): vielseitiger englischer Publizist, der u. a. Schriften über Land- und Gartenwirtschaft veröffentlichte, darunter ein Buch über Baumzucht, ›Sylva‹, 1644.

120 *im Hafen von Salem:* mögliche Anspielung oder Erinnerung an Nathaniel Hawthorne, der 1846–1849 im Hafen von Salem als Zollinspektor tätig war, und an seine Erzählung ›Die himmlische Eisenbahn‹ (The Celestial Railroad, 1843).

121 *La Pérouse*, Comte de Jean François de Galaup, (1741–1788): französischer Seefahrer, der in der Südsee verschollen blieb.
Hanno: karthagischer Seefahrer, der um 525 v. u. Z. eine Entdeckungsfahrt längs der afrikanischen Westküste unternahm.

123 *Madam Pfeiffer:* Ida Laura Pfeiffer (1797–1858), berühmte Reisende, die mehrere Reiseberichte veröffentlichte, so die von Thoreau erwähnten über Rußland in ›Eine Frauenfahrt um die Welt‹, Wien 1850, 3 Bände, ferner ›Meine zweite Weltreise‹, Wien 1856, 4 Bände.

125 *der Philosoph im Altertum:* Gemeint ist Bias von Priene (etwa 6. Jahrhundert v. u. Z.), einer der ›Sieben Weisen‹ Griechenlands. Ihm wird der Ausspruch ›Omnia mea mecum porto‹ (All mein Eigentum trage ich bei mir) zugeschrieben.

128 *Samuel Laing* (1780–1868): englischer Schriftsteller und Reisender.

130 *Freiheit in der Liebe ...:* Anspielung auf ›Wenn Freiheit ist mir in der Lieb, und in der Seel bin frei ...‹ aus ›An Althea‹ (To Althea) von Richard Lovelace, einem englischen Dichter, der von 1618–1658 lebte.
Gookin, Daniel (1612–1687): in England geboren; wanderte 1644 nach Massachusetts aus, wo er bis zu seinem Tode als Abgeordneter wirkte. Er setzte sich für die christlichen Indianer ein und verfaßte Berichte über ihr Leben, die den Versuch einer wissenschaftlichen Darstellung ihrer Geschichte bilden und postum veröffentlicht wurden: ›Historische Sammlungen über die Indianer in Neuengland‹ (Historical Collections of the Indians in New England, 1792) und ›Ein historischer Bericht über die Taten und Leiden der christlichen Indianer‹ (An Historical Account of the Doings and Sufferings of the Christian Indians, 1836).

132 *Rumford-Kamine:* von Sir Benjamin Thompson, Graf von Rumford (1753–1814), einem amerikanischen Mathematiker, Physiker und Philanthropen, konstruierter sogenannter Sparofen.

133 *allezeit Arme bei euch ...:* Johannes, 12,8.
saure Trauben gegessen: Hesekiel, 18,2.
So wahr ich lebe: Hesekiel, 18,3.
... alle Menschen gehören mir: Hesekiel, 18,4.

135 *Chapman*, George (1559–1634): englischer Dichter und Dramatiker.
Momus: römischer Gott des Spottes, des Tadels und des Widerspruchs.

138 *Musik des Memnon:* Gemeint ist ein riesiges Standbild des Memnon in Theben, von dem es heißt, daß bei Sonnenaufgang ein Laut wie der einer zerspringenden Saite zu hören sei, der als Gruß an Aurora gedeutet worden ist.
Sardanapal: nach der Sage der letzte König des assyrischen Reiches, der durch seine Üppigkeit, Schwelgerei und Weichlichkeit sprichwörtlichen Ruhm erlangte. Er verkehrte nur unter Frauen, kleidete sich wie diese und spann mit ihnen Wolle.

140 *der alte Johnson:* Edward Johnson (1598–1672), Chronist z. Z. der Kolonialisierung von Massachusetts. Seine ›Geschichte von Neuengland‹ (A History of New England) wurde bekannt unter dem Titel ›The Wonder-Working Providence of Sions Saviour in New England‹, 1654; Johnson betrachtet die Gründung der Kolonie als Kreuzzug der Soldaten Christi im Kampf gegen die Ungläubigen und die Wildnis.

146 *Patrick:* Schutzpatron Irlands; hier verallgemeinert für Ire.

154 *Adam Smith* (1723–1790: englischer Philosoph und Ökonom.

Ricardo, David (1772–1823): englischer Ökonom.

Say, Jean-Baptiste (1767–1832): französischer Ökonom, Schüler von Adam Smith.

155 *Flying Childers:* berühmtes englisches Rennpferd des 18. Jahrhunderts.

158 *Arthur Young* (1741–1820): englischer Ökonom, der eine Reihe landwirtschaftlicher Werke verfaßte.

160 *Bhagawadgita:* altindisch ›Gesang der Erhabenen‹, religionsphilosophisches Gedicht, indisches Erbauungsbuch.

161 *Vitruv:* Das theoretische Werk über Baukunst ›De architectura‹ des römischen Baumeisters und Ingenieurs Vitruvius aus dem 1. Jahrhundert v. u. Z., das einzige aus der Antike erhaltene Werk über diesen Gegenstand, spielte in der Renaissance eine bedeutende Rolle für die Baukunst und ist bis heute wichtig für die Geschichte der Architektur.

164 *Portulak:* Wurzelkraut, eine Würzpflanze.

166 *Rezept des Cato:* Cato, ›De agri cultura‹, Kap. 74.

171 *›Was Menschen Übles tun …‹:* Shakespeare, Julius Caesar, III,2.

Bartrams Bericht: William Bartram (1739–1823), amerikanischer Botaniker und Naturforscher, der seine anthropologischen Untersuchungen und Beobachtungen in seinem Buch ›Reisen durch Nord- und Südcarolina, Georgia, Ost- und Westflorida …‹ (Travels through North and South Carolina, Georgia,

East and West Florida ..., 1791) beschrieb, das Coleridge und Wordsworth beeinflußte.

173 *Admetus:* sagenhafter König von Thessalien, dessen Schafherden und -ställe Apollon ein Jahr lang versorgen mußte.

177 *Phaeton:* grch., ›der Strahlende‹, Sohn des Sonnengottes Helios, hatte von seinem Vater für einen Tag die Erlaubnis zum Lenken des Sonnenwagens erbeten und erhalten.

178 *Howard*, John (1726–1790): englischer Philanthrop, der sich für die Verbesserung des Gefängniswesens einsetzte.

180 *Penn*, William (1644–1718): englischer Quäker und Philanthrop, Gründer von Pennsylvanien.

Mrs. Fry, Elizabeth (1780–1845): englische Quäker-Reformerin und Philanthropin, die sich für die Verbesserung des Gefängniswesens einsetzte.

182 *laß die Linke nicht wissen ...:* Matthäus 6,3.

183 *Golestân oder Rosengarten:* Lehrgedicht des persischen Dichters Saadi von Schiras (1184–1291).

184 *sauntering:* engl., to saunter – umherstreichen, schlendern.

186 *Ambulator nascitur, non fit:* lat., man wird als Spaziergänger geboren, nicht dazu gemacht.

188 *Wordsworth*, William (1770–1850): englischer Dichter; neben Coleridge und Southey der bedeutendste Vertreter der englischen Romantik.

189 *subdiales ambulationes:* lat., Wandelgänge im Freien.

191 *Varro*, M. Terentius (116–27 v. u. Z.): römischer Gelehrter, der u. a. ein Werk über die lateinische Sprache schrieb, das fünfundzwanzig Bücher umfaßte, von denen Buch 5–10 erhalten sind.

192 *Menu:* oder Manu, indisch, der ›Denkende‹; Verfasser eines Gesetzbuches des Buddhismus.

197 *Dann treibt die Menschen ...:* Geoffrey Chaucer (1340–1400), ›Canterbury Erzählungen‹ (Canterbury Tales), Prolog.

198 *Da die Sonne durchmessen ...:* aus Miltons ›Lycidas‹, 1657.

198 *Michaux*, André (1746–1802): französischer Naturforscher und Reisender. Er verbrachte zwölf Jahre damit, die amerikanischen Pflanzen zu sammeln und zu studieren. Seine daraus gewonnenen Erkenntnisse legte er in den Werken ›Beschreibung der Eichen von Nordamerika‹ (Histoire des chênes de l' Amérique septentrionale, 1801) und ›Flora boreali-americana‹, 1803, nieder.

Humboldt, Alexander von (1769–1859): Er hat nicht den eigentlichen Amazonas, sondern das Amazonas-Gebiet besucht und beschrieben und zwar im 4. Teil des sogenannten ›Amerikanischen Reisewerkes‹, zuerst erschienen Stuttgart 1823.

Guyot, Arnold Henry (1807–1884): Schweizer Naturforscher und Professor der Geographie und Geologie; hielt Vorlesungen in Boston und Princeton.

199 *der jüngere Michaux:* François André (1770–1855), französischer Naturforscher und Reisender. Seine Reisebeschreibung ›Reisen westlich der Alleghanies in den Staaten Ohio, Kentucky und Tennessee und zurück nach Charleston durch das Obere Carolina ... im Jahre 1802‹ (Travels to the West of the Alleghany Mountains, in the States of Ohio, Kentucky, and Tennessee, and back to Charleston by the Upper Carolines ... in the Year 1802) erschien zunächst in französischer Ausgabe 1804, dann in englischer Ausgabe 1805.

Sir Francis Head (1793–1875): Schriftsteller und Gouverneur von Kanada.

Buffon, George Louis Leclerc Graf von (1707–1788): französischer Naturforscher und Philosoph. Seine erwähnte Beschreibung vermutlich: ›Naturgeschichte der Erde, der Menschen, Tiere, Vögel, Fische, Reptilien, Insekten und Pflanzen. Aus den Schriften von Buffon, Cuvier, Lacepede und anderen hervorragenden Naturforschern. Hrsg. von John Wright, Boston 1831 (A Natural History of the Globe, of Man, of Beasts, Birds, Fishes, Reptiles, Insects, and Plants. From the Writings of Buffon, Cuvier, Lacepede, and Other Eminent Naturalists. Ed. by John Wright. Boston 1831).

199 *Linné*, Carl von (1707–1778): schwedischer Naturforscher.

200 *›Westwärts zieht seine Bahn …‹:* in Anlehnung an ›Über die Aussicht, Gelehrsamkeit und Wissen in Amerika zu pflanzen‹ (On the Prospect of Planting Arts and Learning in America) von George Berkeley, Bischof von Cloyne (1685–1753).

201 *Ruinen von Nauvoo:* Das Bild der Stadt Nauvoo in Illinois wurde von einem großen Tempel aus Kalkstein beherrscht, den die Mormonen erbaut hatten. Nach deren Vertreibung 1846 wurde das Bauwerk durch Feuer und Sturm zerstört.

203 *Der afrikanische Jäger Cumming:* Ronaleyn Gordon Cumming (1820–1866), schottischer Afrikareisender und Jäger.

Ben Jonson (1572–1637): nach Shakespeare der größte englische Dramatiker seiner Zeit, Dichter und Kritiker.

205 *Dismal Swamp:* Sumpfgebiet in Virginia und Nord Carolina.

Der Reisende Burton: Richard Francis Burton (1821–1890), englischer Entdeckungsreisender.

207 *das Dante … las:* Dante Alighieri (1265–1321) ›Die göttliche Komödie‹, Die Hölle 3/9.

208 *Lake Poets:* englische Dichtergruppe, die um und nach 1800 an den Seen von Westmoreland und Cumberland lebte. Zu ihr gehörten Wordsworth, Coleridge, Southey.

209 *Western Isles:* Azoren, Inselgruppe im Nordatlantischen Ozean.

213 *Buster:* engl., ›Mordskerl‹.

214 *Niepce, ein Franzose:* Joseph Nicéphore (1765–1833); bei Bekanntwerden der Lithographie kam er auf den Gedanken, die Vorlagen mit Hilfe des Lichts auf den Stein zu übertragen.

215 *Cadmus:* Kadmos wurde die Einführung des phönizischen Alphabets in Griechenland zugeschrieben.

216 *Ως τὶ νοῶν ...:* Von Thoreau sinngemäß übersetzt, wobei die Satzglieder gegenüber dem Griechischen vertauscht sind.

chaldäisches Orakel: Die chaldäischen Orakel (auch babylonische genannt) galten den Griechen und Römern als Vertreter orientalischer Weisheit, besonders der Astrologie und Magie.

Purana: Altindische Literaturgattung, die an das Mahabharata anschließt. Sie dient größtenteils dem Kult des Vishnu und Siva und ist als Quelle, insbesondere für die religiöse Entwicklung Indiens, von großem Wert.

217 *Bunyan*, John (1628–1688): englischer Prediger und Erbauungsschriftsteller; hauptsächlich bekannt durch sein Werk ›Des Pilgers Wanderschaft‹ (The Pilgrim's Progress from This World to That Which Is to Come, 1678).

218 *Κόσμος:* Bei Thoreaus Gebrauch des griechischen Wortes schwingt offenbar neben der Bedeutung ›Weltordnung‹ die im Griechischen ebenfalls enthaltene Bedeutung ›Schmuck, Zierde‹ mit.

Concord: engl., Eintracht, Harmonie.

Die in den Anmerkungen zitierten deutschen Titel stammen – soweit keine Übersetzungen der Werke ins Deutsche nachweisbar sind – vom Redakteur des vorliegenden Bandes.

Inhalt

ISSN 0433-0153
ISBN 3-378-00071-6

Erste Auflage
Lizenz Nr. 396/265/54/86 LSV 7332
Gesamtherstellung: Offizin Andersen Nexö,
Graphischer Großbetrieb, Leipzig III/18/38
Schrift: Garamond-Antiqua
Buchgestaltung: Lothar Reher/Marlies Hawemann
Printed in the German Democratic Republic
Bestell-Nr. 812 105 5